新时代高校实践思政教育创新研究

An Innovative Study on the Practical Education of Ideology and Politics in the New Era's Colleges and Universities

王邵军　王莉莉　等著

中国财经出版传媒集团

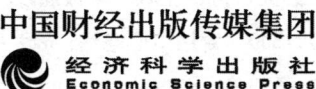

经济科学出版社
Economic Science Press

图书在版编目（CIP）数据

新时代高校实践思政教育创新研究/王邵军等著.
—北京：经济科学出版社，2021.9
ISBN 978-7-5218-2912-9

Ⅰ.①新… Ⅱ.①王… Ⅲ.①高等学校－思想政治教育－研究－中国 Ⅳ.①G641

中国版本图书馆 CIP 数据核字（2021）第 222761 号

责任编辑：陈赫男
责任校对：隗立娜
责任印制：范 艳

新时代高校实践思政教育创新研究

王邵军　王莉莉　等著
经济科学出版社出版、发行　新华书店经销
社址：北京市海淀区阜成路甲28号　邮编：100142
总编部电话：010-888191217　发行部电话：010-888191522
网址：www.esp.com.cn
电子邮箱：esp@esp.com.cn
天猫网店：经济科学出版社旗舰店
网址：http://jjkxcbs.tmall.com
北京季蜂印刷有限公司印装
710×1000　16开　15.5印张　240000字
2021年11月第1版　2021年11月第1次印刷
ISBN 978-7-5218-2912-9　定价：70.00元
（图书出现印装问题，本社负责调换。电话：010-888191510）
（版权所有　侵权必究　打击盗版　举报热线：010-888191661
QQ：2242791300　营销中心电话：010-888191537
电子邮箱：dbts@esp.com.cn）

Contents 目 录

绪论 ……………………………………………………………………… 1

第一章 高校思政教育的实践性趋向 …………………………………… 16
 第一节 国内外视域下的思政教育 …………………………………… 16
 第二节 新时代背景下的思政教育 …………………………………… 29
 第三节 实践理念下的思政教育 ……………………………………… 36

第二章 高校实践思政教育理念的探究 ………………………………… 44
 第一节 实践思政的理论内涵 ………………………………………… 44
 第二节 实践思政教育理念的自觉探索 ……………………………… 49
 第三节 实践思政教育理念的价值意蕴 ……………………………… 52
 第四节 实践思政教育理念的教育形式 ……………………………… 54

第三章 高校实践思政教育模式的理论基础 …………………………… 57
 第一节 实践思政视野下的马克思主义理论依据 …………………… 57
 第二节 实践思政视野下的教育理论依据 …………………………… 77

第四章 高校实践思政教育的基本向度 ………………………………… 87
 第一节 打通思政育人"最后一公里" ……………………………… 88
 第二节 营造三维互动施教场域 ……………………………………… 96
 第三节 构建大思政协同育人格局 …………………………………… 107
 第四节 坚持实践思政教学改革六项原则 …………………………… 122

第五章 高校实践思政教育的内容和功能 …… 130
第一节 激励与引导：凝聚大学生价值观念共识 …… 131
第二节 熏陶与涵养：加强大学生思想道德修养 …… 136
第三节 提升与发展：提高大学生综合素质能力 …… 141
第四节 启蒙与矫正：促进大学生社会化发展进程 …… 150

第六章 高校实践思政教学的考核评价体系 …… 155
第一节 高校社会实践教学考核体系的现有问题 …… 156
第二节 实践思政教学考核体系的意义和功能 …… 159
第三节 实践思政教学考核体系的基本原则 …… 161
第四节 构建合理的高校实践思政教学考核体系 …… 173

第七章 高校实践思政建设的保障机制 …… 184
第一节 高校实践思政建设的管理保障 …… 184
第二节 高校实践思政建设的政策保障 …… 193
第三节 高校实践思政建设的师资保障 …… 199

第八章 山东财经大学"1145"实践思政育人的模式构建和实施路径 …… 206
第一节 一个主题：坚持立德树人的育人根本 …… 206
第二节 一条主线：打造"三千计划"实践育人特色品牌 …… 213
第三节 四个平台：扎实推进实践思政平台建设 …… 218
第四节 五个抓手：加快构筑高校实践思政有效载体 …… 224

参考文献 …… 230
后记 …… 240

绪　　论

新时代赋予思政教育①新使命，新时代开启高等教育新征程。习近平总书记强调我们要重视实践育人，实践思政是对马克思主义科学实践观的忠实践行，是构建"大思政"格局的重要举措，有助于培养出具有社会责任、使命担当和家国情怀的社会主义建设者和接班人。实践思政建设以"立德树人"为根本任务，回归实践教育的初衷，坚持关心厚爱和严格要求相统一，尊重规律和积极引领相统一，实现从"轰轰烈烈"的理念倡导到"扎扎实实"的系统推进。实践思政将为培养"心中有信仰，行动有方向，脚下有力量"的逐梦人和奋斗者而砥砺前行！新时代实践思政建设，我们从这里启航！

一、实践思政谱写立德树人思想新篇章

高校思政教育归根结底要以学生为中心，做的是关于"人"的工作，中心环节与根本任务就在于"立德树人"。高校推进思政建设，履行为党为国育才的使命，必须要回溯思政教育的价值本源，从哲学本体论维度理性省思思政课程。当前思政教育中之所以普遍存在课程加思政、理论加例子的教育教学模式，很大原因在于教育者往往聚焦于"思政有什么用"和"如何用思政"这类价值问题，反而忽略了"思政教育是什么"这一本质问题。须知，在思政教育中，实践既是来源，又是最终目的。倘若忽略了这一点，思政教育仅是一具空壳而已，再多的坐而论道的思政育人也难以达成铸魂育人的目的。

---

① 思政教育是思想政治教育的简称。本书将"思想政治教育"简称为"思政教育"，将"思想政治课"简称为"思政课"。

实践思政与思政课程、课程思政的不同不仅在于更换了对于本体的称谓——不是"专业加思政"或是"理论加实践",而是从哲学本体论视角出发,践行实践本体论思想,强调以实践思维方式带来思政教育的创新性变革。具体而言,实践思政基于"立德树人"目标进行教育价值追求,致力于解答"思政教育所是"或"思政教育是者",助力思政教育回归初心、溯本追源。实践思政通过将实践的思维方式渗透到学校各类教育活动中,系统整合不同专业、不同课程、不同体系,将思政与实践、理论与实践、专业与课程、思政与课程等围绕思政展开的各项工作加以整合,各要素在互动中实现功能的整体性提升与效能的倍增,达成创新育人新模式,构建大思政协同育人大格局。

从本体论维度来看,哲学范畴中的"立德树人"就自然而然地涵盖着两个层次的内涵,即人的自我完善与社会完善,代表的是人的两种基本需求。"树人"是"立德"的落脚点,隐含着社会实践对"人"的塑造要求。因此,实践思政还是一种教育观念,将个人发展与社会进步有机结合起来,用实践的思维方式去考察人类世界,将实践视为人类世界的基础,通过实践将人类世界与自然世界连接起来,在改造客观自在世界的同时实现社会性内化为人的个性,最终彰显人的本性自觉,促其自由成长。

新时代赋予思政教育新使命,新时代开启高等教育新征程。实现思政教育"立德树人",不能只见药方开,不见疗效来。习近平总书记指出:"道不可坐论,德不能空谈。于实处用力,从知行合一上下功夫,核心价值观才能内化为人们的精神追求,外化为人们的自觉行动。"① 坐而论道要不得,实现思政育人必须到社会实践中去,去体悟国情社情民情,"'大思政课'我们要善用之,一定要跟现实结合起来。上思政课不能拿着文件宣读,没有生命、干巴巴的。"② 习近平总书记关于在实践中育人的系列重要论述给新时代思政教育带来新的启示,预示着思政政治工作新的综合时代的到来,也界定了实践思政的重要时间节点。

---

① 习近平:《青年要自觉践行社会主义核心价值观——在北京大学师生座谈会上的讲话》,载《人民日报》2014 年 5 月 5 日。
② 杜尚泽:《"'大思政课'我们要善用之"(微镜头·习近平总书记两会"下团组"·两会现场观察)》,载《人民日报》2021 年 3 月 7 日。

思政教育始终与具体实践有着密切的关系，是与实践同行的，鲜明的实践性是思政教育的本质特征之一。但随着思政教育学科化、科学化程度的不断提高，思政教育似乎逐渐脱离现实：目前高校的思政教育无论是思政课还是课程思政，均依靠教师在课堂中完成针对性的理论教学为主，学生在思政学习场景中存在欠缺实践、对其掌握的知识如何应用产生迷茫，实践性不足是这种教学模式的突出问题和弊端。

创新思政教育教学需要与时俱进，要坚持"政治性和学理性相统一""价值性和知识性相统一""建设性和批判性相统一""理论性和实践性相统一""统一性和多样性相统一""主导性和主体性相统一""灌输性和启发性相统一""显性教育和隐性教育相统一"[1]，知来处，明去处，习近平总书记强调的这"八个统一"揭示了思政教育的发展规律与成功经验，也明确了思政教育改革创新的要求与基调。

实践思政概念的提出依托于马克思主义实践理论，辩证唯物主义实践观科学论述了认识与实践的关系，强调了实践的重要性，阐发了实践思政的坚定理想信念基础和鲜明的政治品格。"理论的对立本身的解决，只有通过实践方式，只有借助于人的实践力量，才是可能的；因此，这种对立的解决绝对不只是认识的任务，而是现实生活的任务"[2]，马克思在《1844年经济学哲学手稿》中论证了社会意识形态的传播和发展需要依托人的实践活动，主体思想的优化需要在生活实践中完成。习近平总书记提出的知行合一思维以"知"为基础，"行"为重点，因此需以多种措施实现以"知"促"行"、以"行"促"知"，在此情况下才可实现理想的知行合一，"行"就是对所学、所思的实践，思政教育的实践性应成为实现完善"大思政课"的逻辑起点。

实践思政概念的提出依托于中外教育哲学推崇的有效范式，实用主义教育哲学等教育学、系统科学的相关学说验证了实践思政的理论逻辑与价值意蕴。思政教育尽管涉及理论层面的教育，但是其实际价值是一种特殊的实践

---

[1] 《习近平主持召开学校思想政治理论课教师座谈会》，中国政府网，http://www.gov.cn/xinwen/2019-03/18/content_5374831.htm。

[2] 马克思：《1844年经济学哲学手稿》，人民出版社2000年版，第88页。

教育，开展思政教育实践教学的创新既能够丰富整个思政教育体系，也能够较大幅度地提升思政教育的实效。理论联系实际是教育的基础准则，其内在要求决定思政教育需面向实践综合发展，以实践活动强化思政教育的吸引力与感染力，打破思政理论教学抽象化、概念化和教条化的教学思路，推进并达成更加理想的思政教育转化，强化思政教育对人的教化作用，思政教育需要始终坚持不脱离实践的宗旨才能确保其贴近实际、贴近生活、贴近群众、贴近时代。

实践思政概念的提出依托于思政理论的中国化发展和创新，马克思主义实践观奠定了实践思政的坚实基础，列宁实践思想完善了实践思政的内容体系，毛泽东实践思想丰富了实践思政的中国化内涵，习近平总书记关于实践的重要论述指明了实践思政的前进方向。"马克思主义是在实践中形成并不断发展的，要高度重视思政课的实践性，把思政小课堂同社会大课堂结合起来，在理论和实践的结合中，教育引导学生把人生抱负落实到脚踏实地的实际行动中来"①。受教育者只有经过实践的检验和理性的反思，才能够真正内化教育中的认知结构，改变自身的思维方式，从而将其纳入指导思想体系，实现思想政治教育的最终目标。加强新时代大学生思想政治教育的实践性，把实践渗透到教育活动的全过程，将思想政治教育渗透到生活中，从实践过程中深度反思和体验，促进学生在实践中获取相关思想政治教育知识，有效地将社会性内化为学生个性发展的动力，实现自身道德素质的提高。

二、新时代高校思想政治教育的实践诉求

（一）大学生思想政治水平多元化的态势

新时代新形势下，大学生承担着民族复兴的艰巨任务，高速发展的中国对大学生群体提出了新的历史使命：能够承担民族复兴伟大任务的新一代必须是能够深刻认识和把握国情、世情且全面均衡发展的一代，但与此同时，大学生思想政治素质却存在发展不均衡、不充分的客观问题。

---

① 习近平：《思政课是落实立德树人根本任务的关键课程》，人民出版社2020年版，第20页。

随着高考制度的改革深化,接受高等教育的群体不断扩大,高等教育不再是束之高阁的精英教育,而是不断地向大众化方向转型,与大学生人数的增长速度相比,思想政治素养的发展有显著的滞后性。"00后"已经逐渐成为当代大学生的主力军,这一群体具有综合素质高、接受新事物能力强和自信的特点,成长于中国社会转型时期的他们需要面对复杂的社会发展环境,这形成了他们多元化的价值观,但也导致了其思想政治素质各要素发展不充分的问题,如合作意识淡薄、缺乏辨别力、抗挫折能力弱等。

大学生来自全国不同的地区,各地的风俗都有着显著的差别,因区域经济状况、精神生活等多种因素所构成的综合影响,不同大学生的眼界、阅历与知识背景等有一定的差别,大学生会存在分化和异质的现象,这将直接导致大学生对思想政治教育的认识和行动实施呈现差异化表现。"思想政治教育体现的质的规定性,就是意识形态性,从某种意义上说,思想政治教育就是一定社会或国家的意识形态教育。"① 社会思想较活跃、主流与非主流思想同时存在的大环境下,帮助新时代的大学生群体形成与时俱进的马克思主义发展观,巩固党和人民团结奋斗的共同思想基础,坚定不移地走中国特色社会主义道路,需要通过更有效的思政教育让其拥有良好的政治自觉。

少部分大学生由于缺乏民族意识和国家自信心,对国际性事件关注度不够,盲目崇拜他国的物质文明和精神文化,政治意识淡薄;也有少部分大学生过于自信,难以从大局着眼,缺乏国际视野,无法形成建设人类命运共同体的意识,参与政治生活的热情不够。在当代大学生思想政治教育不断发展的大环境下,应当确保新时代的大学生在政治方面拥有正确立场,坚定地拥护党的领导,热爱祖国,忠于人民,不断拓展战略思维和国际视野,正确认识中国特色社会主义,提高主动学习思想政治理论的积极性,提升对党的大政方针和政策法规的理解、认识,并自觉地内化为实践行动。

(二)高校思想政治教育理论与实践脱节现象

学习和实践需有效地结合,高校大学生不仅需要将掌握的知识应用到实践活动中,还需在实践活动中提升应对问题的新本领。因此,高校思政教育

---

① 王建敏:《新时代思想政治教育的特征及实现路径》,载《马克思主义与现实》2018年第5期。

需要坚持习近平总书记"坚持学习、学习、再学习,坚持实践、实践、再实践"①的学习观。但是,目前高校的思想政治教育无论是思想政治课还是课程思政主要为理论学习,依靠教师在课堂中的教导完成对学生的思政教育,实践性不足问题突出。思想意识很难在人脑中自发产生,系统的理论需要通过外力的引导才能逐渐升华为个人的思想。尽管理论灌输是思政教育的重要教育手段,并在长期的教育实践中取得了显著的成效,但是以新时代大学生群体为思政教育对象需要面对更多挑战,综合素养的提高、教育背景的多元化,单纯的思政理论灌输很难提升学生的学习兴趣,传统思政教学效果不理想的问题在思想政治教育中引发了不小的争论,相关研究学者对此聚讼不已。

首先,思想政治理论知识是对思政价值观念方向的把握,是思政教育的基础,更是形成良好品质和行为的核心动力。值得注意的是,从理论到实践是"知—情—意—行"的一个转化过程,在这个过程中涉及价值与情感认同等,需要通过长期实践不断地培养。当前,高校思想政治教育难以实现以点穿线、连线成面教育格局,在有限的思想政治教育课时内,学生很难有效地消化、吸收教师讲授的理论内容,难以实现思想、情感的触动,更无法将理论要求落实到行动中。

其次,一个行为的出现必然以需求和情感为内在驱动力,理论认同需要以情感认同为基础。思政教育中的理论灌输在学生多年求学经历中逐渐形成了道德管束、行为训诫的刻板印象,这种刻板印象阻碍了教师与学生之间建立起良性互动的教学关系,难以实现情感互动就无法实现情通理达,在调动学生思政学习积极性方面处于弱势,敦促新时代大学生自觉实践思政理论还需探寻能够引起情感共鸣的教育路径。单纯理性的认同并不一定会直接推动有价值的实践,高校思想政治教育最终是要通过情感认同这一环节落实到行为当中的。②

---

① 《习近平强调:在全党大兴学习之风依靠学习和实践走向未来》,载《人民日报》2013年3月2日。

② 简福平:《〈矛盾论〉中的思想政治教育思想及其启示》,载《马克思主义理论学科研究》2019年第2期。

最后，理论灌输的短暂性与大学生思想行为的持续性之间存在着质的突破，这是思政教育无法忽视且需要重点突破的工作要点。思政理论知识的学习和掌握具有暂时性，思政思想的内化则是持续性的，理论漫灌式的教学方法导致学生思政学习中缺乏实践应用过程，难以将思政落到实处。久而久之学生心中会心存疑惑：老师教授的知识究竟有什么用？学生们对理论知识的迷茫极易引发一个错误的判断：思想政治教育都是"形而上学"的坐而论道，无法应用到实践之中，无法实现"在实践中增长解决问题的新本领"的要求。长此以往进入到恶性循环——学校对于思想政治教育抓得越紧、教得越多，学生反而会认为在浪费他们的时间。学生们无法体会到思政理论知识的"用武之地"，于是厌学、抵触的情绪伴随着学习任务的增强而越发突出，这直接影响到思想政治教育的学习效果。高校思想政治教育必须解决理论与实践相结合的问题，构建学懂弄通做实的一体化思想政治教育体系，实践思政为打通高校思想政治教育的"最后一公里"提出了新思路。①

（三）传统的思想政治教育理念对学生主体地位重视不够

作为一项健全人格、培育新人的事业，教育从根本上来说是塑造受教育者主动学习能力的过程。当前的思想政治教育理念较为传统，往往是相对封闭、强调权威、片面灌输和程式化的，属于典型的外源性学习模式，这也导致在教育教学过程中对学生主体性关照不足，无法完全调动学生的积极性。

高等教育追求理论和实践的融会贯通，其教育终点是推动学生更好地融入社会，同时高等教育具有开放包容、应用性强、可验证等多重特点，思想政治教育在新时代大学生的培养事业中发挥着极为重要的作用。人们在不断的社会实践中，通过个体实践来满足自己的物质和精神需求，就个人发展而言，只有通过不断实践才能挖掘自己的主观价值，实现个人的全面发展，因此实践使人具有了主体性的价值，正是这种主体性的存在导致了独立个体的产生。多元文化对新一代青年群体的成长产生了极大的影响，新时代大学生对教育者权威性的认同不断降低，传统的教学方式由于忽略了学生的参与度与主体性，往往使得大学思想政治教育效果不理想，新时代的大学生更愿意

---

① 王邵军：《告别坐而论道，发力实践思政》，载《半月谈》2021年4月27日。

以一种"因为有用，所以我愿意学"的内源式学习方式，自主选择他们所热衷的学习内容。站在学生的视角看，强化思政教育的学生主体性可谓是一条思政教育改革的必由之路。

高校大学生的差异性难以在大规模理论授课过程中兼顾，思想政治教育的"点"与"面"难以平衡。随着高校学生规模的不断增长，学生认知素养与智力水平会有显著的差距，传统的理论教学方式通常不能关注到每个学生的个体差异，并期望运用相同的教学要求与标准模铸所有学生，让所有学生成为雷同的教学单位。教育应当点面结合，满足教育对象不同层次的思想成长需求，避免优等生学习需求难以满足，后进生难以跟进课堂教学，中等学生学习效果不理想的窘境[1]，从而提升高校思想政治教育理论课堂教学效果。构建一种更加关注学生主体能动性、注重外源性学习与内源性学习相结合、理论与实践相结合的思想政治教育模式，就成为提高思政育人成效的重要举措。在各个专业的教育培养策略中融入实践思政的教育理念，让学生们在具体的实践活动中不断锤炼自己的理论知识和精神素养，唯有当学生们具备了丰富的经验、足够的阅历，具有了坚强的意志和成熟的心智，方能对世间之事具有透彻明晰的认识，方能强化其在社会中的生存能力，方能树立坚不可摧的理想信念，方能激发强而有力的社会责任，方能摆正健康向上的生活态度，方能提高创造能力与自主学习的能力。在这一过程中，大学生的专业技能、道德水平等多方面综合修养得到了强化，为其更好地迈入社会搭就了可靠的阶梯。

基于上述两个方面的考虑，本书提出更加注重学生主体参与和体验的"实践思政"教育理念，即以立德树人为根本任务，马克思主义实践观为指导思想，"三全育人"为主线，社会实践活动为主要载体，与思政课、课程思政同向同行，注重学生思想政治教育从学懂弄通到做实之间的过程性培养的综合教育理念。[2]

---

[1] 王习胜：《当前思想政治教育的主要矛盾与发展趋向》，载《马克思主义研究》2019 年第 9 期。

[2] 王邵军：《马克思主义实践观及实践思政研究》，载《山东社会科学》2020 年第 11 期。

三、驱动实践思政创新研究的核心思路

山东财经大学从 2020 年左右开始将实践作为"立德树人"工作的突破口和深化德育综合改革的动力,坚持问题导向,深化改革创新,加强顶层设计,经过近十年探索初步构建了具有本校特色的"1145"思政育人工作模式。将实践思政理念贯穿人才培养全过程,积极探索实践思政教学模式改革,推动实践思政课程改革,大力开展实践思政建设试点工作。致力于打造实践思政领跑示范工程,致力于培育新时代卓越"实用型"人才,致力于深化实践思政教育评价改革,致力于培养一支综合素质过硬的实践思政师资队伍。实践思政的实施过程绝不是一种或两种简单的教学策略的应用,而是以一整套相对完整的育人体系作为支撑。

(一)实践思政促进显性教育与隐性教育相互转化

实践思政的优势在于可以促进思想政治教育过程中显性教育与隐性教育的相互转化。教师应在遵循主体性、适应性、协调性以及实践性原则的基础上,选择合适的教学时间、教学内容,积极引导学生参与到实践教学、实践活动中去。具体到操作层面,需要从推动健全"三个课堂"的实践性入手:首先,需要推动第一课堂(教学课堂)实践思政改革,修订思想政治理论课和专业课程培养方案,探索混合式教学,积极推广实践教学环节,设置实践教学学分,让学生在专业实践的过程中感受到思政教育的实践性,能够自主将思政教育内容有效转化到实践行动之中;其次,挖掘第二课堂(社会课堂)的实践育人优势,引导大学生群体深度参与社会实践活动、注重现实问题,通过实践激发学生的内源性学习动力,切实做到"在实践中增长解决问题的新本领",打造学校特色的社会实践品牌;最后,借助第三课堂(网络课堂)的优势,开展多样化的实践教学,让学生参与到网络教学资源的建设过程之中,完成知识的自主建构与自我超越。思政教育通过实践教学过程,使"大思政课"变得生动、多元,推动了思想政治教育从显性教育到隐性教育再到显性教育的转化过程,而这种转换是符合学生心理预期的,也将会收到更好的思想政治教育成效。

(二)实践思政营造"五位一体"的育人环境

育人环境是教育中一种相对稳定的时间和空间场域,其对于思想政治教

育教学的顺利实施具有重要的促进性作用。随着互联网等信息技术的发展以及现代教学改革的实施，课堂的边际随之逐渐扩大，课堂教学的育人环境已经不仅仅局限于一间教室，而是扩展到整个学校，甚至延展到家庭和社会当中。因此从这一层面来看，"大思政课"的育人环境与立德树人密切相关，"育人无小事"，学校需要营造良好的育人环境，时时刻刻体现出立德树人的要义，努力塑造积极向上的校园文化，让学生能够真正地感受到思政育人的精神所在，在一个良好的氛围中耳濡目染，才能够有效地实施实践思政。因此，在实践思政育人体系建构的过程中，我们要更加注重以文育人，将学校、家庭、社会、社区和个人五个主体联动起来，形成五位一体的思政教育体系，将思想政治教育扎根于校园，落实到家庭，繁茂于社会，形成以大学生综合服务平台、大学生心理健康教育咨询平台、大学生资助援助平台、大学生创新创业服务平台和信息网络教育管理平台五位一体的一站式育人服务机制，积极营造良好的校园文化、社会文化和家庭文化，让学生在生活实践中随时随地接受实践思政的浸润。

（三）努力提升教师实践思政的意识和能力

实践思政的实施离不开教师高水平的课堂教学和实践意识的引导，依托高质量的课堂教学才能够真正调动学生的积极性，引导学生参与到实践当中，实践思政才能够被学生所接受、理解，因此这对教师的实践思政意识和能力提出了要求。

一方面，要加强教师实践思政能力的建设。"育人先育己"，在实施实践思政的过程中必须时刻注重提高任课教师的思想政治水平，为确保思政教育落到实处奠定基础。因此，教师自身首先要学懂弄通做实思政理论，必须要真学、真信，坚持正确的理想信念，不断锤炼自己的道德情操和思想品格，遵纪守法，遵从道德规范，以身作则，向学生传递正能量，引导学生走正确的人生道路。只有这样，教师对学生进行实践思政指导时才能具有感染力，才能够让学生真正信服，教师的言传身教胜过各种绞尽脑汁想出的虚构案例。伴随着智能手机的普及，教师课下的数字化言行也会随时随地影响学生，教师在努力做好自我、不断提升自身道德修养的同时，还需要特别注意不要成为"两面人"。

另一方面，教师还需要具备一定的教学驾驭能力。在实践思政实施过程中能够破解思想政治教育资源的隐蔽点，凝练和整合相关的教学内容，掌握教学的主动权，根据不同的学生、不同的课程、相同学生的不同时间段和不同表现，来因势利导、因材施教，审时度势地开展实践思政。实践思政的顺利实施，离不开教师与学生之间良好的教学互动，只有当学生能够积极地响应教师发出的教学信号，并且通过自身的思索与接收到的教学信息产生积极的良性互动，顺利完成行为的实施，实现知识自主建构的全过程，实践思政才能真正做到入脑入心、走深走实、见行见效。而这个过程并不是一蹴而就的，它需要教师真正调动起学生的积极性，在高水平的专业教学基础上与学生产生互动，达成共鸣。

（四）实践思政不断丰富教学资源和形式

实践思政的教学资源作为开展"大思政课"的保障和基础，对实践思政的顺利进行具有重要的作用。纵观思想政治教育的发展历程，不论是思政理论课还是课程思政，教学资源被狭隘化，许多老师在教学设计的过程中难以找到与课程高度匹配的教学资源，往往为了设计一个教学案例而绞尽脑汁，实践思政从多维度拓展了思想政治教育的边界，在教学资源和形式上开拓了思路。

首先，加强国家层面的统筹协调，深入开展思政教学改革，汇集各方专家开展实践思政教学改革的研究。以马克思列宁主义、毛泽东思想、习近平新时代中国特色社会主义思想理论为基础，构建并完善实践思政的教学内容及课程标准，建立国家层面的思政实践案例资源库。其次，重视社会大课堂在丰富实践思政教学资源方面的重要作用，依托社会资源建立实践思政教学实践项目、实践教学基地、讲授平台，将社会大课堂所蕴含的学科资源、专业资源、行业以及企业资源转化为实践思政的教育教学资源。最后，转变教师心中传统的"教材即教学内容"的刻板印象，提升教师善于发现、善于提升、善于运用的教学能力，将身边发生的真实案例进行凝练、提升，打造出一批能够真正引起师生共鸣的教学案例，从而丰富已有的实践思政教学资源。

四、开展实践思政的教育目的与意义

坚持以马克思主义思想保障社会主义建设，贯彻落实习近平新时代中国特色社会主义思想是时代赋予高校思政教育的重要使命。提高思政教育的实效性就需要突破既有思政教育模式，实践思政强化理论与实践的结合，在社会实践中让思政理论走进大学生的心灵，让大学生通过亲身体验，生动形象地化解理论的艰涩，提升创新精神和创新能力，强化中国特色社会主义理想信念，让思政教育成为新时代大学生受益终身的教育内容。

（一）开展实施实践思政的目的

高校思政教育课开设的目的不仅是让大学生了解、掌握马克思理论本身，更要做到"授人以渔"，通过帮助和引导大学生树立正确的世界观、人生观和价值观，全面提升大学生发展水平和高等教育质量。思政课和课程思政的开展可以让大学生通过学习掌握马克思主义理论的立场、观点和方法，依托各学科特色坚定中国特色社会主义道路自信、理论自信、制度自信和文化自信。实践思政加入思政教育体系，可以以实践为依托增强大学生的实干意识、团队配合和吃苦精神，提高其认识、改造客观世界和主观世界的能力。因此，开展实施实践思政的目的主要包括以下几个方面：

第一，实践思政有助于实现思政教育理论教学和实践教学的有机结合。以思政课和课程思政为代表的理论教学部分是现有思政教育的主体，但面对新时代大学生的新诉求略显乏力。实践思政所强调的实践教学部分以大学生更为喜闻乐见的教学形式，通过校园、社会、网络等多种途径，在教师的带领下让同学们进入一种新的学习模式：在实践中通过独立思考、自由探索，体验思政教育的魅力，全面提升个人能力和素质。实践思政的实施可以有效促进理论教育和实践教育的融合，有效增强思政理论的针对性和吸引力，进而提升思政教育的感染力和实效性，实现新时代大学生综合素质的全面提高。

第二，实践思政有助于实现社会生活与校园教育的有机结合。实践是认识产生的必经之路，社会生活的本质就是实践，马克思主义理论认为实践是产生认识的必要条件，实践为认识的发展提供了可能，理论联系实际需要在实践中坚持真理和发展真理。深入企业、社区、乡村的大学生，依托科技服务、帮扶志愿活动等，在实践中"起作用、长才干、做奉献"，对国情、社情、民情有了切身的感受才能更加理解为国家奋斗、为人民服务的意义。实践思政把社会实践与理论学习结合起来，进而促进了社会生活与校园教育的协同作用。通过教师的理论指导，可以让大学生在实践中少走弯路、少碰钉子，通过丰富的教学内容和手段增强了新时代大学生的社会责任感、创新精神和实践能力，切实有效地提升思想政治教育的实效。

（二）开展实施实践思政的意义

开设好思政课就是全面贯彻党的教育方针和政策，解决好培养什么人、怎样培养人、为谁培养人的问题，并最终落实立德树人的根本任务。而这一任务不是以教学单位或者教学环境为背景，而是应该以当前和当下的时代为背景，放眼世界百年未有之大变局、党和国家事业发展之大机遇以及建设社会主义现代化强国和实现中华民族伟大复兴之大未来。实践思政的提出让思政教育回归了马克思主义理论和教育理论的本源，有助于解决高校思政教育正在面对的诸多困境，依托实践的力量突破思政教育发展的"瓶颈"，对思政教育的建设和发展具有十分重要的理论意义和实践价值。

第一，思政理论体系是思政教育活动开展的思想指南，实践思政教育体系的提出进一步明确了思政教育是一门来源于实践并最终应用于实践的教育体系。突出思政教育的实践属性就是在充分理解实践对认知作用的前提下注重通过实践的检验、理性的反思，提升科学理论知识的亲和力与针对性，促进学生真正将所受教育内化于认知结构，进而真正改变自身思维方式，形成良好的观念体系，达到提高思想政治教育实效的目的。

实践思政强调思政教育必须将理论教育与实践教育相结合，优化授课方式，借助实践的力量培养学生的理论应用能力，让更多的教育者参与到思政教育的改革创新当中，推动思政培育体系的日臻完善。因此，实践思政不但积极回应了时代对思政教育的要求，而且为未来的思政教育提供了新的发展思路。

第二，提升了新时代大学生在思政教育中的主体性地位。实践思政强调了学生在思政学习过程中的自主能动性，学生充分运用多样的教学技术手段，在教师的引导下自主探索，不同观点的碰撞在实践中检验了学生对理论知识的理解情况和应用能力。通过实践思政，大学生认识问题、分析问题、解决问题的能力得到了锻炼，对社会的认识更加全面、客观，优化了大学生的知识结构，提升了大学生的自主学习意识。

实践思政充分践行教育实践哲学理念，更加强调以实践的思维方式将开放性的思想政治教育的意义进行整合，将实践渗透于教育活动全过程。突出教育者与受教育者的双主体地位，注重学生在实践中获取相关思想政治教育知识，不断提高自身修养，通过在实践中的反思与体验实现自身道德素质的提升。

第三，加深了新时代大学生对马克思主义理论的认识。马克思主义信仰是思政教育鲜明的政治底色，是高校铸魂育人的基点，是坚持办学正确方向的根本政治保证。在"理直气壮开好思政课"的过程中应不断用马克思主义实践理论"补钙壮骨"、凝神聚气。全部社会生活在本质上是实践的，实践性应成为实现教育革命的逻辑起点，成为思政教育的理论品格和给予思政教育旺盛生命力的源泉。

马克思主义理论是科学的世界观和方法论，学习、领会、掌握和运用马克思主义理论必须走出课堂，在生活中通过鲜活的社会实践活动充分体验马克思主义对社会实践的巨大影响力，才能更好地把握马克思主义原理的精髓，从实际出发、实事求是才能深化对马克思主义理论的认识。实践思政让大学生在社会实践中真正把马克思主义理论作为行动指南，受益于马克思主义理论的指导，牢固树立马克思主义的理想信念。

第四，实践思政提升了思政教育的辐射力和影响力。实践思政是扎根中国大地搞教学，同生产劳动和社会生活相结合，培养德智体美劳全面发展的社会主义建设者和接班人的系统的教育理念，它所富涵的时代特点、地域精神和民族情怀将使思政课更有人情味，更加入脑入心。实践思政根植于实践的沃土，最终回归实践，构建和呈现了一个完整的教育理论体系，立德树人讲究方法和过程，更在意目的和成效，只有心里装着党和国家，在中国人民的伟大实践中关注时代、关注社会、汲取养分、丰富思想，才能培养出为人民服务的人、对党忠诚的人、有志于投身伟大社会主义现代化建设实践的人。

社会实践的复杂性决定了实践思政教育过程不是单一的思政课或某一门专业课能够实现的。多学科融合，多学科互动，让思政教育体系从"平面"走向"立体"，有助于夯实全员育人、全程育人和全方位育人的基础。实践思政是特色鲜明的思政教育模式，体现了思政教育改革的创新精神，大大提升了思政教育的辐射力和影响力。

第一章

高校思政教育的实践性趋向

第一节　国内外视域下的思政教育

一、中国哲学思想下的思政教育

中国古代哲学思想是历史的沉淀和民族精神的精华，是先人留给我们的精神文化遗产，对新时代的思想政治教育依然具有指导意义。中国古代哲学思想中的"知行合一""实事求是""以人为本"等思想观点体现了马克思主义理论的实践观，继承并发展中国古代哲学思想的思政教育功能是顺应时代发展的需求。

（一）中国哲学思想的思政教育元素

中国古代哲学思想在历史洪流中经历了扬弃的过程，得到了传承与发扬。高校思政教育中的道德观、价值观、实践观等均可从中国古代哲学思想中寻得根源，解读中国哲学思想的思政构成元素有以下发现：

首先，德育是中国古代哲学思想中的重要组成部分，也是当代思想政治教育中的重要环节。中国古代哲学思想极为重视人的道德修养，注重培养人的道德品质，通过修身养性提供实现个人价值的理论基础，这种道德哲学符合当今社会的道德标准。不论是儒家思想，还是道家思想，传统的中国文化建立于道德实践的过程中，通过道德思想规训道德修养，推动整个社会的道德体系建设。

其次，中国古代哲学思想从实践出发引导人生，与思想政治教育价值观的引导互为呼应。中国古代哲学中的儒释道经典思想均对人生价值有着深刻的阐述：儒家通过对"本性"的讨论，表达对人生和生命的认识；道家通过对精神世界逍遥、解脱的阐释，表达飘逸潇洒的人生理念；佛学则通过"涅槃"的境界，传达净化、超升的人生终极目标。中国古代哲学思想对人生观的表达是积极向上的，这是中国文化的魅力和精神所在。中国古代哲学思想重视在生活实践中实现人生的价值和意义，引导人们思考做什么样的人、怎样做人，并不断关注人生的实际，这些符合思政教育对大学生价值观的引导。

再次，中国古代哲学思想是具有宏观思想的深刻哲学，符合培养高校大学生宽广胸襟的思政教育诉求。中国哲学思想以"和"为贵，"和"是中国传统文化中的最高理想追求，这种哲学思想蕴含着诸如矛盾、沉浮、动静等关系之间的和谐，彰显着中国古代哲学的智慧。"和谐"这一中国古代哲学思想不仅体现在人与人之间，更体现在国家与国家、民族与民族之间的关系，"人和"的思想境界为培养新时代大学生的国际视野提供了文化的根源。

最后，中国古代哲学思想中的实用性特点，体现了马克思主义的实践观。中国古代哲学很少构建理论体系，但却非常注重立足于生活实际解决现实问题，重视通过实践不断探求知识，弄清道理。"知行统一""言行一致""实事求是"这些均是中国古代哲学的鲜明论调，将"实事"与"求是"紧密联系在一起，强调了实践出真知的实践思想，这与马克思主义实践观相契合。

（二）礼乐制度中的实践意识

奴隶制社会为强化统治逐渐形成的礼乐制度具备思想教育的雏形，其形成和发展离不开实践意识。部落联盟时期，通窍仪式和公众集会推动了人们对音乐的需求，逐渐形成了专门的乐教场所，这是中国最早的学校雏形，其形成过程和培养过程均以实践为基础。夏、商、西周时期，奴隶主贵族为垄断政权,设置了培养权贵子弟成为统治人才的教育机构,其中祭祀中的礼乐歌舞对军事中的骑射训练的体现展示了古人的实践教育意识,如:"射者,男子之事也,因而饰之以礼乐也"①"乐正崇四术,立四教,顺先王诗、书、礼、乐以造士"②,《礼记》中的记载表明礼乐等祭祀制度是依托于生活、生产实践展开的,并以此强化君权神授思想。

(三)孔子的实践教育理念

孔子是中国古代教育理论的奠基人,他充分肯定了实践教育的重要意义和作用,"吾听吾忘,吾见吾记,吾做吾悟""学以致用""愤启悱发"不仅强调教师对学生的启发作用,更强调读书需要与实践建立联系。"博学之,审问之,慎思之,明辨之,笃行之",《中庸》将学习过程分为了学、问、思、辩、行五部分,其中"笃行之"指明了学问的最终去向——实践所学,这是教育实践观的集中表现。

孔子实践教育理念最具代表性的就是礼、乐、射、御、书、数的"六艺之学",如:孔子教授礼仪时,不仅传授通行的礼仪17篇,还指导学生演习礼仪,通过实践学习具体的礼仪仪轨;在教授射箭时,会通过举办射箭比赛敦促弟子们掌握射箭技能;驾乘马车是古人必备技能之一,孔子会亲自驾驶马车教导学生,周游列国时也由弟子赶车……孔子自觉探索知行问题,主张将忠、孝、仁、义等道德原则贯彻于实际行动中,这符合统治阶级的利益。儒家思想对知行问题的讨论不再局限于认识论问题,而是拥有了更广泛的伦理学意义。

(四)曾子的实践教育理念

曾子继承了孔子的学说,一生都在积极传播儒家思想,他把孔子的学说变成可行的思想,曾子有诸多关于学习和实践的论述,是我国古代先贤中最早的实践论者。曾子认识到知识的来源是实践,他在《礼记·大学》中谈及"致知在格物,物格而后知至",获得知识的途径需要穷究事物的原理,穷究事物的原理才能获得真正的知识,学习要做到"君子攻其恶,求其过,

---

① 冯国超主编:《礼记》,吉林人民出版社2005年版,第90页。
② 冯国超主编:《礼记》,吉林人民出版社2005年版,第451页。

强其所不能,去私欲,从事于义"①,曾子强调了学习本身就是一种实践,知识的获得必须将"学"与"行"有机结合,通过实践才能真正学到知识。

曾子的教育哲学认为知识可以在每时每刻的实践中获得,他提出了具体的实践方法:"君子虑胜气,思而后动,论而后行,行必思言之,言之必思复之,思复之必思无悔言,亦可谓慎矣。"②曾子将实践分为了思考、论证、行动、检验、总结四个阶段,用思考克服感情用事,论证后再去行动实践,实践过程必先制订合理计划,制订的计划也必须考虑经得起检验,在实践后需要及时总结。曾子的实践方法相对系统、科学地概述了实践的过程,对当今的实践教学具有深刻的启发。

(五) 墨子的实践教育理念

诸子百家中,以墨子为代表的墨家学派区别于其他学派四处游说学说,其突出特点即非常注重通过实际行动践行自己的学说。从历史文献中也可发现墨家思想的实践教育理念:"务言而缓行,虽辩必不听。多力而伐功,虽劳必不图""口言之,身必行之。今子口言之,而身不行,是子之身乱也"③,君子需要"以身戴行",不能只说空话,不亲自实施操作是错误的,需要做到言行统一,墨子学说中的实践意识是其核心要义,这一思想也在中国历史上广为流传。

墨子是通过实际行动践行墨家思想的,将政治主张与实际行动结合在一起,这是最早的"知行合一"精神的体现。墨子注重培养学生的实际操作技巧,通过训练推广农业和手工业的生产技能,研制能够投入实际应用的新式武器,墨子的教学形式可谓是最早的劳动教育,其教学过程是学习也是劳作。

(六) 庄子的实践教育理念

庄子是道家学派的代表人物,《庄子》中呈现了许多技艺高超的匠人形象,庄子的教育观强调了实践与言传身教的意义和价值。

《庄子·养生主》讲述了庖丁解牛的故事,庖丁在经年累月的解剖实践中,掌握了牛复杂的身体、骨骼结构,《庄子·天道》讲述了轮扁斫轮的

---

① 〔清〕王聘珍:《大戴礼记解诂》,中华书局1983年版,第69页。
② 〔清〕王聘珍:《大戴礼记解诂》,中华书局1983年版,第71页。
③ 王学典编译:《墨子》,中国纺织出版社2007年版,第7页。

故事，轮扁在反复的造车过程中练就了用刀斧砍木制造车轮的精湛技艺。两则故事都在强调感受和实践的教育意义，单纯的语言不能传授造轮的技术，也难以描摹牛的身体构造，语言的精妙在实践面前显得苍白无力，实践是教学不可取代的环节。事物的真谛蕴含在实践之中，只有通过实践，才能检验所学。

这种教育思想也强调了"不言之教"的思想，《庄子·德充符》中描写到"立不教，坐不议；虚而往，实而归。固有不言之教，无形而心成者邪"[①]。庄子通过王骀表达出"不言之教"的教育理念，这种理念一方面强调教师在实践教学过程中言传身教的作用，不以长篇累牍说服学生，而是在身体力行、潜移默化中教导学生；另一方面突出学生在实践学习中实现自我学习、自我感悟，将道理内化为自我的思考。

（七）朱熹的实践教育理念

南宋著名理学家朱熹复兴了著名的白鹿洞书院，并为书院的发展制定了方针、制度，为后世书院的发展奠定了基础，影响了封建社会的教育发展。

朱熹的实践教育理念包括两个方面：一是非常重视实践对课堂教学的影响。朱熹在教学环节当中非常注重学生对现实问题的思考，"每休沐辄一至，诸生质疑问难，诲诱不倦，退则相与徜徉泉石间，竟日乃返"，他鼓励、引导学生发现问题，通过交流互动解除疑难，讨论、争辩这种教学方式贯穿整个教学过程，质疑、问难成为白鹿洞书院的讲学特色，也被后世书院教育承袭沿用。二是强调知行不可分离。朱熹认为"知行常相须，如目无足不行，足无目不见。论先后，知为先；论轻重，行为重"[②]，朱熹阐明了认识与实践是紧密相关的，就好像有眼睛没有脚不能走路，有脚没有眼睛不能看东西一样。他的知行观是知先行后、知轻行重，把知行不可分离的关系讲得清晰明了。

（八）王阳明的实践教育理念

明代心学集大成者王阳明提出"知行合一"的学说，"知"是指真理，是客观规律和科学知识，"行"是指实践，是科学实验和社会活动。王阳明

---

① 陈鼓应注译：《庄子今注今译》，中华书局1994年版，第144页。
② 〔宋〕朱熹：《朱子性理语类》（卷九），上海古籍出版社1992年版，第118页。

认为"知是行的主意，行是知的功夫；知是行之始，行是知之成"①，这一观点阐明了"知"与"行"的关系，"知"对"行"来说是动力，"行"对"知"来说是最终的目的。知行合一的达成需要用实践完成，认识事物的道理在现实中运用并最终指向实践目标时，知行实现合一，王阳明将这一过程描述为："知之真切驾实处即是行，行之明觉精察处即是知，知行工夫，本不可离。"②

王阳明知行合一的实践教育理念包含了以下三方面内涵：首先，认识与实践不断推动真理的发展。王阳明强调"知行如何分得开？此便是知行的本体，不曾有私意隔断的"③，"知"与"行"二者是统一的关系，知行在内容上互为包含，在时间上无分先后。其次，理论引导实践，理论指引实践。在良知或理论指导下的时间活动是符合客观规律的行为，实践是"良知"的完成。最后，实践敦促"内省"，在实践中检验真理。"一念发动处，便即是行了，发动处有不善，就将这不善的念克倒了"④，王阳明的这一思想表明唯有良知指引下的实践才不会偏离正轨，唯有知行合一的实践，才是检验真理的唯一标准。

王阳明的"知行合一"思想基于心学哲学思想发展而来，具有时代的局限性，"知"与"行"的内涵与认识论中的知行观有较大差异，需要批判继承。

（九）其他鸿儒的实践思想

中国古代鸿儒也有许多零散不成体系的实践教育思想，如陆游的"纸上得来终觉浅，绝知此事要躬行"，书本掌握的知识是表面的，只用切身实践过的体验才会内化于心；清代钱泳的《履园丛话》中的名句"读万卷书、行万里路"备受推崇，多读书更要多实践，也是在强调读书的最终目的是实践。书本中的知识是前人间接的经验，躬身实践获得的体验是直接的经

---

①③ 〔明〕王阳明撰，于自立、孔薇、杨骅骁注译：《传习录》，中州古籍出版社2008年版，第30页。

② 〔明〕王阳明撰，于自立、孔薇、杨骅骁注译：《传习录》，中州古籍出版社2008年版，第161页。

④ 〔明〕王阳明撰，于自立、孔薇、杨骅骁注译：《传习录》，中州古籍出版社2008年版，第311页。

验,直接经验和间接经验丰富着人们的认知,既需要通过书本获得知识,也需要通过实践体验人生,二者缺一不可。

中国古代哲学思想中有许多重视实践的教育理念,但中国古代教育服务于封建统治阶级,具有时代的局限性和思想的局限性。新时代高校思想政治教育的发展需要取其精华去其糟粕,批判继承中国古代哲学思想中优秀的实践教育理念,推动新时代高校实践思政教育的创新。

二、国际视野下的思政教育

虽然国外很多国家没有提出"思想政治教育"的概念,但各国依据国情开展的劳动教育、国情教育、公民教育、志愿服务等与我国的"思想政治教育"具有几乎相同的功能、目标、内容和渊源。强化与改善大学生群体思想的教育已经成为许多国家教育改革的重头戏,世界各国的教育改革都有加强大学生"思政教育"这一明显特征。由于各国的国情不同,不同国家对大学生"思政教育"在教育理念、教育内容体系、教育形式、教育管理与机制等方面形成了特色鲜明且多样的教育模式,这些模式对我国高校培养高素质人才具有一定借鉴意义,我们可以积极吸取符合我国国情、社情、学情的优秀经验,改革创新思想政治教育模式,构建学懂弄通做实的一体化思想政治教育体系,切实解决高校思政教育"最后一公里"问题。

(一) 俄罗斯的思想政治教育

俄罗斯的思想政治教育是依托俄罗斯的民族文化、宗教文化、国家和民族的发展历程展开的,让青年一代认识自己的民族、认识自己的国家,用实事和史实激发其爱国情怀,这是一种典型的依托国情展开的思想教育模式。

随着政治局势、精神道德矛盾的日益尖锐化,俄罗斯政权领导人意识到在增强民族凝聚力这一方面,思想政治教育有着有无法取代的重要作用,因此俄政府开始尝试在混乱的意识形态中重铸思政教育体系,以实现重塑民族精神的目的。

在新的历史节点上,俄罗斯的教育对于"爱国"的标准与含义进行了更加充分的思索,并赋予了爱国精神更为丰厚的内涵,使其变得更为合理，更加富有人文情怀。所谓对国家的爱并非仅指政治上的国家，而是对整个民族历史、整个民族语言、整个民族文化有着深沉而厚重的爱。人的生存的意义、人的尊严得到了强调，政府也更加注重个人、社会和国家的共同发展。

在《2010年前俄罗斯教育现代化的构想》中，俄政府将社会团结、国家作用、强国意识和爱国主义作为全民族意识形态的愿景，普京总统提出的"俄罗斯新思想"成为俄罗斯的文化战略和思想教育的理论基石，在正确理论指导的基础上带动了俄罗斯的思政教育振兴，俄罗斯高校的思想政治教育在复兴俄罗斯精神方面起到了突出作用。俄罗斯大学生的思想政治教育积极应用多种教育模式，如教育部门、学校和宗教机构统筹协调开展以宗教信仰为主题的教育活动。学校和教育部门会主动联系宗教组织，共同开展学生思想政治教育活动，青年教育也被宗教教育机构视为其义务和职责。

俄罗斯的思政教育，一方面突出爱国主义教育，将街道与建筑冠以优秀政治家、军事家或民族英雄之名，国家资助建设各种长期免费的博物馆和纪念馆，在重大的官方、民间节日和纪念日组织游行和集会。另一方面倡导人道主义，社会所需要的是那些既具备较高道德修养，又有着充足知识与技能的公民，教育要做的不仅是为人们带来知识，也要使人们的思想水平提升到一个新的层次。所谓注重人文关怀的教育，应当注重人格的健全，人性的完善，使人们真诚地深爱自己的国家与民族。

从俄罗斯的思想政治教育模式看，在社会生活中了解本国家、本民族的历史与文化可以更好地激发受教育者的民族自信心和自豪感，珍视本民族的光荣历史和对人类所做的贡献，对国家、对民族产生深厚的情感。"知国"更易"明志"，从国情中汲取奋斗的经验和智慧，从实践中汲取富国、强国的力量，这是值得我们借鉴的。

（二）美国的公民教育

美国的公民教育结合了家庭教育、学校教育和社会教育，借助了多样的媒体形式、社会团体、学科实践、志愿服务等教育"规训"手段，让青年一代在生活的方方面面感受公民教育的内涵，在实践中践行公民教育的理念。潜移默化中，美式文化和美式价值观深深植入每个美国公民的血肉。

美国推进的公民教育，本质即思想政治教育，经过许多年的建设和发展，美国逐渐形成了一套资产阶级公民教育的模式。在美国，好莱坞电影通过影视作品推广"爱国精神"，同时社会机构在政府中发挥了重要宣传作用，如童子军组织被用于培养爱国精神、美国青年协会推广爱国和争取民主自由等。除以大众传媒、显性教育、家庭教育为主要途径的价值观教育之外，公民教育还包括以神学宗教、社会信仰、民族精神为内容的宗教教育，以及包括法制纪律、道德品质、权利义务在内的行为规范教育，如大多数美国人知道并在典礼上唱国歌，美国国旗出现在人们的工作和日常生活中，带有国家标志的产品也受到人们的喜爱，热爱国旗也是美国对青年爱国主义教育的一个重要组成部分。

整体而言，美国通过政党、家庭、宗教团体、学校、大众传媒、家庭等，在一切条件下对大学生进行公民教育，宣传美国独特的生活方式和核心价值观，依靠多方协调与配合最终构建起了较为完善的公民教育体系，公民教育体系充分体现了公民教育的整体性、系统性和普遍性。同时，公民教育是通过渗透、间接和隐晦的方式进行的，而不是直接以教学和灌输的形式进行。大多数学生在不知不觉中完成了公民教育，但却取得了非常好的教育效果。从教育过程来看，美国政府不会对公民教育进行太多干预。学校的德育工作是按照科学研究制订的计划进行的，学校注重引导和激励，对受教育者给予更多自主权，通过学校引导和启发教育等方式达成道德内化的目标，受教育者的主体地位获得了充分的认同。

从美国的公民教育模式看，公民教育借助社团活动、学科实践等形式，由教育者对受教育者进行引导和激励，通过自主学习实现公民教育的内化目标。"潜移默化"的教育效果不容小觑，思想教育在生活中感悟、在学习中明晰、在实践中强化，这是值得我们借鉴的。

（三）英国的道德教育

英国的道德教育依托于家庭教育、社区教育、公民教育、健康教育等形式开展，还强化了学校教育对道德教育的引导作用，依托社区志愿服务和专业实践活动等手段，让青年一代通过切身体验强化政治素养、社会责任和国家认同感。在校园与社会的共同努力下，让德育教育根植英国。

英国针对大学生的"思政教育"采用的是以道德教育为核心的爱国主义教育模式，这种思想教育模式具有典型的英式特点：英国的道德教育不仅决定着学校的办学方向，还提供了整个民族的精神动力。英国的道德教育以培养具有较高政治素质、积极参与社区建设、勇于承担社会责任、社会包容性和较强国家认同感的人才为主要目标，重视将宗教教育和道德教育之间建立紧密的联系，以此来培养大学生形成宗教价值观。同时通过家庭教育、社区教育、公民教育以及健康教育等多种教育方式，协同促进大学生社会性和个人品质的综合发展。

英国的高校既开设德育课程，又有严格的教育管理和评价反馈机制。首先，通过课堂教学对学生讲述主流的价值体系和道德观念，依托教师教学活动推动并强化道德教育工作；其次，将德育整合到课程与学科教育体系中，依靠学生开展社会活动积极对学生开展道德教育工作，更好地达成灌输与渗透相融合的教育目标；最后，英国高校还建立了完整的督导制度，评价内容包括大学生的公民教育、健康教育等内容，并通过总结报告、效果反馈和过程督导的方式更好地指导道德教育工作。

从英国的道德教育模式看，道德教育依托于高校建立起来的道德教育管理和评价反馈机制，在社会活动中开展道德教育工作，在学科实践中落实了道德教育目标，形成了有效的学科实践体系，这是我们值得借鉴的。

（四）日本的民族精神教育

日本的民族精神教育基于学校教育展开，强化校园教育在思想教育中的领导地位，通过多样的教育手段和方法，将校园教育与社会教育、家庭教育联系起来，让青年一代对国家、对民族产生深深的爱意。家庭教育、学校教育和社会教育，"三位一体"地传递了日本的民族精神。

日本的思想政治教育注重融合东西方文化，形成了兼容东西方文化的思想政治教育模式。日本的思想政治教育强调民族精神教育和传统道德观念培养，例如：日本于2002年制定了一套课程培养中学生对国家的热爱，2003年将爱国主义评价体系引入教育体系，年满11岁的学生都会将其爱国主义知识评分写入成绩单。2006年日本国会下议院通过了一系列法案，通过修改教育基本法要求教师要有爱国主义精神和民族尊严，并将其灌输给小学生。[①] 日本在爱国主义教育这一方面是十分重视的，基于多个视角对学生灌输日本的民族精神和传统道德观念，时刻进行爱国主义教育，类似于各式各样的"校园祭"、运动会等，这些活动中都包含爱国主义的教育内容，不仅如此，日本也高度重视家庭对民族精神教育方面的影响。

基于宏观视角来分析，日本的"思政教育"是全面深刻的，一方面重视高校的影响力，另一方面也关注家庭与社会的影响力，形成了学校、家庭与社会三大元素有效融合的民族精神教育模式。在微观环境中，日本高校出于增强思想教育有效性和辐射性的目的，避免课程仅有理论教育的单一化缺陷，一方面要求将思想教育目标融合到各个科目，实现思想教育与全学科的全面协调；另一方面要求加强传统道德课等专门化课程的教学工作，有效开发各类教育平台与载体，推进思想教育实践。日本通过这样的思想教育方式实现了家庭教育、学校教育和社会教育的"三位一体"，三方各司其职共同合作，达到全民教育的目标。

从日本的民族精神教育模式看，国民民族精神的建立与强化离不开家庭教育、学校教育和社会教育的协调统一。从小学到大学，日本的学生在校园中通过校园实践活动感受民族精神，在社会中通过社会实践活动践行民族精神，在家庭中通过生活实践活动强化民族精神。强化学校教育对思想教育的引导地位，这是值得我们借鉴的。

（五）新加坡的思想道德课程

新加坡的思想道德课程是依托儒学文化展开的，用东方的智慧融合文化的差异与冲突，以政府为主导的思想道德课程，不仅强调学校"教"，更强调在社会中"做"，让青年一代经历思想道德从接触到形成的教育闭环。

作为欧亚之间的重要纽带，新加坡一向受到欧洲文明与东方文化的深刻影响，随着历史的发展新加坡人又形成了本民族多元的宗教信仰和多元的价值观。为了能够尽可能地减少社会矛盾冲突，推动民族思想统一，促进经济

---

① Abdrashitova, Ospanova. Best Practice of Patriotic Education Methodical Handbook. Astana: Agroizdat LLP Publishing House, 2009, pp. 90-94, 98-100.

繁荣发展，新加坡政府开始注重人民思想道德修养的提高。新加坡在国家取得独立以后政府一直坚持在经济、科技方面效仿西欧，而在思想领域则效仿中国，在20世纪的80年代，新加坡兴起的儒学运动使儒家思想得到了发展与革新，在此之后新加坡在学校设置了相关思想类的课程，为学生们讲授儒家思想，并设置了一系列有关儒家思想的实践教育，在制订各门课程教育计划时十分注重吸收儒学精粹[1]，这些举措将儒家思想与民众道德密切地联系在了一起。

新加坡开展的思想道德教育是以培养重视国家利益、拥有较强社会责任感、具有良好行为品质的优秀公民为目标。在构建思想教育模式时新加坡政府优化了学校的思想道德课程体系，系统全面地为学生讲解伦理道德知识；同时，新加坡还将思想教育融合到各个领域各个行业当中，通过思想道德教育平台丰富的教育形式形成协同作用，净化社会环境，保证青年大学生的健康成长。另外，新加坡政府制定并推行了一套社会道德奖惩标准，该标准与思想道德教育内容一致，形成了有效的评价体系，对思想道德教育成果进行评判，形成了思想道德教育体系的闭环。纵观新加坡的思想道德教育，中国传统儒家思想能够解决西方文化的弊端，成为新加坡现代化的精神动力。

从新加坡的思想道德课程模式看，受教育者需要经历社会的检验和磨砺，才能真正地将思想内涵内化于心外化于形，缺乏实践过程的学校教育是难以落到实处的。思想教育需要一整套完整的体系，理论教学、实践检验、奖惩制度缺一不可，这是值得我们借鉴的。

（六）其他国家的思想政治教育

欧洲各国家大多采用非干涉性的方法发展爱国主义教育：法国实行国家项目，通过电影拍摄宣传爱国思想；德国除了服兵役外，还设立青少年服务项目，通过这些项目帮助人们培养公民意识和爱国主义精神；也有一些国家启动了官方语言和民族文化的国家级项目，借此强化民众的爱国主义思想[2]；波兰的爱国主义教育不仅融合在美术、音乐、地理、历史当中，就连

---

[1] 戴胜利：《大学思想政治教育的比较研究》，上海教育出版社2006年版，296页。

[2] Abdrashitova, Ospanova. Best Practice of Patriotic Education Methodical Handbook. Astana：Agroizdat LLP Publishing House, 2009, pp. 90 – 94, 98 – 100.

化学、物理等课程都有相关的内容，学校还会将爱国主义教育融入自发组织的系列活动中。

在中东，哈萨克斯坦通过教育组织和非教育组织引入的一系列仪式程序，旨在让国民形成对国家象征的尊重；学校设置"公民研究"课程，防止青少年养成不良习惯，并突出家庭教育的重要作用；大众传媒积极参与推动爱国主义和人文主义教育，报道重要的社会事件和国家新闻[①]。以色列由于其民族与信仰的多元性，其爱国主义教育系统分为四个主要部分：一般国家教育系统、国家犹太宗教教育体系、阿拉伯国家的教育体系以及犹太极端正统体系，有效地维护了国家意识形态的稳定。

与我国文化相近的亚洲地区也有自己的特点。泰国政府对青少年的民族传统教育和爱国主义教育十分重视：为了激发青少年的民族责任感和民族自信心，政府规定泰国民族文化课程是高校的必修课程，任何专业的学生都需要修习相关课程内容；而爱国主义教育则体现在每天学校需按时升降国旗，在奏国歌时所有学生必须保持肃立状态。韩国则是把爱国主义教育融入社会的方方面面，韩国民众会自觉使用本国的产品，例如无论是日常生活还是影视作品中，韩国人大都在使用三星手机，他们以支持民族企业为荣，并不追求使用更高档的外国产品。韩国国歌《爱国歌》展现了用意志和精神热爱祖国、把身心和忠诚献给祖国的情感，凸显了韩国民众强烈的爱国情绪。

世界各国的思想政治教育各具特色，也取得了一定的成效，面对形形色色的教育模式需要批判地借鉴、学习。首先，在社会生活中了解国情可以成为思想政治教育的基石，投身实践，通过亲身感悟更能激发家国情怀。其次，思政教育中，学校教育、家庭教育和社会教育需要实现协同合作，形成理论教学、实践检验、评审制度的教育闭环模式。最后，理论教学需要实践活动的检验，在实践中理论有着潜移默化的影响作用，最终推动理论思想的入脑、入心。

---

① Zhengisbek, Tolen, Slusha et al: Formation of Civil and Patriotic Education of Youth in Kazakhstan, Procedia – Social and Behavioral Sciences, 2014.

第二节　新时代背景下的思政教育

一、多元文化思潮下的高校思政教育

随着经济全球化的日益推进、社会各个领域的发展变革和多元文化因素的碰撞，消费主义、享乐主义、虚无主义、利己主义的流行，使新时代大学生思想状况呈现出多元化、多样化特征，社会主流价值观和基本道德规范受到很大程度的挑战。每个时代的理论思维都具有不同的表现形式，随着时代的变迁而改变，具有一定的历史性。大学生是社会的新生力量，是社会未来的脊梁，也是最能并最愿意接受多元文化的群体。大学生能否处理好多元文化对社会主义意识形态的冲击，决定了社会发展的走向，因此多元文化背景下大学生社会主义意识形态教育就显得尤为重要。高校思政教育既承担着引导大学生前进方向的重任，又发挥着宣讲平台、传播平台的重要作用，正确认识全球化背景下高校思想政治教育的地位和作用，对增强思想政治教育的针对性和实效性具有十分重要的作用。

（一）多元文化在高校中存在的现状

着眼全球，近20年人类从工业化社会快速发展到信息化社会，信息网络的普及与日益发达实现了各个国家和地区的有效联结。网络成为人们生活中重要的组成部分，超越国界令世界各地联系在一起，通过网络实现了多元文化的共享与交流。立足本土，我国是多民族国家且疆域辽阔，和而不同的包容性让我国各民族、各地域的文化得到了充分保留，中国独具特色的多元文化在漫长的历史中得到发展与传承。伴随着新时代信息交互模式的发展，多种文化与实践主体的沟通实现了更为密切高效的交流，不同文化交汇融合、快速发展，大学生对新潮文化接纳性强，多元文化思潮冲击着青年一代的价值观、思想信仰和生活方式，个性化突出成为新时代大学生的重要标签，这对大学生理想信念和文化认同的培养等带来了机遇与挑战。

1. 辩证认识外来文化对新时代大学生群体的影响

在互联网时代，人们对世界政治、科技、文化的认识更加方便、及时，这开阔了人们的视野和思维，外来文化使我们更好地了解当今世界的发展与变化，它在培养大学生国际视野方面的作用不可低估。然而，外来文化的负面影响也很明显且不容忽视，随着全球化进程的加快，中西文化交流越来越频繁，传统文化与现代文化的融合越来越深入，西方文化思潮对大学生的影响不容低估。

传统与现代、本土与世界、批判与继承，诸多文化关系的变化是高校思想政治教育面临的挑战。大学生对于新生事物的接受程度更高，但是年轻人的意识形态并不成熟，处于摇摆不定的状态，极易受到不良文化的误导，大学阶段是形成正确价值观、人生定位、社会责任的重要阶段，通过思想政治教育引导大学生处理好本土文化和外来文化之间的关系，有助于青年一代形成积极向上的理想信念。

2. 积极推动大学生文化自觉的构建和强化

多元文化背景下的当今社会，一方面互联网的产生有效地促进了信息的共享，打破了时空的限制和地域的阻碍，打开了不同文化的交流大门，丰富多彩的多元文化与国家的主流意识形态、价值观念产生了交融与碰撞。但这些文化良莠不齐，一些消极文化侵蚀着青年大学生的思想，削弱了青年一代对社会主义意识形态的追求。另一方面，资本雄厚的西方国家借助先进的生产力，有预谋地将资本主义文化渗透到发展中国家，借助物质享乐的诱惑，企图磨灭社会主义意识形态，对国家主流思想产生的负面影响难以估量。

多元文化是我国改革开放进程中必须面对的文化冲突，但这一社会问题是可以通过思想政治教育来解决的。首先，资本主义社会性质的外来文化进入中国已有百年历史，一方面为中国的发展带来了诸多物质、精神成果，另一方面个人主义等文化糟粕极大地影响了民族文化和民族意志。接受外来文化不是简单地照搬，而是需要结合本民族文化的基本特征，形成符合时代要求和国情的积极文化。其次，大学生是传统文化的继承者和捍卫者，是外来文化的借鉴者和批评者，他们需要以马克思主义为指导，按照时代要求审视、识别和筛选多元文化，强化大学生的马克思主义文化观，在多元文化融合中坚持主流意识形态。思想政治教育可以引导大学生将多元化的社会思想、利益诉求和价值观与马克思主义的基本观点、立场和理论相结合，促进社会形成普遍共识，增强大学生的文化意识，坚持主流文化的正确导向。

（二）多元文化对大学生高校思想政治教育的影响

1. 大学生对高校思想政治教育提出新诉求

新时代大学生的成长环境各有不同，多元文化依托信息传播的力量推动着人们多元价值观的形成，塑造了大学生思想观念的差异。经济的高速发展、多元文化的盛行、信息媒介的不断丰富，在这样的社会背景下不断强化着大学生的主体意识和自我意识。学生的思想观念表现出复杂性和多元性的特点，高校思想政治教育的开展需要针对教育主体的变化推陈出新，适应时代的要求。

以"00后"为主的大学生群体其成长条件相对优越，但他们的心理与生理尚处于成长阶段，很容易受到外界不良文化的影响：个别大学生对西方文化过于崇拜，以致不能真正认识到社会主义核心价值观对自身发展的重要意义；甚至个别学生因为受到不法分子传播的不良思想与言论的影响，产生了扭曲的思想。在多元文化背景的影响下，大学生可以接触到越来越多的新鲜事物，在接受西方优秀文化的同时，不可避免地会接触到负面思想，这些思想的冲击严重影响着大学生的人生观、价值观，导致当代大学生思想的迷茫与混乱。

这些问题的出现为当今高校思政教育拉响了警钟，高校思想政治教育的首要任务是突出预防性，即大学生的思维在多元文化的综合影响下，一元化的价值观教育难以满足多元文化建设的需求，需要有效地预判和研究大学生群体的思想动态与潜在问题，保障大学生的思想在受到多元文化影响时不会出现问题。以往高校的思想政治教育方法只注重解决当前大学生的思想问题，思想政治教育方案也欠缺实效性与时代感，高校思想政治教育工作者并未从根本上解决大学生群体的价值取向引导问题。

我们应该与时俱进，通过不同的形式来对学生的思想进行教育，对其人生观、价值观的确立进行积极引导，进一步解决大学生面临的思想问题。

2. 时代对高校思想政治教育提出新要求

思想政治教育是一门综合性的教育学科，受多元文化的影响，教育者必须充实自身的知识体系才能真正对思政教育有全面的认知与理解。当代高校大学生是祖国未来的中流砥柱，目前来看，我国当代大学生总体呈现积极向上、奋发图强的精神面貌。自改革开放以来，经济全球化、文化多元化正悄无声息地蔓延着，新时代大学生对新文化、新生活方式、新思维方式都有积极的接纳心态和强烈的尝试欲望，急需突破原有教学思维，发展适用于新时代大学生思政教育的教学模式。面对来自不同教育背景、不同成长环境、不同民族、不同语言的大学生，若是单纯运用一元文化的方式开展思政教育，很难真正让学生认识到社会主义思想的意义与价值，思政教育工作者只有与学生群体建立起深度的链接，才能更好地引导学生自觉开展知、行转化，使其真正了解到思政教育的意义。

思政教育的成效不仅体现在学生整体素质的提高，更体现在对学生思想产生的深远影响，在高校思政教育过程中我们要真正做到因材施教，对不同的教育对象选择不同的教育方法。同时，也需要对思政教育方法进行积极的创新与实践，以活泼、生动的课堂氛围吸引学生，提高大学生思政教育的自主学习倾向，让学生形成主观的学习冲动和学习动力，以此提高思政教学质量，丰富思政教学方法是积极应对多元文化思潮的有效路径。

多元文化的碰撞与冲突为思想的发展带来了诸多可能性，在当今多元文化思潮的背景下，高校要结合实际情况选择适合的视角引导学生形成正确的思想认知。不同民族、不同区域的大学生其成长经历各有不同，多元的区域文化和民族文化要求教育工作者与时俱进，以包容的心态理解新鲜事物的发展。高校教师要勇于创新、精于研究，充分的把社会主义核心价值观融入思想政治教育当中，不断提高教学质量。

多元文化为生活提供了更多的思维模式、生活方式和价值理念，但也动摇了社会主义意识形态教育，多元文化背景使新时代大学生的社会主义意识形态教育受到影响。面对五花八门的价值理念和千变万化的行为方式，当代大学生表现出缺乏辨别能力的特点。一些披着光鲜"外衣"的外来文化使人变得自私自利，形成极端的个人主义，让个别大学生对科学的人生观、价值观、世界观产生了扭曲的理解。目前高校思想政治教育的方法在许多时候都不能有效应对多元文化思潮的冲击，经常处于被动、消极的状态，这会使大学生无法坚定地确立一个良好的价值观体系。当前单一的文化价值观教育已经不能适应时代的潮流，不能满足新时代大学生的思政教育需求，高校教育者要根据学生的实际情况对学生的思想进行教育，积极开展预防引导工作，帮助更多的大学生形成社会主义核心价值观。

3. 多元文化加速高校思想政治教育改革

高校思政教育方法的革新是新时代社会实践发展的重要组成部分，融入社会实践也是思政教育改革过程中的重要方向。教育方法是实现教学任务、教学目标的重要形式，同时也是高等教育实践的重要环节，因此在推动高校思政教育改革的过程中需要契合社会群体发展的客观要求，形成适应多元文化背景的思政教育手段和方法。

思政课的课堂教学和辅导员的理论教导是当前高校思政教育体系中的主力军，在思政教学形式上，由于学生基数较为庞大，很难注重学生的多样性和个体发展的具体需求。依靠有限的思想政治理论输入，学生自主学习能动性不足，对理论的认识浮于表面，高校思政教育很难取得突破性成就。根据学生自身的特点对症下药，正确面对校园多元文化现状，强化社会实践等其他教学方式的教育功能，多管齐下才能实现大学生身心同步发展，才能使高校思政教育工作取得成功。在传统的教学过程中，教师是课堂的主体，学生聆听、记录教师教授的专业理论知识和思政理论知识，受专业分工教学理念的影响，部分高校教师认为思政教育很难实现与专业教育有效的融合和渗透。虽然课程思政的开展改善了这一情况，但教学管理等多维度并未实现理想的融合，未能构建起专业教学体系和思政教学体系的依存机制，专业教育与思政教育融合效果有待评估，学生依然很难在理论课程教学过程中自觉感悟思政教育的深刻内涵，不同教育板块的单打独斗问题依然影响着思政教育的实效，长此以往会造成思政教育体系过度程式化的问题。

党和国家一直都非常重视高校思政教育工作，各高校也按照国家的方针政策，努力推动着高校思政教育改革，与时俱进，引导学生树立正确的世界观、人生观、价值观。教师的教学能力与学生的课堂学习状态互为影响，然而在实际的思政教育教学过程中,学生课堂参与积极性不足导致教师更加倾向单纯的理论知识讲授,这也导致很难将教学空间有效拓展,无法让更多的同学参与到教学活动当中,教师与学生的互动关系陷入恶性循环。目前高校主流的思政教育依然还是依照课本、讲义来进行教学,对学生个性化的问题难以实现有针对性的解答,而学生也很难依托于专业背景对思政理论知识开展系统的思考,缺乏结合自身发展与思政理论内化于心、外化于行的过程。归根结底,这是因为思政教育缺乏实践性和现实意义。

我国文化正朝着多元化的方向发展,大学生在接受思想政治教育之前已经形成了一定的思想意识。因此,高校的思想政治教育内容与方法应该与时俱进,与实际联系起来,改革已有的思政教育模式,创新教育教学方法,这样才能够保证高校思政教育长久的生命力与活力。

二、全媒体时代背景下的高校思政教育

全媒体时代媒体形式深度融合,为人们获取信息提供了更多途径和渠道,互联网技术飞速发展带来的用户体验更为丰富,深刻影响着生活的方方面面。思想政治教育在这样的时代背景下既需要面对挑战也迎来了更多改革创新的机遇:一方面,新时代大学生信息获取方式、学习方式、思维方式等都产生了颠覆性的改变,高校思政教育需要不断改革创新教学手段、教育模式,才能有效提升思政教育教学效果;另一方面,媒体技术渗透到高校教育教学当中,既丰富了教学资源也拓展了教学手段,这是高校思政教育的良好机遇。

(一)思想政治教育改革创新在全媒体时代背景下的挑战

全媒体环境下高校思想政治教育需要面对更加复杂的传播环境,新时代大学生对思想政治教育提出了新的要求,在增加思想政治教育难度的同时,也敦促着思想政治教育不断发展与创新。

1. 全媒体时代降低了高校思政教育教师的话语权

全媒体时代,学生接收信息的来源纷繁复杂,来自不同渠道的信息影响着学生对教师教育内容的理解和阐释,传统思政教育模式中的教师话语权受到挑战,降低了教师在思想政治教育教学过程中的绝对权威,这会严重影响高校思想政治教育的有效性。全媒体时代的来临,让教育者与受教育者在信

息接收层面处于平等地位，但值得关注的是在信息接受范围与信息获取能力上存在明显的差别，受教育者对于媒体信息的获取数量和获取种类显著高于教育者：教育者在课堂中讲解的内容，很可能是受教育者已经提前知道甚至是深入探究过的；一些网络用语、网络话题，受教育者很可能会先于教育者知晓，甚至有可能是教育者不曾关注过的。

网络世界可以为学生提供繁杂丰富、取之不尽的知识内容，面对浩瀚的知识海洋，人脑无法与机器相抗衡，这使教育者的知识优势减弱，撼动了其思政教育的主导地位，知识传授的权威性光环逐渐褪色。

2. 全媒体时代进一步唤醒了新时代大学生的自我意识

媒介环境的变化打破了学生长期处于被动接受知识的局面，增强了新时代大学生的自我表达意识，越来越多的大学生不满足于通过教育者口头表达的理论灌输，"你讲我听"的思政教育模式无法适应时代的变化。面对新鲜事物，受教育者甚至有可能成为教育者的老师，教学过程中的教学角色日益模糊，虽然在一定程度上激发了受教育者自我学习的能力和自主学习的积极性，但过度依赖媒介获取知识的方式，难以对学习内容和学习质量进行把控，教师在思政教育中"领路人"和"把关人"的作用凸显。

信息获取的便利性影响着大学生的思想行为，他们可以自由选择获取知识的深度和广度，同时媒介技术为教育者与受教育者的交流提供了多样化的途径。这些都形塑了新时代大学生的个性发展，激活了他们接受思想政治教育过程中的主体性意识和选择意识。"满堂灌"的填鸭式教学不但无法达到良好的思政教育效果，甚至可能激起抵触情绪。掌握大学生群体的个性特征，构建起以大学生为主导的思政教育有效途径，充分发挥大学生的主体性，可以有效提升思政教育的感染力和吸引力，这是探寻思想政治教育改革与创新的突破口。

（二）思想政治教育改革创新在全媒体时代背景下的机遇

全媒体实现了传统媒体与新媒体之间的深度融合、全面互补，共融、共通、共享的媒体特质可以有效推动高校思想政治教育的改革与创新。全媒体技术可以增强高校思想政治教育的吸引力和感染力，通过强化媒体技术在高校思想政治教育工作中的作用，既可以提高思政教育内容的质量和水平，又有助于推动实现理论与实践的紧密结合。

1. 全媒体时代激发了高校教师对思政教育的创新尝试

全媒体技术的应用可以让整个思政教学过程更加真实、更加震撼,有助于激发大学生的真情实感。例如在党史学习中,传统思政教育模式下的党史教育往往只是通过教师干巴巴的讲授,而全媒体技术的应用可以通过现场直播、视频播放、弹幕互动等手段,绘声绘色地全方位展示党的发展历程,并能即时了解学生的学习感受。很大程度上可以激发起学生学习的积极性,实现师生教学关系的良性互动,使学生对党史有了更深刻的记忆,潜移默化地强化了大学生的理想信念。增强高校思想政治教育的有效性,实现高校思想政治教育的创新应用,需要牢牢把握住全媒体的发展趋势,依托多种媒体、多种手段的综合运用,提高思想政治教育的范围和效率。

2. 全媒体时代明确了思想政治教育的实践性倾向

全媒体技术推动了高校思政教育资源与社会思政教育资源的有效整合,"慕课"平台、"智慧课堂"的建设和应用,既保证了思政教育教学的质量,又满足了大学生个性化的学习需求。借助全媒体的社交性实现师生即时、平等的沟通交流,形成交互式学习模式的同时,突出大学生思政教育主体性地位。通过社会实践活动让大学生参与到思想政治教育过程中,全媒体帮助高校教师真正成为大学生思政教育的"引路人":课前依托媒体资源实现预习,课中通过媒体交互性实现沟通互联,课后借助媒体平台展示学习成效,让新时代大学生在实践过程中真正认识到自己肩负的社会责任,从内心深处感悟思想政治教育的意义和思想政治理论的应用价值。全媒体作为信息载体的发展趋势,推动着高校思想政治教育路径和模式的创新。

第三节 实践理念下的思政教育

一、教育创新理念敦促思政教育改革

在新时期、新经济以及新技术快速发展的大环境下,教育界更要致力于培养适应时代发展的新兴人才。这也是教育界应尽的重要职责,特别是大学

生的思想政治教育，因此高校思想政治教育理念要不断进行创新，紧跟时代的发展。

（一）坚持以人为本

以人为本是指在思想政治教育工作实践中，高校各级领导干部和思想政治教育工作者在制定规章制度、日常管理和改进传统工作方法时，始终以学生为中心，迎合大学生个性化发展的需求，利用一切条件调动与提升大学生群体参与学习与科研的主动性、创造性，以德智体美劳全面发展为目的的一种理念。

高校思想政治教育以人为本体现在对大学生的教育服务和管理过程中，紧紧围绕大学生成长成才这一中心思想，承认并尊重大学生的主体性地位，把满足大学生成长成才需求作为思想政治教育的价值取向。落实到具体教学实践中，需要在各项思政教育活动中展现大学生的自觉性、主动性和能动性，凸显大学生思想政治教育的主体性地位，将推动大学生全面发展作为高校思政教育工作的出发点和归宿。

以人为本的思想政治教育与新时代大学生的个性化发展诉求高度契合，既强调教育者的主导地位，也充分发挥学生的主体性；既强调理论认识的基础性，也注重实践养成的必要性。总体来说，以人为本的思想政治教育理念是以学生为根本，充分尊重学生的主体性地位，充分发挥学生的自主能动性和内在潜能，从学生的实际出发，以学生全面发展为教育根本目的的思想政治教育模式是时代发展的必然要求。中国政治、经济、文化的发展赋予了当代大学生自主的文化选择权，社会的信息化赋予了当代大学生自主的信息选择权，这些均强化了思想政治教育改革创新过程中需要坚持以人为本。

（二）坚持全面发展

人的全面发展问题直接关系到社会发展的全局，是一切工作的中心问题。加强思想政治教育是大学生全面发展的有效手段，大学生思想政治工作承载着培养社会主义合格建设者和可靠接班人的历史重任，是造福千家万户的民心工程，必须以人的全面发展作为其基本理念。思想政治教育的功能在于使受教育者具备坚定的政治立场，形成科学的思维方式，明确正确的指导思想，养成良好的道德修养和道德习惯，建立起广泛的兴趣和合理的知识结构，形成完善的人格，提高大学生整体素质是大学生全面发展的内在要求。

促进人的全面发展是马克思主义关于建设社会主义社会的本质要求，因此推动新时代大学生的全面发展应该成为高校思想政治教育改革创新中的应有之意。在高校思想政治教育改革创新进程中，必须以大学生的全面发展为根本目标，通过形式多样的思政教育方式，让大学生在理论学习与社会实践中学会学习、学会做事、学会做人，全面培养他们的综合素质和能力。高校需要努力营造求真、向善、达美的校园文化，通过思政教育促进新时代大学生的全面发展，引导大学生成长成才。

（三）坚持改革创新

社会的发展有自己的特点，社会实践内容不是一成不变的，必须随着社会的发展而更新才能跟上时代的脉搏。进行思政教育改革需要强化理论指导性与教育针对性，这既是思政教育改革创新的基本要求，也是思政教育改革创新的方向，抽象化、形式化、空洞化的思政教育必将逐渐失去实效。理论来源于实践也将指导实践的实施，基于思政教育的演变进程来分析，创新性是思政教育发展的重要生机。思政教育工作的要求不断提高，求得实效成为思政教育的根本目标，这也是判断思政教育工作有效性的重点。持续强化思政教育的针对性、系统性以及创新性才能保证其具备生机与活力，才能使思政教育充分体现我国社会发展的具体情况，把我国社会发展的具体内容作为思政教育的素材是思政教育改革与创新的重要任务之一。

青年大学生群体正处于人生观、价值观形成的重要阶段，具备较强的可塑性，依托思政教育引领思想、精神风尚有助于培育出社会主义事业的合格建设者和可靠接班人。赢得青年就赢得未来，坚持改革创新理念具有鲜明的时代意义和深远的现实意义。

二、教育实践理论推动思政教育改革

理论联系实际是教育的基本原则，思想政治教育虽然是一种理论教育，但是其根本任务是通过马克思主义理论武装头脑，并能运用科学理论分析问题、解决问题，归根结底，思政教育的价值是实践教育。突出思想政治教育的实践性，避免传统思政教育重理论概念轻社会实践的弊端，增强思政教育的针对性，面向实践提升思政教育的吸引力和感染力，这要求高校思政教育工作应该结合实践进行。

(一) 思想政治教育实践性的内涵

实践观是马克思主义哲学的重要论断，客观的物质世界可以通过人的主观能动性进行改造，人类社会产生与发展的基础是通过物质资料生产实践推动的，社会生活的本质就是实践。辩证唯物主义认识论是马克思批判汲取费尔巴哈哲学中的实践观点形成的，揭示了实践的本质——"社会生活的本质上是实践的"。毛泽东在其著作《实践论》中清晰地阐释了实践是认识的来源，社会实践才是对于外界认识的真理性标准。人们在认识世界、改造世界的过程中必须参与到社会实践当中，也只有通过社会实践才能够真正促进思想意识的发展，检验思想意识成果的正确性。实践可以实现大学生对思政理论从感性认识发展到理性认识，而发自内心的理性认识可以积极推动个人发展与社会发展。"实践，认识，再实践，再认识"，实践与认识的互动就是在这样的循环中不断提升人们的思想，将思政理论内化于心、外化于行。

思想政治教育需要符合认识世界、改造世界的一般规律，而这一过程离不开实践。实践是认识社会的起点，是认知社会的有效途径，更是发展社会的强大动力。通过实践活动，人们可以发现对事物的认知不足，触动了人们对理论知识的渴望；社会实践中层出不穷的新课题，激发了人们对新鲜事物的探索与研究，推动着理论的发展、科学的发展和社会的发展；实践得到的认识还需要回归实践来验证，离开实践认识将变成无源之水、无根之木。思想政治教育回归实践本源是辩证唯物主义认识论的基本要求。

(二) 思想政治教育实践性的特点

1. 直接性与现实性

实践活动具有直接性与现实性。实践是有别于自然物质形态的运动和动物本能的活动，它是人类特有的客观活动，具有对象性[①]，是人类通过对象

---

① 对象性是用来表述他的绝对观念的体系中自我意识同意识之间的关系的哲学用语。

性活动有目的的改造和利用客观世界以满足自己需求的事实。实践以人为主体，以客观事物为客体，将人的目的、能力等本质力量对象化[①]为客观现实，创造出具有主体性特征的人的客体世界。实践的直接性与现实性发源于人的主观活动，同时又能将人的主观活动外化为感性的客观存在，通过实践活动，人与物质相互作用，"做"的过程可以将观念落于实处。人的理想、认识、能力等本质力量可以通过实践对象化为实际行为或实际物质，是人们发现世界、改造世界的基础。

2. 自主性与创造性

实践活动具有自主性和创造性。人类通过实践创造出了无法根据自然运动本身产生的物质，这就是实践的创造性。在实践的道路上，人们可以主动地认识世界的客观规律，同时也可以使用认识到的客观规律改造世界，让事物按照人们期待的方向发展，实现事物为人所用、为人所有的人类发展目的，这体现了实践的自主性。实践是由人类社会活动产生的，同时也是人类社会发起的，人类积极改造自然的实践活动与动物消极适应自然的活动有着本质区别。人类的实践活动改变了人与物的关系，通过实践活动，"人"与"物"的关系由"物"支配"人"转变为了由"人"支配"物"，体现了人类在自然界中的自主能动性。

3. 社会性与历史性

实践活动具有社会性与历史性。每个历史阶段的实践都与具体的历史时代背景有着密切的联系，不同历史阶段的实践都有自己的特点，实践的具体内容、规模和水平受限于人类历史的发展进程。例如，古人传递信息需要依靠烽火狼烟，而当今社会可以依赖互联网快速实现信息的交流互通。古人需要通过刀耕火种实现小农经济，而当今社会借助机械化生产实现了现代农业，因此人类的实践具有历史性。同时，实践还具有极强的社会性，马克思主义认为实践不是一种孤立的个人活动，实践的开展与实施需要在一定的社会关系中进行，是一种社会活动，没有社会就无法开展实践。实践的历史性与社会性是其一体两面的表现：一方面，实践活动依赖于社会关系，但也受限于社会的

---

① 对象化是指劳动的实现、劳动物化在对象之中："劳动的产品就是固定在某个对象中、物化为对象的劳动，这就是劳动的对象化"。

历史发展条件;另一方面,人们对当下历史条件的不满推动着实践行为的产生,在需求意识的推动下,试图通过实践来超越历史的局限性。实践的历史性和社会性不断推动着人类社会的发展,这体现在实践手段的不断进步和实践领域的不断拓展,科学的思想理论和技术手段在实践过程中起到了重要的指导作用。

(三)思想政治教育实践论与认识论的联系

马克思在《关于费尔巴哈的提纲》中表示,思维的客观真理性是实践问题,绝非理论问题。人类证实自身思维的真理性应该是通过实践来完成的。对于脱离了实践的思维是不是也拥有现实性则变成了一个单纯的哲学层面辩题①。马克思在认识论体系中融入实践的论断,科学地指出了理论和实践之间并非完全独立,而是存在着紧密的内在关联。他提出实践既是使人们发现世界、探索更多认识的力量源泉,也是检验这种认识正确性的不二标准,以此将实践在认识领域的重要性确立了起来。实践被视为认识论最关键且最本质的观点,马克思主义的认识论是基于实践基础产生的认识论,这是人类认识论历史上的一个里程碑式的革新。

1. 实践是认识的来源

认识活动是人脑对外部世界反映和被反映的活动过程,作为认识活动成果的理论认识是客观世界的主观映象,只有客观世界才是人类认识的真实对象,唯物主义认识论认为人的认识是不能先于物质、先于实践、先于经验的。所谓认识不能先于物质就是以物质世界的客观存在为前提,承认物质世界在人类意识产生之前就早已存在,正如列宁针对认识所提出的观点:感觉与意识仅仅是外部世界的映象②。所谓认识不能先于实践和经验是指人们的认识受实践水平的制约,认识是可以超越现实的,但要以实践为基础。

实践经验是理论认识之母,一切认识都离不开实践产生的直接经验。毛泽东说:"无论任何人要认识什么事物,除了同那个事物接触,即生活于那个事物的环境中,是没有法子解决的。"③ 人类在生活实践中不断认识世界、改造世界,认识是无法独立于实践产生的,亲身经验需要以实践为基础。认

---

① 《路德维希·费尔巴哈和德国古典哲学的终结》,人民出版社1997年版,第53页。
② 《列宁选集》(第18卷),人民出版社1988年版,第65页。
③ 《毛泽东选集》(第1卷),人民出版社1991年版,第286~287页。

识的获取不仅可以通过亲身实践获取，还可以通过总结前人发现、学习已有理论获得，如农村包围城市革命道路的形成，是毛泽东同志充分梳理我国历代农民起义经验后对当时革命斗争经验的总结。人的生命是有限的，每个人的实践范围也是有限的，而客观世界及其发展是无限的，这需要我们充分认识到实践经验的获取途径是多元的。

实践回答了认识的来源问题，也揭示了认识的对象是客观世界，明确了实践是认识的出发点，科学地解决了认识的源泉。

2. 实践是认识发展的动力

以往的哲学家总是说人的"求知欲""好奇心""科学兴趣"或"理论兴趣"等是引发认识发展的动力，但这些说法夸大了心理因素的作用，改造世界的实践活动才是推动认识发展的直接动力。

梳理自然科学的发展历程史，古代社会的自然可以偏重天文学、力学和数学，这些学科的产生和发展完全是由于当时实践的需要引起的，如天文学的产生与发展是由当时畜牧业生产和农业生产依赖自然环境变化引起的；数学的产生和发展是由当时农业生产需要测量土地和天文学发展的需要引起的。人类对社会的认识和社会科学的发展也是由社会实践需要引发推动的，如马克思主义的产生和发展是由于无产阶级革命斗争需要理论指导而产生的；毛泽东思想的产生与发展是由中国人民反对帝国主义、封建主义和官僚资本主义的革命斗争引起和推动的；建设有中国特色的社会主义理论是由新中国成立以来的社会主义改革开放的实践需求同世界发展的大趋势引起和推动。无论是对于自然科学还是社会科学的认识都需要源自改造世界的实践活动需求而产生，并在改造世界的实践活动推动下逐步发展壮大。

社会实践和对社会实践的需求不会始终一成不变。相同地，人们的认知能力也是随着社会实践的进步不断而增进的。

3. 实践是检验真理的唯一标准

马克思认为从来没有一个经验的、纯粹客观的真理与主体实践活动无关，真理始终是通过一定历史条件下的实践活动产生的。[①] 虽然认知能力、

---

① 晏雨翰：《论〈关于费尔巴哈的提纲〉对高等艺术院校大学生德育教育工作的启示》，载《教育现代化》2016年第29期。

实践方式、现实需求在不同的历史时期有着不同的表现，但客观物质世界的规律性都是通过实践活动被人类发现并归纳总结成真理的。因此从实践的角度出发，马克思科学地解决了哲学史上长期存在的判断认识和理论真理的标准问题：客观世界不仅是人们认识的对象，也是人们改造的对象，人们对客观世界的认识是在改造客观世界的实践活动中实现的，实践是检验认识和理论是否真实的根本标准。仅仅通过思维和对理论的讨论无法实现对真理的评判，在没有实践的情况下提出或审视真理是错误的，只有通过实践活动才能判断人们的思想是否正确地反映了客观实际。马克思在《关于费尔巴哈的提纲》中提出只有实践才是检验真理的标准，这是人们认识真理最基本且最客观的尺度，同时随着实践活动的不断发展，这一评判标准也是动态的、不断发展的。

第二章

高校实践思政教育理念的探究

第一节 实践思政的理论内涵

一、实践思政的界定

所谓实践思政从宏观层面是指以立德树人为根本任务，以马克思主义实践观为指导思想，以"三全育人"为主线，以思想政治理论课和各类课程思政为基础，突出学生的主体地位，注重学生思想政治教育从学懂弄通到做实之间的过程性培养，是一种综合教育理念。① 在操作层面上，实践思政则是指以社会实践活动为主实施的与思政课、课程思政同向同行，落实立德树人根本任务的一种教育形式。

实践思政的价值是以教育者与受教育者为双主体，以思政教育为客体形成的一种价值关系是通过双主体的"实践—认知"活动建立起来的，两个主体需要共同发展和进步才是思政教育获得完备价值形态的有效途径。需要指出的是，"实践思政"并不是简单的"思政的实践活动"，其根本区别在于"实践思政"所指的并不是某一项具体的工作，而是一种思维模式和理

---

① 王邵军：《马克思主义实践观及实践思政研究》，载《山东社会科学》2020年第11期。

念。因此,实践思政是以实践的思维将开放性的思政意义进行有机组合,是实现思政教育实践属性的一种理论形态构建。

实践思政充分体现了马克思主义实践观在思想政治教育中的指导意义:马克思主义实践观认为实践是人思想形成和发展的基础,突出思想政治教育的实践属性就是在充分理解和重视实践对认识作用的前提下,注重通过实践的检验、理性的反思提升科学理论知识的亲和力与针对性,促进学生真正将所受的教育内化于认知结构,进而真正改变自身的思维方式,形成良好的观念体系,提高思想政治教育的实效。同时,实践思政充分践行教育实践哲学理念,更加强调以实践的思维方式,将开放性的思想政治教育意义进行整合,将实践渗透于教育活动全过程。[1] 通过突出教育者与受教育者的双主体地位,引导学生在实践中获取相关思想政治教育知识,不断提高自身修养,在实践中体验、在实践中反思、在实践中成长,实现自身道德素质的提升。[2]

二、实践思政的价值

(一) 实践思政是马克思主义科学实践观的忠实践行

习近平总书记在纪念马克思诞辰 200 周年大会上的讲话中指出:"实践的观点、生活的观点是马克思主义认识论的基本观点,实践性是马克思主义理论区别于其他理论的显著特征。"[3] 马克思主义信仰是思政教育鲜明的政治底色,是高校铸魂育人的基点,是坚持办学正确方向的根本政治保证。在"理直气壮开好思政课"的过程中应不断用马克思主义实践理论"补钙壮骨"、凝神聚气,全部社会生活在本质上是实践的,实践性应成为实现思政教育改革的逻辑起点,成为思政教育的理论品格和永葆思政教育旺盛生命力的源泉。

(二) 实践思政是习近平知行合一思想的有效落地

习近平治国理政思想中的知行合一理论作为重要的治国战略和政治智慧是对我国优秀传统文化的继承和发展,做到知行合一要"知"为基础,

---

[1] 王邵军:《马克思主义实践观及实践思政研究》,载《山东社会科学》2020 年第 11 期。
[2] 王邵军:《告别坐而论道,发力实践思政》,载《半月谈》2021 年 4 月 27 日。
[3] 习近平:《在纪念马克思诞辰 200 周年大会上的讲话》,载《人民日报》2018 年 5 月 4 日。

"行"为重点。思政教育的"知"是蕴藏在思政课和专业课程中的理论素养、中国精神和价值取向,思政教育的"行"是对所"知"所思的求证践行,是于实处发力。高校思政教育要努力做到知行合一,使科学理论知识与实践结合起来,培育和践行社会主义核心价值观,靠的终究是脚踏实地的闯劲和抓铁有痕的真章。要善于把"知"付诸"行",非厚"行"薄"知",而是求"知"为"行",做到学以致用,知行合一,在落细、落小、落实上下功夫,帮助核心价值观实现有效的内化,并进一步外化到切实行动中。"纸上得来终觉浅,绝知此事要躬行",实践思政的本质是努力践履所学,学有所得并将使所学最终有所落实。实践就是"行",坚定不移、持之以恒地"行",通过课堂实践教学环节和社会实践活动帮助学生将学到的本领运用到实际工作中去。以新的思想认识推动实践,同时基于新的实践启发思维,在"行、知、再行、再知"的上升进程中持续强化综合本领。

(三) 实践思政是贯彻党的教育方针、落实立德树人根本任务的重要支点

开好思政课就是全面贯彻党的教育方针和政策,为国家培育更多的社会主义建设者和接班人,并最终落实立德树人的根本任务。而这一任务不是以教学单位或教学环境为背景,而应该是以当下的时代为背景,放眼世界百年未有之大变局,党和国家事业发展面临着前所未有的机遇和挑战,建设社会主义现代化强国是我们的目标。实践思政根植于实践的沃土,最终也将回归实践,构建和呈现了一个完整的教育理论体系。立德树人讲究教学方法和教育过程,但也更注重落实教学目的和教育成效,教育者只有心里装着党和国家,在中国人民的伟大实践中关注时代、关注社会,从实践中汲取养分、丰富思想,才能培养出为人民服务的人、对党忠诚的人、有志于投身伟大的社会主义现代化建设实践的人。实践思政是扎根于中国大地搞思政教学,同劳动生产和社会生活相结合,为培养出德智体美劳全面发展的社会主义接班人不断努力,它所富涵的时代特点、地域精神和民族情怀将使思政教育更有人情味,更易入脑入心。

三、实践思政的内涵与特点

（一）实践思政的实践属性

实践思政的提出充分体现了马克思主义实践观在思政教育中的应用，受教育者只有经过实践的检验、理性的反思才能真正将所受教育内化于认知结构，改变自身思维方式，从而纳入引导性的观念体系，达到思想政治教育的最终目的。① 马克思主义强调在实践中才能够使理论知识得到检验，才能够推动人类社会质的飞跃与发展，由此可见，实践在创造客体价值和优化主体思想方面，不仅能够提高个人的品质修养，也能够促进整个社会的发展。我们必须明确地认识到，在思想政治教育的过程中，实践是认识的来源，更是思政教育的归宿。

落实实践思政需要建构起一整套育人体系：推动传统意义上的思想政治理论课和课程思政的实践思政改革，在第一课堂（教学课堂）设置实践教学学分，增加思想政治理论课程的实践教学内容，让学生在实践中感受到所学有用；充分发挥第二课堂（社会课堂）的实践思政育人优势，引导学生深入社会实践、关注现实问题，培育学生良好的职业素养，让学生通过具体的实践活动，激发内源性学习动力；整合网络教学资源，丰富第三课堂（网络课堂）实践思政资源，注重学生与教师、学生与学生之间的互动学习，打造真正意义上的线上、线下、校内、校外一体化实践思政育人体系。②

（二）实践思政的特点

实践思政极大地丰富了思想政治教育的外延，依托丰富多彩的社会实践活动提升思政教育成效，从思政教育教学活动开展的角度来看，需要把握好实践思政的以下几个特点：

第一，理论性和实践性相结合，突出思政教育的实践性，提升认知能力。实践思政有助于学生从知行合一的角度提升认知能力，增强国情认识，可立大志。

---

①② 王邵军：《探索实践思政有效建立"大思政课"》，载《中国高等教育》2021 年第 11 期。

在实践过程中，当代大学生的思想政治认知水平可以充分展现，在实践当中感悟思想政治理论知识，受教育者只有通过亲身经历才能够判断理论知识对其成长是否起作用、起了什么作用、起了多少作用。通过实践思政过程让受教育者切实认识和接受思政教育传授的内容，提升自己的思想认识，并能付诸实际行动，不断调整自己的行为，促进自身的全面发展，树立坚定不移的理想信念。

第二，学校小课堂和社会大课堂相结合，突出社会大课堂，厚植家国情怀。实践思政有助于学生在体验中学习，在社会中感悟家国情怀，可明大德。

引导新时代大学生进入社会大课堂，建设起一批具有品牌效应的劳动教育、社会调查、公益项目、科技发明等实践活动，可以充分调动起大学生参与社会实践活动的积极性。在实践中受教育者能够置身于社会主义建设的前沿，切实感受到国家的发展和社会的需求。实践思政学习小课堂和社会大课堂的结合可以有效增强受教育者的道德认识和社会责任感，在实践中切实做到明理、增信、崇德、力行。

第三，主导性和主体性相结合，突出学生的主体性，强化使命担当。实践思政有益于学生稳定自身的理想信念，强化整体的担当思想，可担大任。

思政教育只有通过受教育者深入的思考和切身的践行才能收到良好的教育成效，实践思政实施过程中充分凸显新时代大学生在思政教育过程中的主体性作用，教师从原来的理论知识灌输者转变为实践思政的引路人，借助实践的力量使大学生形成对思政理论发自内心的认同，并愿意将这种知识落实于生活、践行于行为。

第四，专业性和创新性相结合，突出活动的创新性，培养创新精神。实践思政有助于学生提高创新精神与创新能力，可成大才。

实践出真知，实践思政强调了在实践中发现问题、解决问题，依托专业理论知识的学习基础，深入社会实践，在专业领域大展拳脚，有助于激活新时代大学生的创新精神，并在实践中锻炼了其创新能力，促其发展，促其成才。

第二节　实践思政教育理念的自觉探索

实践思政的落地推广有助于高校思想政治教育的改革与发展，实践思政建立起了思政理论与实践的桥梁，有助于培养德智体美劳全面发展的社会主义建设者和接班人。

一、坚持党的引领，落实立德树人

2016年，全国高校思想政治教育工作会议在京召开，会上习近平总书记指出了高校思想政治教育工作的思想基础和基本原则："牢牢掌握党对高校工作的领导权，使高校成为坚持党的领导的坚强阵地"。[①] 这是思政教育改革创新的方向，也是实践思政开展的基础。实践思政强化了高校思政教育中党委的领导作用，高校党委对大学生思想政治工作整体把握、科学引导，有助于掌握高校思想政治教育工作主导权。依托实践活动开展思想政治教育，以问题为导向，遵循思政教育的一般规律，解决理论与实践"两张皮"的教育困境。消除大学生的思想困惑，提升受教育者的学习积极性和理论认可度，达到提高高校思政教育工作实效的目的。实践思政在学校党委的统一领导下开展，是学校思政教育工作的顶层设计——将立德树人贯穿实践思政教育教学全过程，在学校党委的领导下建立健全理论体系、实施路径、工作机制和评价体系，学校上下齐抓共管，共同保障了思想政治教育的实效。[②]

在学校党委统一领导下推动实践思政建设，可以从以下三方面入手：首先，要统一育人理念。实践思政来源于马克思主义实践观，其对实践思政的建设有着指导意义。全体高校教职工需要在教育教学过程中突出思政教育的实践属性，注重通过实践教学环节理性反思，促进学生真正将思政教育内化

[①] 《习近平：把思想政治工作贯穿教育教学全过程》，人民网，http://edu.people.com.cn/n1/2016/1208/c1053-28935842.htm。

[②] 王邵军：《马克思主义实践观及实践思政研究》，载《山东社会科学》2020年第11期。

于认知结构中。① 其次,要形成系统合力。实践思政是将实践渗透于全校各类教学活动中,要求多部门、多体系、多专业共同参与,不同人员参与思政教育过程,这践行了教育的实践哲学理念,也对高校教师协同合作提出了要求。最后,要实现融合衔接。实践思政可以实现理论教育与实践教育的有机结合,可以突出教育者与受教育者的双主体地位,形成实践思政"双主体""双向构建"的突出特点。理论学习与社会实践的衔接,教育者与受教育者的沟通互联,是实践思政建设的重点。

实践思政的思政教育优势显著:首先,实践思政可以将立德树人基本任务具体化、责任化、标准化、科学化,全面实现立德树人根本任务;其次,实践思政的理论研究有助于培养出较高专业水平的思政教学团队,可以不断提高高校思政教育理论研究的专业性和科学性;最后,实践思政不仅可以强化学生对马克思主义思想的深刻理解,还可以推动中华优秀传统文化和前沿科学知识的传播,有助于实现全方位育人联动机制的形成。实践思政是涵盖学科思政、课程思政、文化思政、网络思政、日常思政"五位一体"的"大思政"格局,积极推动高校思想政治教育工作制度的创新和改革。②

二、依托"两课"③ 建设,促进理论融入实践

大学生的思想阵地应该坚持根据事情而变化,根据时代而进步,根据情势而革新,习近平总书记对高校思想政治教育工作给了高度重视,指出思政教育需要"提升思想政治教育亲和力和针对性,满足学生成长发展需求和期待"。④ 以思政课和课程思政为抓手,可以更好地实现"各类课程与思想政治理论课同向同行,形成协同效应"。⑤ 实践思政融入思政教育促进了课堂、校园、社会的互动,在实践中教、学、练各个教学环节连贯一体,师生共同成长,实践思政切合了教育主体、教育过程等立德树人的根本要求,拓展了人才培养的路径,是对思政育人模式的创新性探索。

---

①② 王邵军:《马克思主义实践观及实践思政研究》,载《山东社会科学》2020年第11期。
③ 两课指的是"思政课"和"课程思政"。
④⑤ 《习近平:把思想政治工作贯穿教育教学全过程》,人民网,http://edu.people.com.cn/n1/2016/1208/c1053 – 28935842.htm。

实践思政与思政课和课堂思政同向同行,有效地将价值塑造、知识传授和能力培养融为一体。将实践思政融入思政课和课程思政,需要改进思政教育的评价标准,推动思政教学团队、教学内容的建设,不断完善工作体系,切实将高校思政教育由"灌输性"教育转向"启发性"教育。推动落实思政教育的实践环节,让学生在社会实践中寻求理论知识的归宿,实现理论与实践的连接,在实践中增长解决问题的本领,实践思政将会成为理论与实践之间的沟通桥梁。在实践思政教育体系中,学生将所学知识运用到实践当中,提高了学生的思政教育参与度,解决了以往思政教学模式中对学生主体性关照不足的教育缺陷,全面调动了学生的主动性和积极性。

"既要把学到的知识运用于实践,又要在实践中增长解决问题的新本领"[1],2013 年习近平总书记就论述了学习与实践的关系问题,解决高校思政教育"最后一公里"问题需要实现理论教育与实践教育的深度融合。

三、推进实践思政,增强实践育人实效

习近平总书记指出:"思政课不仅应该在课堂上讲,也应该在社会生活中来讲。"[2] 这不仅是马克思主义认识论在思想政治教育中的具体运用,也是对思想政治教育基本规律的科学把握。

实践思政突出了实践教育,强化了理论和实践的结合,在脚踏实地的实践中受教育者得到了更全面的发展,其理想抱负也不再是空喊口号,实践思政为培养能够"担当民族复兴大任的时代新人"打下了基础。依托思想政治理论课和课程思政,建立实践思政育人体系,将思政课和课程思政教授的知识和理论应用于实践,并在实践的过程中转变为素养的提升、价值的认同和坚定的信仰,切实提高高校思想政治教育的实效。

---

[1] 《习近平在中央党校建校 80 周年庆祝大会暨 2013 年春季学期开学典礼上的讲话》,中国共产党新闻网,http://cpc.people.com.cn/n/2013/0303/c64094-20656845.html。

[2] 杜尚泽:《"'大思政课'我们要善用之"(微镜头·习近平总书记两会"下团组"·两会现场观察)》,载《人民日报》2021 年 3 月 7 日。

第三节　实践思政教育理念的价值意蕴

一、实践思政是思想政治教育的理念创新

通过对相关文献进行梳理发现，针对思想政治教育理论的研究相对较少，实践思政从"实践"维度开展研究，着力于思想政治教育本质与属性、范畴与概念、理论基础、作用机制以及实施路径的深入研究，拓展思想政治教育的内涵和外延，积极探索和完善了思政教育理论体系。

1. 实践思政完善了思想政治教育的价值体系

思想政治教育价值体系是组织开展思政教育活动、实现思政教育核心目标、评价思政教育实施效果的根本。实践思政强调以学生为中心的教育理念，遵从马克思主义实践观哲学思想，以"双主体""双向构建"为原则，着力从"实践"维度构建思想政治教育价值体系，这对于思政教育价值体系的不断完善具有重要意义。

2. 实践思政推动了思想政治教育模式的改革

在思政课、课程思政不断发展完善的同时，学生在第一、第二、第三课堂的实践活动不断深化和创新，社会实践显现出的隐性影响力不断增强，哲学范畴的实践属性日渐显著。在开展思想政治教育理论体系研究、价值体系研究的前提下，进一步探索出"实践思政"理念是当前高校思想政治工作研究的重要创新。

3. 实践思政丰富了思想政治教育的教学方法

综合已有研究可以得出以下结论：一是思想政治教育具有较强的实践哲学属性，应从以往的"主客体"价值体系向"双主体"转换；二是马克思主义实践观、教育的实践哲学研究，均证实思政教育应更加重视从"人的发展"角度理解与构建实践在哲学范畴上与教育的关系、实践与认识的关系；三是建构主义学习理论研究进一步厘清了认知产生的路径，并提出了"双向构建"模型。综合以往研究成果，思想政治教育作为教育活动，应符

合马克思主义实践观、教育的实践哲学客观规律,更加注重突出学生在实践中的主体地位,而建构主义学习理论则进一步明确了其"双主体"的作用关系与影响机制。

二、实践思政是思政育人成效的检验标准

实践思政建设作为一项系统工程,它的全面推进要充分发挥实践的作用,既要重视知识的传授,也要加强能力的培养,并在学习和实践的过程中完成价值塑造。例如,实践思政有助于学生提高思想道德素质。在课堂上,学生虽然获得了大量的思想道德理论认识。但道德教育的特质是潜移默化的,是非强制性的,需要受教育者通过社会实践来自觉领悟。在实践思政教育体系中,受教育者亲身参与到红色教育、关爱服务、科技帮扶等形式多样的社会实践活动中,在身体力行的过程中获得了丰富的思想触动,真切地领悟到思想政治理论知识的内涵,正确的价值取向由心而发,并逐渐形成个体的思想道德规范,从身到心,从心到行,思想道德认知高度统一,实现了思想政治教育对道德素质的提升。

三、实践思政是思政教育质量的提升路径

思政育人体系的"最后一公里"体现在两个方面:其一是如何使学生真正内化思想政治教育成果,真正做到"学懂弄通做实";其二是如何具体指导我们的教育工作者开展实际工作。较为完整有效的实践思政体系,学生、教师、学校的各项教育教学活动均有理论依据、理念指导、实施路径和评价方法,对真正打通思政育人体系"最后一公里",具有重要的现实意义。

1. 实践思政帮助大学生锤炼本领

多年的应试教育使高校大学生在理论学习过程中往往可以较为容易地取得优秀成绩,但面对具体工作时常常显得不知所措,无法用所学知识解决好实践中出现的种种问题。在社会实践中,学生有了将学科专业和实践相结合的机会,既可以增强专业技术能力,又能够强化灵活运用知识的能力。以实践成果检验学习成效,强化了使命担当,坚定了理想信念,实践思政对学生的成长、成才具有重要意义。

2. 实践思政帮助大学生树立正确的价值取向

日益多元化的文化背景，高速发展的经济社会，新时代大学生的核心价值体系构建极易受到影响。通过社会实践活动，大学生走进乡村、走进企业、走进社区了解国情、社情，参与到生机勃勃的工作场面中，亲眼看到、亲身感触到我国社会主义建设取得的举世瞩目的成就。鲜活的人和事对大学生价值取向的形成有着潜移默化的作用，实践思政在实践的过程中让学生深刻认识到社会主义制度的优越性，端正其人生态度，树立其正确的价值取向和奋斗目标。

第四节　实践思政教育理念的教育形式

实践思政是通过课堂实践教学环节和社会实践活动帮助学生将学到的本领运用到实际工作中去，将知识传授与价值引领相结合，以新思想、新知识推动实践，又以新的实践启发思想认识，在理论与实践的螺旋式上升过程中不断增强专业技能和思想认识，有效地建立起"大思政课"显性教育和隐性教育的互融互通。

从通俗的角度审视显性教育和隐性教育之间的差别可以发现：所谓显性教育就是教师大张旗鼓地教，学生积极配合地学；而隐性教育则是教师不留痕迹地教，学生无意识地去学。随着计算机、互联网等通信技术的迅速发展，作为"网络原住民"成长起来的新时代大学生，获取、理解以及处理信息的能力愈发强劲，当教师在课堂中进行思政相关教学时，学生会非常清楚教师所进行的教学活动，因此与其挖空心思"悄无声息"地实施思政教学，倒不如坦坦荡荡地把更多的精力投入到真正的实践教育环节。

一、实践思政中的显性教育

思想政治教育作为我国独具特色的教育传统，其核心价值始终蕴藏在"教书育人"之中，作为思想政治教育的"主阵地"，思政课和课程思政都承担着育人的功效，在实践思政教育体系中承担着"铸魂"的重要作用。

思政课与课程思政联动，思政课教师、专业课教师以及校内外专家群体，思想政治理论课、综合素养课以及专业课均具有显性教育的属性①，具有价值导向、内容融合、教育协同的意蕴。

首先，在价值导向意蕴上，显性教育作为实践思政育人体系内的重要组成部分，在强调知识讲授、技能培养与价值引领统一的同时，更为重视"育人为本、德育为先"人才培养方针的落实。价值引导的教育理念是核心内核，育人情怀是思政主体的基本要求，德育意蕴是所必备的政治要素。②

其次，在内容融合的价值意蕴上，显性教育强调知识传授、能力培养、价值引领，在知识传授和能力培养的过程中渗透价值引领的相关内容，在价值引领中积淀知识和技能底蕴。③

最后，在教育协同的意蕴上，显性教育强调立德树人的精神实质，以马克思主义和中国特色社会主义理论为指导，设计符合学生人才成长规律、人类社会发展规律、社会主义建设规律的课程和教学内容，帮助学生获得思想政治理论和学科知识、专业技能和社会技能，帮助学生培养正确的"三观"。

鉴于以上意蕴，在显性教育的教学过程中教师必须要明确地弘扬社会主义核心价值观，弘扬以及宣传主旋律，使学生牢固树立正确的世界观、人生观和价值观，帮助学生成为中国特色社会主义的建设者和接班人。

二、实践思政中的隐性教育

隐性教育研究起源于20世纪，以杜威和克伯屈（Dewey and Kilpatrick）在各自著作中的讨论为代表。杜威在其《民主主义与教育》中将隐性学习表述为"同时学习"，杜威的追随者克伯屈又提出了"伴随学习"的概念，丰富了"同时学习"的内容。杜威与克伯屈虽提及了隐性课程的相关内涵，但尚未明确界定显性教育。直至1968年，杰克逊（H. Jackson）才在其著作

---

① 杨涵：《从"思政课程"到"课程思政"——论上海高校思想政治理论课改革的切入点》，载《扬州大学学报》（高教研究版）2018年第22期。
② 王飞：《课程思政教学改革及其实施策略》，载《教育现代化》2018年第5期。
③ 高德毅、宗爱东：《课程思政：有效发挥课堂育人主渠道作用的必然选择》，载《思想理论教育导刊》2017年第1期。

《班级生活》中首次明确提出了隐性教育的概念，此后隐性教育成为学术界讨论的重要议题。隐性教育被划分为诸多流派，如功能主义学派、解释论学派以及新马克思主义学派。自20世纪至今，隐性教育的含义在发展的过程中不断丰富，逐渐从单一的"同时学习""伴随学习""班级生活氛围"发展成一个蕴含多项内容、具有精确含义的概念。具体而言，隐性教育是指教师运用间接的、内隐的教学内容和手段来实现一定的教学目的，而受教育者往往是在不自觉的情况下，接受并内化教育内容的过程。

实践思政与隐性教育具有内在的逻辑关系，这种内在逻辑关系主要表现在以下几个层面：

首先，实践思政彰显了隐性教育的育人功能。实践思政以立德树人为根本目标，应和了培养"德智体美劳全面发展的社会主义建设者和接班人"的教育目标。

其次，实践思政在教育形式上契合了隐性教育的渗透性、不易察觉性的特点。在实践思政育人体系实施的过程中，将学校、家庭、社会、社区与个人的五大因素融合到思政教育系统内，依靠主体联动的方式进而开发思政教育的实践属性，学校－社会－家庭三个场域协同互动，有意识的内隐思想政治教育的目的，使受教育者在不知不觉中接受教育并达到其思想政治教育的意图。

最后，实践思政实现了隐性教育内容的有效构建。实践思政育人体系可以打通学科专业课、必修课、选修课、通识课、公共基础课等课程之间的沟通和交流通道，成为思政育人的重要桥梁。

实践思政的隐性教育体现在教学目的、教学形式以及教学内容等多方面。伴随着网络成长起来的新时代学生，他们可以通过各种各样的渠道了解当前的时事热点，思政教学对于他们而言早已了然于胸，不存在"隐"的问题。从这个层面看，课堂中的思政教育是可以"敲黑板"重点强调的，属于"显性教育"的范畴。实践思政育人系统中，学生并非被动的接受主体，而是积极的参与主体，可以在实践过程中引导学生自主地接受和认同甚至是建构思政的教学内容，实现思政教育"润物细无声"的教育效果。

第三章

高校实践思政教育模式的理论基础[*]

实践思政具有鲜明的理论性与实践性，二者辩证统一于实践思政的教学过程中。实践思政的理论性以马克思主义为基，理论内容主要围绕马克思主义基本理论展开，涵盖马克思主义基本方法、立场、观点，以及对其中国化的理论；实践思政的实践性是马克思主义实践本体论在思政工作中的具体化，它将现实问题置于逻辑视域下予以解读，突出思政内容的现实关怀，从物质实践出发评判社会现象，改造客观世界过程中满足主体需求。高校实践思政的创新发展离不开理论创新与发展，唯有如此才能不断满足学生的成长发展需求和期待。马克思主义理论、实用主义教育哲学、主体性教育理论等为实践思政发展创新过程提供了基本遵循与理论基础。

第一节 实践思政视野下的马克思主义理论依据

马克思的唯物主义不是别的什么唯物主义，一定是"实践的唯物主义"。马克思主义关于实践本体论的阐释，关于实践论与认识论、理论与实践的辩证关系，关于个人与社会的协调发展，关于在实践中培养人与改造人的理论，为实践思政奠定了哲学基础，提供了立论依据。

---

[*] 本章部分内容已发表于《山东社会科学》2020 年第 11 期。

一、马克思的哲学观奠定了实践思政的坚实基础

(一) 马克思的实践本体论思想是实践思政的哲学基础

马克思的哲学本体论是实践本体论,具体而言,它指的是实践思维视域中的实践本体论。马克思主义哲学的突出特征是:"立足于当代社会实践,而对人们的现实生活条件和历史发展进程进行科学考察和反思批判,它是面向现实的批判精神和彻底改造社会的科学方法论。"① 马克思哲学观的革命性、创造性在于以实践的思维方式对一切旧的哲学进行否定,马克思的实践本体论是其中的突出代表。

马克思哲学语境中的实践本体论是实践思政的逻辑前提。马克思在《关于费尔巴哈的提纲》中对实践做了科学的规定,实现了马克思主义哲学世界观的根本性变革。马克思的实践本体论认为,实践既是人的思想形成和发展的基础,也是检验人的思想是否正确的标准。何中华指出:"《关于费尔巴哈的提纲》的核心问题是马克思确立自己的实践观点。"② 之所以说是马克思"自己的实践观点",是因为马克思在《关于费尔巴哈的提纲》中彻底地批判并改造了旧唯物主义的物质概念,从根本上确立了实践的本体论地位。

所谓本体论,亚里士多德将其阐释为"一切存在着的东西都由它而存在,最初由它而生成,在最终消灭时又回归于它"③ 的规定性。换言之,即万物存在之存在的第一始因。马克思认为,旧唯物主义之所以割裂了思维与存在、主体与客体、人与自然、个人与社会之间的辩证关系,把感性直观作为认识的真理标准,就是因为忽略了实践的本体论维度。正如费尔巴哈所言:"真理性、现实性、感性的意义是相同的。"④ "只有一个感性的实体,才是一个真正的、现实的实体。"⑤ 以费尔巴哈为代表的旧唯物主义对于物质概念的认知仅停留在感性直观层面,认为与人的实践活动无关,是一种抽象的规定性。马克思消解了其抽象,代之以实践。马克思批评说:"他没有看

---

① 孙伯鍨、刘怀玉:《"存在论转向"与方法论革命——关于马克思主义哲学本体论研究中的几个问题》,载《中国社会科学》2002年第5期。
② 何中华:《重读马克思》,人民出版社2009年版,第164页。
③ 《亚里士多德全集》(第Ⅶ卷),中国人民大学出版社1993年版,第33~34页。
④⑤ 《费尔巴哈哲学著作选集》(上卷),生活·读书·新知三联书店1959年版,第166页。

到，他周围的感性世界绝不是某种开天辟地以来就直接存在的、始终如一的东西，而是……历史的产物，是世世代代活动的结果。"①

马克思的实践本体论的独特性体现在其采用实践的思维方式上。需要说明的是，马克思思想成熟之后，并未在相关文本中出现"本体论"字样，但这并不能以用词标准来作为否认马克思具备本体论理论思想的依据，而应依据其言语的实质内涵、思想的深层次意蕴。1845年《关于费尔巴哈的提纲》的问世标志着马克思本人彻底抛弃了传统的人本主义思维方式，开辟了从实践思维方式入手考量本体问题，由此带来了关于本体论的全新变革。

按照实践的思维方式，马克思"把感性世界理解为构成这一世界的个人的全部活生生的感性活动"②，这种活动指的就是实践活动。人类世界的历史主要涉及人类社会的历史、人化自然的历史和人的历史。与此相对应，可以从人类历史的实践性、人化自然的实践性与人的实践性三个基本向度出发揭示马克思实践本体论。③ 马克思用实践思维方式去考察人类世界，将实践视为人类世界的基础，通过实践将人类世界与自然世界连接起来，最终彰显人的本性自觉。

实践的本体论维度是实践思政的逻辑前提。在思想政治教育过程中，实践是来源，也是最终的目的，是一切思想政治教育理念确立、过程设计、活动组织及效果评价的第一始因。如果忽视了实践的本体论地位，思想政治教育就是一具空壳，再多的坐而论道也仅仅是对抽象感知的规定，失去了现实意义。马克思认为，实践塑造了人的现实存在。因此，对人的思想政治教育也必须立足于现实表征的实践才能实现。

人的全面发展是一个长期的、复杂的过程，其实现有赖于社会的进一步发展和实践的进一步深化。在诸多方法和途径中，实践思政始终是促进人的全面发展的重要手段。现实的人的存在除了具有物种的尺度之外还具有人独特的内在尺度，又称之为社会属性。社会属性的突出特点是社会关系中的群

---

① 《马克思恩格斯选集》（第1卷），人民出版社1995年版，第76页。
② 《马克思恩格斯选集》（第1卷），人民出版社1995年版，第78页。
③ 侯继迎：《实践思维方式视域下马克思哲学的实践本体论》，载《中国石油大学学报》（社会科学版）2016年第2期。

体行为。人之所以能够成为万物的尺度,就在与人在具体的实践活动中,通过联合协作,产生集体的力量。马克思说:"人是最名副其实的政治动物,不仅是一种合群的动物,而且是只有在社会中才能独立的动物。"①

每个人在社会关系中所处的位置不同,继而获得的资源也有所不同。处于有利社会地位的人,必然掌握更多的社会关系和社会资源,进而满足个人需要,提升个人能力,实现个人的全面发展较为容易。反之,处于社会关系被动地位的人,实现程度和满足程度会有所欠缺。因此,人全面发展的重要尺度即为社会关系,它有助于稳固人的价值基础,凸显"合理价值",维持精神需求。

人的全面发展依赖于教育,马克思指出:"教育将使年轻人能够很快熟悉整个生产系统,将使他们能够根据社会需要或者他们自己的爱好,轮流从一个生产部门转到另一个生产部门。因此,教育将使他们摆脱现在这种分工给每个人造成的片面性。"② 由此表明,教育是传授知识经验的一种手段,也是促进人全面发展的现实路径,人之所以是万物之灵,人类社会也之所以能够不断发展,重要的原因之一就在于教育。与动物不同,人类的教育以传授的方式,由少数人变成多数人传承。人最初的状态是自然人的状态,后天在遗传因素和自然存在的基础上,教育是社会化的根本途径。

总之,社会属性是人存在的最重要的一个属性,也是最根本的一个属性。简言之,人是现实的存在物,具有现实性。实践思政之所以能促进人的本质的实现,在于人是"现实的人"。可以说,"现实的人"为认识实践思政的本质提供了可能性,而实践思政为人的本质的实现提供了有效路径。

马克思哲学语境中实践的历史性纬度是实践思政的逻辑属性。马克思在《关于费尔巴哈的提纲》中指出:"人的本质不是单个人所固有的抽象物,在其现实性上,它是一切社会关系的总和。"③ 这就涉及重要命题——人的本质的讨论。在费尔巴哈视野中"从来没有看到现实存在着的、活动的人,而是停留在抽象的'人',并且仅限于感情范围内承认'现实的、单个的、

---

① 《马克思恩格斯选集》(第 2 卷),人民出版社 1995 年版,第 2 页。
② 《马克思恩格斯选集》(第 4 卷),人民出版社 1995 年版,第 532 页。
③ 《马克思恩格斯选集》(第 1 卷),人民出版社 1995 年版,第 56 页。

肉体的人'"。① 究其原因，马克思认为正因为缺失了历史性的维度，无法确定人的社会性的存在，因而才是抽象的、异化状态下的人，故此也就不是人本身了。人总是处于一定历史时期的具体的社会存在，人的社会本质以及实践内涵会随着历史条件的改变而发生相应的改变。

在思想政治教育过程中，立足于使教育主体置于社会的历史基础之上是实践思政的逻辑属性。无论是教育者还是受教育者都应回到历史本身，处于现实性活动中，社会性地关照意识形态的存在。在不断体悟、省察、筛选、甄别、发展的历史进程中，经过实践的验证不间断地进行自我教育，实现教育双向互动或者反哺。

马克思哲学语境中实践的变革性维度是实践思政的逻辑归属。习近平总书记在哲学社会科学工作座谈会上指出："马克思主义具有鲜明的实践品格，不仅致力于科学'解释世界'，而且致力于积极'改变世界'"②，"改变世界"的实践命题正确揭示了人的存在的二重化问题。马克思早在《1844年经济学哲学手稿》中就提及："理论的对立本身的解决，只有通过实践方式，只有借助于人的实践力量，才是可能的；因此，这种对立的解决绝对不只是认识的任务，而是现实生活的任务。"③ 实践具有创造客体价值和优化主体思想两方面功能。一方面为人类社会发展创造物质财富，另一方面改造人的思维，促进思想观念的优化。在这个过程中，社会取向和个人取向是相辅相成、不可分割的，既促进社会意识形态的传播和发展，也促进个人思想政治素养的提升，二者有机统一、协调共生。

从这个角度来说，实践思政是一种更深层次的教育。其理念是达成社会与个人的有机统一，在改变客观自在世界的同时，更重要的是使社会性内化为人的个性从而促其自由成长，通过实践的内在作用力，摒弃旧唯物主义机械的环境决定论，实现人与环境的辩证统一。马克思也强调："环境的改变和人的活动或自我改变的一致，只能被看作是并合理地理解为变革的实践。"④

---

① 《马克思恩格斯选集》（第1卷），人民出版社1995年版，第78页。
② 习近平：《在哲学社会科学工作座谈会上的讲话》，载《人民日报》2016年5月19日。
③ 马克思：《1844年经济学哲学手稿》，人民出版社2000年版，第88页。
④ 《马克思恩格斯选集》（第1卷），人民出版社1995年版，第59页。

实践对思想政治教育的关系可以说是起点，是背景，甚至是归宿，因此思想政治教育应该与实践相结合，在生活中进行，究其本质思想政治教育是一种特殊的实践活动。从思想政治教育的育人功能出发，教育的根基在于育人，育人的功能是直接的，社会的功能是间接的。

（二）马克思的个性理论是实践思政的现实基础

梳理马克思主义理论，人的全面发展理论可谓纵贯始终，是马克思主义的最高命题。人通过自身的实践活动不断由不平等向平等、由片面向全面、由不和谐向和谐、由不自由向自由发展，最终实现人的全面而自由发展。因此，要实现立德树人、铸魂育人，实践思政以人的全面发展为纲，借助于综合育人模式，立体化地培养新时代的大学生，实现实践思政的逻辑复归。

马克思主义个性理论具有深刻的理性内涵和丰富的实践基础，能引导学生改造世界观、人生观和价值观以及对学生的实践活动起着重要的指导作用。马克思强调："人们的社会历史始终只是他们的个体发展的历史，而不管他们是否意识到这一点。他们的物质关系形成他们的一切关系的基础。这种物质关系不过是他们的物质的和个体的活动所借以实现的必然形式罢了。"[①] 由此而论，人的个体价值与社会价值殊途同归。二者之间是互相需要、互为补充、缺一不可的关系。满足个体需求是呈现整体社会成员才能的前提条件，社会整体的个性化服从于此。只有这样，社会进步、整体素质飞跃才能接踵而至。这就意味着人的个性发展与社会的价值发展在本质上是一致的。人的个性价值既彰显个体对社会的责任与义务，又体现社会对个体的尊重和满足，彼此是双向建构的关系，缺失任何一方，另一方也将停滞发展。

首先，马克思认为，人是历史性的存在。马克思指出："时间实际上是人的积极存在，它不仅是人的生命的尺度，而且是人的发展的空间。"[②] 表明"现实的个人"是历史性纬度中的根本存在，发展性是其主要特征。然而在马克思之前的哲学家们总是撇开历史性来考察人，认为人的本性是不会

[①] 《马克思恩格斯选集》（第4卷），人民出版社1995年版，第532页。
[②] 《马克思恩格斯全集》（第47卷），人民出版社1979年版，第532页。

发生变更的。基于人的历史性,实施实践思政的过程中就应考量"人的存在是具有实然的现实性与未然的可能性的双重存在"①。既要注重现实纬度中的人的现实的存在,也要给予主体未来发展的可能性。现实性是未然性的立论依据,未然性则为现实性确立了合理的发展趋向。现实性是未然性的基点,未然性则延展了现实性。在实践思政中融为一体,相辅相成。

其次,马克思认为,人是社会性的存在。所谓社会性的存在是指人所固有的存在,是由人组成的整体以及相互间的联系。任何人的存在都是以别人的存在为前提的,换句话说,就是每个人在互为存在的前提下成为社会性的存在。马克思指出:"直接体现他的个性的对象如何是他自己为别人的存在,同时是这个别人的存在,而且也是这个别人为他的存在。"② 所以,每个个体存在的显现都是在他人存在的对照下才得以实现,同样,他人存在的显现也离不开每个个体的存在的对照。因此,任何一个个体的存在都不可能与世隔绝。个体但凡存在,势必处于联系的范畴。人与人之间必然发生互相关联,即为人的社会。

马克思指出,即便一个个体很少或者是基本不与人交往,也有社会性。他说:"甚至当我从事科学之类的活动,即从事一种我只是在很少情况下才能同别人直接交往的活动的时候,我也是社会的,因为我是作为人而活动的。不仅我的活动所需要的材料,甚至思想家用来进行活动的语言本身,都是作为社会的产品给予我的,而且我本身的存在就是社会的活动;因此,我从自己所作出的东西,是我从自身为社会作出的,并且意识到我自己是社会存在物。"③ 不过,从个体形式来看,人出生的本真状态并不具有社会性,而是"自在的存在"(黑格尔语)。实践思政无论是兼具知识性传授的"引出"还是具有社会实操性的"引进",都旨在注重培养学生对思政教育从学懂弄通到做实。在操作层面,可以具体细化为思政课、课程思政以及各类实践活动(特指蕴含其中的思政教育)的实践教学环节。

---

① 万光侠:《马克思"现实的个人"的唯物史观审思》,载《中国高校社会科学》2021年第1期。

② 马克思:《1844年经济学哲学手稿》,人民出版社1985年版,第78页。

③ 马克思:《1844年经济学哲学手稿》,人民出版社1985年版,第79页。

再次，马克思还认为，人是完成性的存在。人的存在是完成性的，是在历史的纬度中、实践的进程中的鲜活显现，是一个逐步完成着的、动态的向着未来可能性展开的过程。由于生产的某种新的方式和新的对象都是人的存在的新的充实，这就决定了人不会满足于某种既有的现实生活存在的状态，不会停留在某种已有的规定性上。虽然一个人所具备的知识性含量以及表现出的能力值高低是影响人的价值实现的重要因素，但相较而言，人的自我意识的影响更大。反之，则比较被动，自我价值难以实现。实践思政就是要培养学生的自我意识。展示出学生认同的自我价值，提升参与性与自觉性，增强从事创造价值实践活动的勇气和信心，从而更好地为实现人生价值做准备，逐步完成自我。

最后，马克思认为，人是社会存在的前提，人的现实存在构成了现实社会的存在。考察人的本质需要基于生产关系维度才能从整体上把握人的全部的社会关系。同时，建立在生产关系基础之上的人的本质也是处于不断变化之中的。基于此，实践思政也随之具有社会性、历史性和实践性。实践思政原本就是促进人的社会化、培养人的社会性的重要途径，且这种社会化是在社会实践中进行的，必须适应社会实践及其发展的客观要求。不同时代，不同阶段，社会关系会变，人的本质也会变。以人的本质为理论基础的实践思政也必须合乎时代，与时俱进。倘若忽视历史阶段的演变，一味坚持二元对立思维，必然导致思政教育走入死胡同，陷入死循环，丧失其合理性。

传统观点认为，个人与社会之间的是对立关系，难以调和。马克思主义人学理论则认为实践恰恰是协调个人与社会关系的基础。在马克思看来，人是通过对象性的活动来表征自身存在的存在物。每个现实的人的存在所需要的一切必须通过社会来获取，个人的认知发展也是社会精神文明的产物，个人与社会是彼此建构的。

二、列宁的实践思想完善了实践思政的内容体系

20世纪之后，列宁结合斗争形势的演变，较为全面地总结了马克思实践观的经验，将马克思实践观的内容体系进一步充实，系统性地阐释了实践论和认识论的联系与区别。列宁的实践思想明确了实践的基本观点、构成要

素,以及其在认识论中的地位,拓宽了唯物论的实践范畴,同样对于实践思政具有重要的启发意义。

首先,列宁具体分析了实践的基本特性,联系认识论的基本观点,由此阐明了实践高于理论理解,实践高于一切的观点。列宁认为:"实践高于(理论的)认识,因为不但有普遍性的品格,而且还有直接现实性的品格。"① 列宁的实践思想同马克思实践观是一脉相承的,同样是立足于帮助无产阶级克服异化、解放全人类的实践议题建立起来的,回归现实世界是实践的本质诉求。列宁具体划分过实践的内容和作用,他指出:"必须把人的全部实践——作为真理的标准,也作为事物同人所需要它的那一点的联系的实际确定者——包括到事物完整的'定义'中去。"② 由此而论,人的需要与实践联系紧密。

人的个性发展不能脱离社会生产力发展的实际。大学生的发展就是社会现实中个人独特性的体现,是个体成为自身而区别于其他。实现个性的多方面发展是人的全面发展的最高体现,也是社会之所以丰富的根源。

实践思政的立足点是现实的人,其工作对象就是人,以培育人为最终归宿。因此,把握人的本质是实践思政的理论基础。实践思政在思政教育中占有举足轻重的地位,通过实践的方式按照社会的需要发展个人的需要。同时也通过实践的方式引导个人的需要服务于社会的需要。实践思政可以通过对学生"三观"的指引,促使受教育主体确立正确合理的物质需要和精神需要。实践思政虽不能直接满足学生的物质利益需要,但仍起着重要的导向作用。

其次,列宁认为人的基本特征来源于实践,实践是人存在的基本方式。实践是人把握客观世界、改造物质世界,并进一步改造自身的基本手段。人的需要具有主观能动性,人作为需要的主体,不仅是客观存在的,更是活生生的、有意识的、有目的的主观存在。我们称之为人的个性。个性是有方向、有目标的自发活动,预示着人的自主活动,以其活动的深度和广度来确定人的生命本质的范畴。个性发展的地位无可取代,个性发展是人的一般社

---

① 《列宁专题文集·论辩证唯物主义和历史唯物主义》,人民出版社2009年版,第139页。
② 《列宁专题文集·论辩证唯物主义和历史唯物主义》,人民出版社2009年版,第314页。

会本质的具体化。个性同样是不可取代的,个性之所以称之为个性,是具有成为自己而区别于他人的独特要素。社会的多样化通过个性存在得以体现,也彰显着人的个体形态的价值,是个体生命自我完成的重要旨归。

此外,个性发展是衡量社会进步的重要指标,更是推进社会演进的逻辑终点,二者是一致的。人的社会越进步,对个性发展要求越多,其发展内容越丰富,形式越多样化。

在以列宁为代表的马克思主义者看来,人的彻底解放必将在未来的共产主义社会成为可能。由此带来的影响便是,人与社会之间的相互依赖关系发生倒转,即马克思所说的个人将成为一个社会的核心,没有任何不依赖于个人而存在的东西。

个体之间的相互关联也恰恰是社会存在的根基和源泉。脱离了个体,社会会被抽象化,反之,脱离社会,个体也会被抽象化。所以,实践的确立是协调个人与社会的关键,规避了个人主义与整体主义相对抗的倾向。人是实践思政的主要实践对象,学生以主体性身份参与其中,旨在取得自身全面发展。

通过实践思政,学生的实践能力和实践意识不断增强,并有意识地持续改造对象性世界以及现存的社会和自我。因此,个人的存在就不单纯成为社会的附属物,或者是对立面的呈现,而是双向建构。实践思政最直接的功能在于学生思想道德素质的改变。一方面,个人适应现实的思想道德文化,个体作为能动性的存在,会对社会思想道德文化进行选择和扬弃,带来社会文化创新;另一方面,又体现为个人对某种思想道德理想或理想信念的追求,个人思想道德被赋予自我超越的动力,由此发展了个人的思想道德个性,使社会获得发展的力量。简言之,只有建立在实践基础上的思想政治教育才是实现个人与社会健康、和谐发展的重要途径。

再次,实践是人们认识的来源,实践产生了认识。列宁认为:"实践标准实质上绝不能完全地证实或驳倒人类的任何表象",因而绝不能把实践证实了的"人的知识变成'绝对'"[①]。

---

① 《列宁选集》(第2卷),人民出版社1995年版,第103页。

人的需要就是人的本性，这有别于其他生物。人对外界的要求产生以及不断实现的过程，就是人的本性活动的过程。实践思政活动包含了对人的思想、政治、道德、心理、法律等方面的教育实践，这些教育实践的目的都是满足人的本性，即满足人对自然界、社会及自身的需要，同时也反映出了人对自由需要的追求。

当今社会随着文明程度不断提高，大学生的需要也随之到了更高一级的层次，这就决定了现阶段实践思政的目标应是培养受教育主体独立健全的人格，能够产生合理的需要和甄别有意义、有价值的需要。实践思政通过合理的教育方式使思政内容走心入脑，将受教育主体的思维认知与理论水平提到新的高度。此外，大学生的需要也有其特殊性，具有差异性、层次性和动态性的特点。每个学生的需要也随着年级的升高呈现从低到高的特征，同时伴随着社会的转型和个人阅历的丰富，需要也日新月异，不断演变。基于此，实践思政必须立足于受教育主体需要的特点，让大学生感受到满足感。具体而言，包括但不限于精神领域的满足、物质领域的满足以及社会领域的满足。

最后，列宁的思政教育方法论阐释了实践的重要性。辩证唯物主义的认识论指出，认识是在人类社会长期实践中形成的。换言之，实践是人们认识的来源，实践产生了认识。基于此，列宁思想政治教育理论体系提出了思想政治教育的实践锻炼法，列宁认为"不是光靠书本来教这种学说，而是还靠无产阶级的这些最不开化和最不开展的阶层参加日常生活中的斗争。"① 列宁指出了革命实践活动对广大群众的思想政治教育意义，阐释了实践与提高政治觉悟之间的关系。

"理论由实践赋予活力，由实践来修正，由实践来检验"②，实践产生的直接体验效果对政治信仰有更明显的提升，列宁用"要学会游泳，就必须下水"③ 形象地作出了比喻。因此，提高大学生思想政治觉悟不仅要开展理论教育，还需要组织和引导学生积极参与到实践中，在实践中接受教育，在理论与实践结合的过程中提高学生的自觉意识，为思想政治教育的成功提供

---

① 《列宁全集》第10卷，人民出版社1987年版，第336页。
② 《列宁专题文集·论马克思主义》，人民出版社2009年版，第300~301页。
③ 《列宁全集》（第55卷），人民出版社1990年版，第175页。

保障。列宁思想政治教育方法论阐述了理论联系实际的原则，构建和完善思想政治教育理论体系必须坚持理论与实践的辩证统一，将思想政治教育渗透于实践过程中。

三、毛泽东的实践思想丰富了实践思政的中国化内涵

毫无疑问，马克思主义哲学的核心概念是"实践"概念，马克思在名篇《关于费尔巴哈的提纲》中所极力倡导的"改变世界"的哲学的重要概念保障即"实践"①。就中国化的马克思主义哲学而言，毛泽东对近代中国语境下"实践"概念的掌控可谓极其精准，在此基础上形成的实践观在毛泽东哲学思想中占有重要地位，为其认识论的发展演变提供了重要保证。同样，毛泽东的实践观对于今天的思政教育具有重要的借鉴意义。

如何区分认识与实践几乎贯穿中国传统知行哲学。毛泽东的实践观以马克思实践观为蓝本，坚持唯物主义历史观与反映论，深刻剖析了旧唯物主义认识论和教条主义的弊端，创造性地打造了依托社会实践，勾连知与行、实践与理论，具体情况与历史发展规律相结合的、系统的认识论知识体系。

毛泽东在《实践论》中开篇即提到"认识对社会实践的依赖关系"②，并围绕二者展开论述，科学阐释实践与理论的辩证关系，基本上解决了关于实践本质这一基础性问题，突破了中国传统知行哲学对于"实践"概念的认知。放置到马克思主义中国化的历史进程中来看，自此以后毛泽东的实践思想基本成型，标志着中国化的马克思主义实践观也登上历史舞台。

毛泽东的实践思想诞生于马克思主义普遍真理同中国革命实践相结合的历史进程中，确立了实践是检验真理唯一标准的思想基础。他的实践思想表现出迥异于其认识论的特征，他在实践中运用和发展了辩证唯物主义，丰富了实践思政的中国化内涵。概而言之，呈现出"教育主体—教育客体"的关联机制，引导并改变了教育者与受教育者的认知。

首先，毛泽东通过借鉴马克思"社会实践"概念，在处理现实问题过程中形成了利用调查结果反驳唯书本、唯先哲、唯上的正确方式方法。

---

① 《马克思恩格斯文集》（第1卷），人民出版社2009年版，第502页。
② 《毛泽东选集》（第1卷），人民出版社1991年版，第282页。

毛泽东在《〈农村调查〉的序言和跋》中指出："'没有调查就没有发言权'，这句话，虽然曾经被人讥为'狭隘经验论'的，我却至今不悔；不但不悔，我仍然坚持没有调查是不可能有发言权的。有许多人，'下车伊始'，就哇喇哇喇地发议论，提意见，这也批评，那也指责，其实这种人十个有十个要失败。因为这种议论或批评，没有经过周密调查，不过是无知妄说。"①毛泽东此论站在新的历史起点上而发，从哲学角度而言，达到了从整体上把握"实践"的层次，不仅仅是处理某种社会问题，而是着眼于人类社会所有社会活动，来源于"调查"范畴又高于此。

实践思政倡导严密规范的社会调研程序。毛泽东曾在《反对本本主义》中详细梳理了开展社会调研的方法与手段，涉及制定调研大纲、深入调查、亲自出马、亲自做好记录、调查对象、举行调查会、调查对象多少七个方面。在实践思政过程中，大学生的社会实践调研，结合他们实际，利用运用灵活多变的形式开展，努力寻找思政工作与学生思想契合点，提高思想政治教育的效果。

毛泽东极为重视调查研究的作用且深谙此道。他结合个人实际调研经验进行理论提炼并予以践行。毛泽东指出："我的经验历来如此，凡是忧愁没有办法的时候，就去调查研究，一经调查研究，办法就出来了，问题就解决了。打仗也是这样，凡是没有办法的时候，就去调查研究。"②在毛泽东看来，社会实践活动的调研活动益处甚多，可学习到许多书本上没有的知识。

实践思政课恰是强调理论观照现实，通过"社会实践"关照理论知识，深化思政教育，实现"理论教化"向"观念内化"的转换，即实现认知—情感—意念的转换。涉及教师理论层面知识传授，学生思想层面吸收，关键一步是行为方式的确立与观念成型。归根结底是在实践中涵养学生行动能力，缩短理论与学生的潜在距离，激发学生参与兴趣。

实践是人存在的根本方式，也是人的社会性的重要体现。实践思政更多的是从精神层面关注人的发展。诚然，物质生活的发展是人的发展的基础，

---

① 《毛泽东选集》（第3卷），人民出版社1991年版，第792页。
② 中共中央文献研究室编：《毛泽东思想年编》（一九二一——一九七五），中央文献出版社2011年版，第910页。

但精神生活的发展是人的发展的核心与标志,推动物质生活进一步发展。通过实践思政,大学生在提升思想政治道德素养的同时,完善了社会人的规定,同时又可以在其引导下参与其他实践,推动着教育对象整体的实践活动由低级转向高级、由自发升华至自觉,实现人的发展走向自由而全面。

其次,开展社会实践须有"眼光向下"的理论自觉。马克思指出:"社会关系实际上决定着一个人能够发展到什么程度。"①,这就表明社会交往是人实现发展的基本路径。人在社会交往中,通过交流与共享,人能够获得心理和情感上的满足,成为社会中的人,也只有在社会交往中,才能促进自身不断学习,进而不断提升自我,从而发展自我。交往过程就是个人发展与社会发展不断结合的过程。毫无疑问,基于物质的社会交往是普遍的,包括政法律、宗教文化及伦理道德方面的交往。交往层次越丰富,人的发展越全面。此外,由于人的需求具有多层次性、多样性与发展性的特征,人的需求就不仅仅停留在物质生活需要层面,而是对文化、艺术、自我实现等提出了更高层次的需要。由此来看,人要想实现全面发展,离不开社会关系交往。而占社会主体部分的人民群众则应该是交往的主要方向。

"要了解情况,唯一的方法是向社会作调查……要做这件事,第一是眼睛向下,不要只是昂首望天"②。毛泽东所提及的"眼睛向下"是指群众路线,具有群众性的实践才是真理。"真理只有一个,而究竟谁发现了真理,不依靠主观的夸张,而依靠客观的实践。只有千百万人民群众的革命实践,才是检验真理的尺度。"③ 置身于中国革命、建设的艰辛探索与社会实践中,毛泽东善于总结成功经验与失败教训,认为必须得到人民群众的支持,开展依托群众路线的社会实践方能寻觅真理。

实践思政的主要对象是人,培养人、提高人的素养和实践能力。要落实好实践思政工作就要求参与者了解和掌握人们的思想和动机。思政教育的实质是解决大学生的思想问题,寻求解决问题的途径是大学生思政教育的必由之路。而调查研究是思政教育的基础,更是思政教育的关键。实践思政将是

---

① 《马克思恩格斯选集》(第1卷),人民出版社1995年版,第244页。
② 《毛泽东选集》(第3卷),人民出版社1991年版,第789页。
③ 《毛泽东选集》(第2卷),人民出版社1991年版,第663页。

当代大学生了解社会、关心时事的最直接有效的教育方式之一。开展实践思政务必以牢固培育学生社会主义信仰为己任，关注"乡村振兴""一带一路""疫情防控"等当今国计民生的热点问题，带领学生进乡村、进社区、进企业等，打造接地气、有特色的现场课堂，引领学生在实际生活中考察社会问题，从群众视角理解党和国家政策，以培养家国情怀为纲，深刻认识到人民创造历史，牢固树立为人民服务的重要性和必要性，切实做到知行合一。

"人的社会实践，不限于生产活动一种形式，还有多种其他的形式，阶级斗争，政治生活，科学和艺术的活动，总之，社会实际生活的一切领域都是社会的人所参加的。"① 实践思政所涵盖的实践活动几乎等同于大学生一切社会行为，不再是传统意义上的仅指大学生走出校园到社会中去的行为。实践思政从广义的社会实践出发，统筹安排设计大学生的社会活动。

再次，毛泽东将社会实践的任务归纳为改造客观世界与主观世界。"无产阶级和革命人民改造世界的斗争，包括实现下述的任务：改造客观世界，也改造自己的主观世界——改造自己的认识能力，改造主观世界同客观世界的关系。"② 总之，在以毛泽东为代表的中国马克思主义者看来，主观世界经过不断改造，才会有思想的解放。

实践思政的任务同样涉及改造大学生主观世界与客观世界，以及帮助大学生辩证处理二者之间的关系。"只有人们的社会实践，才是人们对于外界认识的真理性的标准。"③ 面对时代关切，实践思政致力于引导学生掌握客观规律，寻求改造世界、改造自然、改变社会的方法，追求大学生思想解放。毛泽东提出："实践、认识、再实践、再认识，这种形式，循环往复以至无穷，而实践和认识之每一循环的内容，都比较地进到了高一级的程度。"④ 这种"程度"便就是思想上的解放。实践思政在运行过程中，帮助大学生处理好人与自然、人与人、自身发展等诸多关系，促进他们进阶到"高一级的程度"。

---

① 《毛泽东选集》（第1卷），人民出版社1991年版，第283页。
② 《毛泽东选集》（第1卷），人民出版社1991年版，第296页。
③ 《毛泽东选集》（第1卷），人民出版社1991年版，第284页。
④ 《毛泽东选集》（第1卷），人民出版社1991年版，第296~297页。

此外，实践思政达成了理论性与实践性相统一，有效缩短了作为学习主体的学生与作为客体的理论的距离，消弭了理论自身抽象性与受教者接受能力不足之间的隔阂，进一步为受教育者内化思政理论为个体价值信仰提供必备条件。

最后，社会实践调研必须持久且采取联系互动的观点。毛泽东的实践观相当程度上升华自他对于农村社会实践的调研，他对农村问题的深刻认识也不是一蹴而就的，而是通过多年的调查，逐渐积累而来。毛泽东曾表示："我们的调查工作，是要有耐心地、有步骤地去作，不要性急。"[①] 主观世界对客观事物的认识往往是浅显的，乃至发生经常性的错误。客观事物的发展演变是长生不灭的，如赫拉克利特（Heraкleitus）所言"一切皆流，无物常住"。因此，"客观现实世界的变化运动永远没有完结，人们在实践中对于真理的认识也就永远没有完结。"[②]

实践思政的目的是立德树人，本质上也是对人做工作，而人的认识势必会随着现实世界的发展变化，自身的社会阅历、既有观念而产生嬗变。实践思政强调社会调研不但要有步骤地进行，还应深入关切大学生的思想状况和价值取向，注意当前社会热点对学生群体的影响，及时回应学生关切焦点问题，调研内容涉及各类学科竞赛活动、大学生志愿服务、创新创业培养活动、社会体验活动、劳动教育活动等与社会实践平台呼应，既有所在学校学科属性，又具有普遍性与一般性规律。

四、习近平关于实践的重要论述指明了实践思政的前进方向

党的十八大以来，习近平在坚持马克思主义实践观的基础上，围绕实践问题发表了一系列重要论述，既丰富和发展了新时代中国特色社会主义思想，又为实践思政教育指明了方向，提供了重要的理论依循。

首先，强调实践第一原则，凸显辩证唯物主义知行合一理念。马克思主义哲学极其重视"知行合一"，唯物主义辩证法坚持认识来源于实践，又复归实践，其间呈现"实践—认识—实践"循环往复的螺旋式发展。知行合

---

① 《毛泽东文集》（第2卷），人民出版社2004年版，第378页。
② 《毛泽东选集》（第1卷），人民出版社1991年版，第296页。

一观是开展高校思政教育的重要前提,实现大学生知行合一须坚持理论性与实践性合二为一,一味强调前者,会导致大学生缺乏实践引导。过于强调后者,又会导致学生缺乏学理思维。由此来看,要培养出既能熟练掌握马克思主义基本理论又具备实践创新能力的新时代社会主义建设者和接班人,务必做到向书本学习的同时又向实践学习。

习近平多次在不同场合强调知行合一、理论与实践辩证关系的重要性。他指出:"道不可坐论,德不能空谈。于实处用力,从知行合一上下功夫,核心价值观才能内化为人们的精神追求,外化为人们的自觉行动。"①"要求真学问、练真本领,通过学习知识,掌握事物发展规律,通晓天下道理,丰富学识,增长见识,更好为国争光、为民造福。要知行合一、做实干家,面向实际、深入实践,严谨务实、苦干实干,在新时代干出一番事业。"② 因此,在思政课教授过程中,务必注重理论知识与实践活动的结合,二者统一是知行合一的重要保障。

其次,坚持深化思想政治理论课理论性与实践性的统一。关于思政教育在整个教育中的地位、责任与意义,习近平总书记的表述意味深长。他指出教育是民族振兴、社会进步的重要基石,"未来30年,我们培养的人要能够完成'两个一百年'的伟业。这就是教育的历史责任",而"思政课是落实立德树人根本任务的关键课程,思政课作用不可替代"③。而如何上好思政课显得至关重要。为此,习近平总书记指出:"推动思想政治理论课改革创新,要不断增强思政课的思想性、理论性和亲和力、针对性",并强调要"坚持理论性和实践性相统一。"④ 该要求体现了党和政府对思政教育基本规律的科学把握,是马克思主义实践观的具体运用。

---

① 习近平:《青年要自觉践行社会主义核心价值观——在北京大学师生座谈会上的讲话》,载《人民日报》2014年5月5日。
② 《习近平在北京大学考察时强调抓住培养社会主义建设者和接班人根本任务努力建设中国特色世界一流大学》,载《人民日报》2018年5月3日。
③ 习近平:《思政课是落实立德树人根本任务的关键课程》,载《求是》2020年第17期。
④ 习近平:《用新时代中国特色社会主义思想铸魂育人 贯彻党的教育方针落实立德树人根本任务》,载《人民日报》2019年3月19日。

2013年3月1日，习近平在中央党校建校80周年庆祝大会上发表讲话，强调依靠学习与实践走向未来，他指出："既要向书本学习，也要向实践学习"；"学习有理论知识的学习，也有实践知识的学习。""好学才能上进。中国共产党人依靠学习走到今天，也必然要依靠学习走向未来。我们的干部要上进，我们的党要上进，我们的国家要上进，我们的民族要上进，就必须大兴学习之风，坚持学习、学习、再学习，坚持实践、实践、再实践。"① 习近平总书记这一重要论述，重申了马克思主义关于学习与实践的辩证关系的经典论断，在新形势下拓展了实践的内涵与外延。

实践思政是以实践为检验标准，构建课堂、校园、社会的联动机制，推动师生教、学、练互动过程的一体化和连贯性，是对多重育人模式的积极探索，拓展了人才培养的路径，可以有效地将专业知识和思想体系外化为行为习惯。

实践思政在强调知识传授的同时，格外留意对实践的指导作用，既注重学生主体马克思主义知识体系的架构，也注重学生运用马克思主义基本立场、观点、方法分析解决现实问题的能力的培养。"学习与实践必须始终紧密地结合在一起，既要把学到的知识运用于实践，又要在实践中增长解决问题的新本领"② 。因此，高校思想政治教育必须解决理论与实践相结合的问题，构建学懂弄通做实的一体化思想政治教育体系，打通高校思想政治教育的"最后一公里"。

再次，阐明以实践为基础和核心的认识论体系。以往高校思想政治教育通常通过思政课与课程思政加以落实，主要是以教师在课堂上讲授理论知识的形式完成对大学生的思想教育。然而，当代世界文明转型与中国社会转型的客观大形势呼唤高校培养兼具创新精神与实践能力的综合素质人才，简单的理论教学已经难以满足社会需要。以往盛行的应试教育制度逐步被全面的素质教育所取代。客观环境的变化使思政教育必须顺应时代潮流、社会需求与育人要求，作出相应调整。

---

① 《习近平强调：在全党大兴学习之风依靠学习和实践走向未来》，载《人民日报》2013年3月2日。

② 《习近平总书记在中央党校建校80周年庆祝大会暨2013年春季学期开学典礼上的讲话》，载《人民日报》2013年3月3日。

针对思政教育可能面临的困境，习近平总书记提出了切实可行的解决路径，他强调："做好高校思想政治工作，要因事而化、因时而进、因势而新。"① 为推动新时代思政课入脑入心，培养一代又一代社会主义建设者和接班人，习近平总书记做过鞭辟入里的论述。2021年，习近平总书记在看望参加全国政协十三届四次会议的医药卫生界、教育界委员时，再次指出思政课需做到与社会实践相结合，"思政课不仅应该在课堂上讲，也应该在社会生活中来讲。"他强调："'大思政课'我们要善用之，一定要跟现实结合起来。上思政课不能拿着文件宣读，没有生命、干巴巴的。"②

实践思政正是通过指引学生参与社会实践来提高育人成效。只有参与社会和亲身实践才能获得第一手资料，才能实现传统课堂所学理论知识与社会实际的对比，在社会实践中深化理论学习，实现理论知识的"在地化"。

习近平新时代中国特色社会主义思想为实践思政树立了根本目标。中国梦的实现"要以培养担当民族复兴大任的时代新人为着眼点"③，加强实践教育，可以"在理论和实践的结合中，教育引导学生把人生抱负落实到脚踏实地的实际行动中来"④。实践思政可以打造多元的社会实践模式，建立高校与社会协同育人的实践活动体系，引导当代大学生在科学理论指导下扎实推进实践活动，树立积极的社会价值观，自觉地投入到实现中国梦的社会建设中。

习近平总书记指出，思政课改革创新要"坚持理论性和实践性相统一"⑤，习总书记的论述为推动高校思想政治教育理论建设提供了根基，既是马克思主义认识论在思想政治教育中的具体运用，也是对思想政治教育基本规律的科学把握。各个学校应当以思想政治理论课、课程思政为载体建立有效的社会实践育人体系，始终坚持理论与实践相结合，使思政课和课程思

---

① 习近平：《把思想政治工作贯穿教育教学全过程 开创我国高等教育事业发展新局面》，载《人民日报》2016年12月9日。

② 杜尚泽：《"'大思政课'我们要善用之"（微镜头·习近平总书记两会"下团组"·两会现场观察）》，载《人民日报》2021年3月7日。

③ 习近平：《决胜全面建成小康社会 夺取新时代中国特色社会主义伟大胜利——在中国共产党第十九次全国代表大会上的报告》，载《人民日报》2017年10月28日。

④⑤ 习近平：《思政课是落实立德树人根本任务的关键课程》，载《求是》2020年第17期。

政教学由知识传授、理论教育的说教过程深化为素养提升、价值认同和信仰坚定的过程，切实提高高校思想政治教育教学的实效。

最后，倡导实践理念，拓展以实践为核心的思政育人模式。教育主体是实践思政活动的组织者和构建者。习近平总书记指出："思政课教学离不开教师的主导……加大对学生的认知规律和接受特点的研究，发挥学生主体性作用。"[①] 实践思政就是在充分理解和重视实践对认识作用的前提下，注重通过实践的检验、理性的反思，提升科学理论知识的亲和力与针对性，促进教师、学生双主体真正将所受教育内化于认知结构，进而真正改变自身思维方式，形成良好的观念体系，提高思想政治教育的实效。

在实践思政的过程中，教育者与受教育者都具有能动性、实践性和创新性，因此，教育者和受教育者是实践思政的双主体。但教育者和受教育者又存在本质的区别。教育主要是从事教育引导实践的主体，成熟度较高。相比而言，受教育则是成长中的认知个体，有待于进一步发展和完善。此外，实践思政的实施原则之一是增强受教育者的满足感和获得感。虽说教育主体也会得到成长，但教育主体是为受教育主体服务的。对于受教育者而言，教育主体具有引导性和工具性价值，反之，受教育对象对于教育主体具有目的性价值。

教育者的实践直接关乎受教育者的成长成才。思政教师又是教育者中的特殊存在，不但要传播真理、思想与知识，更要促进社会主义信仰、家国情怀深入学生内心，为学生的全面发展奠基铺路。这就要求教育者精心设计思想政治教育流程，了解受教育者的需求，钻研教育内容，设计教育方案，探索教育方法。教育者要最大限度地发挥主观能动性，转变教育思维，以自身丰富的知识储备、开阔的格局、过硬的政治素质，开创思政教育的新局面，新媒体环境下教育者要掌握综合运用新媒体能力，结合教育对象所见、所思、所闻、所感，组织实践思政活动。在这个过程中，教育者始终发挥的是主导和支配作用，一切构建都围绕着教育目标来实施，充分发挥教育对象的积极性和主动性，保证实践思政的顺利完成。

---

① 习近平：《思政课是落实立德树人根本任务的关键课程》，载《求是》2020年第17期。

习近平总书记尤为重视教育主体构建问题，他指出："办好思想政治理论课关键在教师""有了我们这支可信、可敬、可靠，乐为、敢为、有为的思政课教师队伍，我们完全有信心有能力把思政课办得越来越好。"① 教育者是实践思政的把控者，抓牢教育理念，抓实学习内容，抓细学习方式，重点突出对学生的引导与点拨。

教师主导是学生主体性发挥的关键因素之一，教育者是受教育者的引路人和风向标。教育者以形式多样的教学手段启迪、鼓励、引导学生主体参与意识、团体协作意识、自我激励意识。教师主导与学生主体是实践思政的一体两面，二者具有内在逻辑统一性，其中任何一个方面的缺失，都会导致实践思政教育活动无法正常开展。

第二节 实践思政视野下的教育理论依据

实践对思想政治教育有着重要意义，许多教育学者、教育理论都体现了这一观点，如瑞士教育家裴斯泰洛齐（Pestalozzi）在《天鹅之歌》中最早明确提出了"生活具有教育的作用"；我国近代的教育大师陶行知先生结合我国国情提出生活教育理论……这些教育观点表明新时代大学生思想信仰的塑造需要在社会实践中完成，需要在社会实践中检验。马克思主义为实践思政的提出奠定了理论依据，建构主义学习理论、主体性教育理论、体验式教育思想、"三全育人"教育理念则为实践思政的发展和完善提供了重要的教育理论指导。

一、实践思政的形塑依托建构主义学习理论

（一）建构主义学习理论

建构主义的核心是研究学习者知识建构的机制，20世纪90年代，建构主义在皮亚杰（Piaget）、布鲁纳（Bruner）等学者的思想基础上建立起来并

---

① 习近平：《思政课是落实立德树人根本任务的关键课程》，载《求是》2020年第17期。

不断完善，强调学习是受教育者主动建构意义的过程，是教育心理学领域较为新颖的观念。

建构主义强调受教育者是教育的中心，通过教育者与受教育者、受教育者与受教育者之间的互动，利用必要的学习资料，通过特定的社会人文背景实现学习内容的意义建构，进而获得知识和技能。在建构主义认识论的基础上，"情境""协作""对话"和"意义建构"是建构主义学习理论的四大要素，教学过程被认为是受教育者在教育者的帮助下进行意义建构和理解的过程。在整个教学过程中，教育者以受教育者为中心，发挥组织者、引导者、支持者和促进者的作用，利用情境、合作、对话等要素，充分发挥受教育者的主动性、积极性和创造性，从而使受教育者有效地完成所学知识的意义建构。

建构主义学习理论的特点主要包括：其一，受教育者是知识的建构者，而不是被动地接受知识的灌输；其二，教育者是知识意义建构的帮助者和促进者，是受教育者的"引路人"，而不是提供知识加以灌输；其三，教材是教育过程中建构的对象，而不是教学传授的唯一内容；其四，技术手段是作为受教育者主动学习、合作探索的认知工具，是用来创设学习情境的，而不是教育者传授知识的手段和方法。建构主义的核心是强调受教育者主动建构知识的重要性，教育者在学习中不能取代受教育者的核心地位。建构主义学习理论从受教育者的实际出发，强调受教育者的知识背景和成长环境对其理解客观世界的影响作用，本质是发挥学生的主体性，即只有受教育者成为学习活动的主体，积极参与学习过程，才能形成真正的建构过程。

建构主义学习理论重视教育教学中教育者与受教育者、受教育者与受教育者之间的互动关联，该理论相信每个人都会根据自己的经验来理解事物、建构知识的原貌，但受限于认知水平，受教育者只能理解事物的某一方面，教育的意义正是让学生们超越自己的理解，看到与自己不同的观点，掌握事物的多面性。通过合作与讨论，受教育者可以了解彼此的观点，受教育者群体的思维和智慧可以被群体共享，也就是说整个群体可以共同完成所学知识的意义建构。建构主义学习理论为教育教学带来了新的理念，也为思想政治教育带来了有益的启示。

(二) 建构主义学习理论与思政教育

建构主义学习理论的代表人皮亚杰认为，人在知识构建的过程中可以结合以往的知识结构和学习经验进行主动探索和主动发现，将新旧知识融会贯通形成新的认知结构，个体对知识的建构具有主观能动性，但这一观点过度强调了个人的学习经验和个人的发展意识。建构主义学习理论受到了教育教学研究领域的欢迎与认可，其主张教师只是学习的引导者，学生才是教育意义的创造者，将建构主义学习理论应用于思政教育中，可以推动教育教学内容、方法和评价方式的不断进步。

建构主义学习理论强调人只能认识他自己所创造的东西，学习是学生主动建构自己知识的过程，知识并非单一的源于主体或非客体，而是在主体与客体相互作用中建构起来的，是新旧经验的双向建构。教育需要重视学生的主体地位，不能仅从外部"灌装"，更重要的是从内部"生长"。建构主义学习理论强调"以学生为中心""情景教学"，个人亲身经历具有强大的记忆优势和影响力。

高校思想政治教育应该注重学生的知识自主建构能力，实践思政体现并运用了建构主义学习理论：一方面，建构主义学习理论强调学生在教学中的中心地位，实践思政可以有效结合学生的学习兴趣激起学生的学习欲望，强化学生的学习主体性地位。大学生的兴趣爱好、个人经历大有不同，实践思政的开展可以尊重这些个体差异，通过实践活动探索、发现、建构知识的意义，激活学生的学习欲望，强化学生在思政教育中的主体性地位。另一方面，建构主义强调学习应在实际生活中展开，实践思政将思想政治教育蕴含于社会实践当中，运用理论解释遇到的现实问题，促进学生在实践中完成对所学知识的意义建构，有助于培养新时代大学生思考问题和解决问题的能力，有效提升思政教育的教学成效。

二、实践思政的运行依托主体性教育理论

（一）主体性教育理论

20世纪80年代伴随着改革开放，主体性教育理论进入中国，它既是思想的，也是实践的，中国现代教育理论和思想产生了深远影响。

主体性教育理论主张人本教育，强调承认并尊重受教育者在教育活动中的主体地位，真正把受教育者作为积极、独立的个体来面对，通过提高受教育者的主体性来促进其发展。① 教育最重要的功能就是把人类创造的文化、科学、知识通过"内化"的过程转变为受教育者成长的养分，具备主体性的受教育者才能积极地参与到社会生活当中，为社会进步作出贡献。

主体性教育理论作为一种开放的、综合的理论基础，其内涵包括两个维度：一是受教育者是教育教学过程的主体，只有充分发挥受教育者的主动性、能动性和自主性，才能使受教育者成为学习的主人，提高教育教学的有效性；二是教育教学过程中的师生关系是教育主体与受教育主体之间的关系，二者并非主体与客体之间的关系，而是交互性的主体关系。

因此，受教育者主体性的发展主要取决于两个方面：一是外部世界对个人发展的促进作用；二是自我发展意识和驾驭外部世界的能力。通过教育者的引导，可以帮助受教育者形成、强化和提高主体意识和主体能力。受教育者作为认识和实践活动的主体，其主体性意识的强弱，会对其个人的发展产生不同的影响，这决定了受教育者对自身发展的自知、自控和自主的程度，提高自主意识就显得尤为重要。主体能力的高低直接决定着主体意识的强弱，主体能力的提升需要在学习生活中不断发展和提高，充分利用外部条件发展自己，主动掌控外部世界，从而发展自身主体性意识。

主体性教育理论充分尊重受教育者的主体尊严，提升其主体地位，注重其主体能力的培养，强化其主体意识。人的主体性对人和社会的发展有着重要意义，因此主体性教育也是整个教育活动中重要的指导思想。

（二）主体性教育理论与思政教育

主体性教育是教育者根据社会发展和教育发展规律的要求，有计划地规范和组织各类教育活动，借助合理的教学手段启发和引导受教育者形成内在教育的需求，激发起受教育者自主地、能动地开展认知活动和实践活动。主体性教育理论视角下，思政教育突破了传统以教师为主体、学生为客体的教育模式，在思政教育过程中应强调学生的主体性作用。

---

① 陈宇家：《试析主体性教育思想对体育教学的启示》，载《体育科技文献通报》2009年第3期。

主体性教育理论遵循了人的发展基本规律和教育发展的基本规律，在思政教育中的应用可以推动大学生的全面发展目标的实现，强化高校思政教育学生主体性可以通过实践活动运行。首先，实践活动建立起了个体主观因素和外界客观因素的联系，可以在实践中培养和发挥大学生的自主性、能动性和创造性；其次，实践活动有利于使个体潜能的激发和展现，满足了发展大学生主体性的基础条件；最后，实践活动有助于大学生主体能力的提高，对培养大学生自主学习意识、创新思维、提高自我管理有着重要意义。实践思政的开展依托于主体性教育理论开展，构建出以大学生为主体性视角的高校实践育人模式。

实践思政体现了主体性教育理论的实践性原则[①]：一方面，实践思政将思政教育从说教式的教育方式转变为体验式的教育过程，受教育者可以在实践的过程中用理论指导实践，把思政教育理论内化于心外化于行，在实践中纠正生活中形成的错误观点，自觉地树立起正确的人生观和理想信念；另一方面，实践思政可以切实体现大学生在思政教育过程中的主体性地位，新时代大学生需要面对社会高速发展带来的新情况、新问题，扎根社会实践活动可以让大学生积极参与到社会主义建设中，充分发挥自身的创造力，运用马克思主义思想辩证的去分析问题，运用理论知识解决好面对的难题，在实践中充分发现知识的张力。

三、实践思政的完善依托体验式教育思想

（一）体验式教育思想

20世纪80年代体验式教育思想进入中国，经过几代教育人的努力使体验式教育思想融入多学科教育工作中。体验式教育思想是指教师通过设定一定教学情境，在理论的指导下，通过各种有效的教学方式引导学生通过亲身感受和体验获取知识，从而达到理解和运用知识的目的。[②] 体验式教育思想承认个体的差异性，强调学习主体的主动性和学习过程的实践性，强调学习

---

① 黄崴：《主体性教育论》，贵州人民出版社1997年版，第112页。
② 张海英：《体验式教学在"消费者行为学"课程中的运用》，载《仲恺农业技术学院学报》，2007年增刊。

的过程性和情境感,通过"经历或体验—观察和反思—形成抽象概念—在新情境中检验"[①]这一过程完成体验式学习。

体验式教育思想在教育领域中是一种教育理念,也是一种提高教学效果的方法,将这一理念渗透于各学科的教育教学中,可以有效提高受教育者对知识的理解和应用。关于体验式教育思想,人们对其最直观的印象是体验、实践、情境等关键词,但深入探讨体验式教育思想就需要从教育理念、教学方法、教学模式等方面对其进行全面界定。

从教育理念的角度看,在整个教育教学的过程中渗透体验式教育理念是非常重要的,应当将这一思想贯穿于教育的全过程。教育者在教学过程中需着重关注教育对象的体验需求,及时捕捉教育对象的真实想法,借助平等对话、强化体验感受等教学方法,让受教育者更深刻地理解知识内容,从而提高教育的有效性。

从教学方法上看,通过设置体验情境、增强感官体验等形式,让受教育者在体验过程中收获知识、提升能力。这不仅强调了体验式教育思想作为教育方法存在的意义,还反映出体验式教育思想是一种深层次的教育理念,通过改变教学方式才能将体验式教育思想落到实处。

从教育模式来看,体验式教育思想有助于实现教育的知行合一,教育者根据自己的教学方法和教育对象的规律特点,在教学过程中以专业理论知识和教学目标为指导,有目的的设计教学体验活动,通过亲身体验获得独特的个性化感悟,推动受教育者主动思考,最终形成符合社会规律的价值观。

体验式教育思想注重教学过程中教育主体的情感变化和生命体验,这种体验并非受教育者独立完成,而是教育主体通过相互关系的建构,将问题融入体验、融入思维、融入行动、融入动机实现的。体验式教育思想下的教学活动在教育者的积极引导下开展,通过教育者与受教育者共同体验来完成,简单的说教和被动的接受无法增强理论学习的深度与广度,教育者与受教育者知识、情感、理想信念的连接,才是实现理论从认知到认同的建构过程,只有当认识和情感实现共鸣才可能将其转化为理想信念。

---

① Kolb:Experiential Learning:Experience as the Source of Learning and Development. Prentice – Hall,1984.

（二）体验式教育思想与思政教育

对于体验式教学而言，感悟、实践、经验以及情景是教育开展的关键，从教育哲学的角度看，体验式教学应贯穿于教育的全过程。在思政教育过程中，要时刻关注教育对象的体验需求，通过平等、有效的对话来实现对教育对象真实想法的及时捕捉，并在此基础上提升受教育者对知识的掌握程度。

一方面，体验式教育思想倡导通过实践内化思想理论。教育领域中的实践与一般意义上的实践活动不同，是学生在教师指引的基础上，有目的地应用已掌握的各类知识，通过结合各类理论、技术解决相关问题的活动。在实践场景中可以更好地认识和体验客观世界，具有"反思性、体验性"特征[①]，体验式教学理论中的"主动参与""亲身经历""循序渐进""潜移默化""知行合一"等概念应成为高校思想政治教育的重要支撑。经验是通过实践获得的，只有通过经验的内化才能获得意识形态的提升，促进社会观念内化为个体观念才能引导学生将所学知识和理论落实到具体行为中，进而更有针对性地开展对大学生群体的思政教育活动。

另一方面，体验式教育思想重视在实践中强化理论认识。若想使人类的认识逐渐趋向于真理，那么就要通过不断的创新与实践的检验来实现。人与社会互动的过程中，产生了实践性的知识，建立理论与实践的联系是思政教育的内在要求，也是思政教育的重中之重。对于体验式教育思想而言，"经验"扮演着核心与基石的角色，书本中的知识并不能将现实世界完整地体现出来，"探究"过程才是获取知识的主要方式，思考与实践的不断反复与循环是形成认识必须经历的过程。

结合新时代大学生的基本特点，实践思政能让学生在实践的过程中获得真实感受，找到自身的主体性价值，推动其全面发展。实践思政以体验式教育思想不断完善自身体系的建设：一是学生在社会实践的过程中不是通过被动学习来获取知识，受教育者在初步了解相关理论知识的基础上，通过实践活动对理论进行验证，实现自我教育；二是依托体验式教育思想，实践思政

---

① 郭元祥：《论实践教育》，载《综合实践活动研究》2011年第12期。

充分考虑到新时代大学生的基本特征和需求,体验式教学在其他教育领域相对成熟,这对思政教育依托社会实践开展体验式教学有重要的经验借鉴意义,开展实践思政需要多角度、全方位的应用体验式教育思想。

四、实践思政推动"三全育人"教育理念落实

(一)"三全育人"教育理念

2017年,中共中央、国务院印发了《关于加强和改进新形势下高校思想政治工作的意见》,强调"全员育人、全过程育人、全方位育人"作为加强和改进高校思想政治工作的基本原则[①],实践思政可以有效推动"三全育人"教育理念的落实。

"真正的德性在于以一种适当的方式行事,能够将自己身上某种内在的方面加以外化,而根本上不在于对高尚的图景和动人的品格闷头进行精神构建和个人沉思。"[②] 爱弥尔·涂尔干(Émile Purkheim)的这一论述体现了"三全育人"教育理念,具体而言:"全员育人"是指社会的所有成员都有育人的责任,在大学的教育体制下,所有的教学人员都应该具备育人意识,承担育人责任,相互配合形成一个完整、全面、和谐的大学生思想政治教育体系;"全过程育人"是指高校要精心规划大学生从入学到毕业的思想政治教育工作,认真研究大学生成长成才规律,根据各年级不同成长阶段的特点制定思政教育重点,创新教育方法开展有针对性的教育,并根据大学生的学习生活规律把思想政治教育融入大学生的学习、生活各环节;"全方位育人"是指要充分利用各种教育资源、各种教育载体,实现各门课程、各个教学环节协同发力,共同提升思政教育的实效,促进大学生全面发展。

"三全育人"教育理念的提出,遵循了高校思政教育工作的基本规律,反映了思政育人工作的实际情况,落实"三全育人"教育理念有助于完成"立德树人"根本任务,培育好新时代大学生。

---

① 《中共中央 国务院印发〈关于加强和改进新形势下高校思想政治工作的意见〉》,中国政府网,http://www.gov.cn/zhengce/2017-02/27/content_5182502.htm。

② 爱弥尔·涂尔干:《教育思想的演进》,李康译,上海人民出版社2003年版,第290页。

(二)"三全育人"教育理念与实践思政

"三全育人"教育理念阐明了新时代大学生对思想政治教育的期待和诉求,越来越多的大学生对"填鸭式"的课堂讲授形式表现出了抵触情绪,更主张通过实践活动完成对思政理论的学习和自身价值体系的建立。① 这说明理论与实践相结合的思政教育改革创新方向符合并落实了"三全育人"教育理念,同时也可以满足当代大学生思政教育的诉求。在思政课和课程思政的基础上加入实践思政将推动思政教育体系的优化,有助于提升受教育者对思政教育的学习兴趣,有助于推进大学生对思政理论内化于心外化于行的转化,有助于实现思想政治教育的最终目标。②

首先,依托实践思政落实"三全育人"教育理念落实了"立德树人"根本任务。高校思想政治教育依托理论知识传授,不断拓宽大学生知识的广度和深度,为其提升思想认识水平提供了理论源泉,这是"三全育人"教育理念的出发点。实践思政通过理论教育,培养大学生的主流意识形态,形塑其思想道德品质,促进思想理论内化于心;通过实践教育,以社会活动作为理论教育的"试金石",提高其理论联系实际、解决问题的能力,促进思想理论外化于行。"三全育人"是以高校党委领导为驱动,多部门、多学科积极探索的教育理念,实践思政是通过建立课内课外、校内校外资源联动机制,强化师资力量整合,共同推进思政课、课程思政等教育教学过程的连贯性、整体性。实践思政建起的教育要素体系有效拓展了高校人才培养的路径,充分诠释了"三全育人"教育理念的主体要素、过程要素和方位要素,实践思政契合"立德树人"根本任务的内在要求。

其次,依托实践思政落实"三全育人"教育理念遵循了思想政治工作规律。高校是培养时代新人的主阵地,坚持育人为本德育为先是高校思政教育的工作重点。新时代大学生承担着国家建设和民族复兴的重任,他们是时代的见证者、亲历者,更是时代的缔造者,因此必须树立其坚定不移的理想信念。高校是大学生思政教育工作的"总开关",坚持社会主义办学方向,

---

① 于海:《上海大学生发展报告2002—2003》,载《复旦教育论坛》2003年第2期。
② 范小凤:《论新时期高校"三全育人"德育模式及其运作机制》,华东师范大学2011年博士学位论文。

推动全体教师发挥示范作用,充分运用隐性教育资源强化主流意识形态,引导新时代大学生建立起与民族同命运、与国家共发展的共同奋斗目标,争做时代的合格建设者。实践思政在社会实践中解决大学生的思想困惑,切合了"三全育人"教育思想的要求。实践思政依托"三全育人"教育理念,落实了思想政治教育工作规律,以问题意识为导向将现实问题与思想问题相结合,有效解决了理论与实践脱节的思政教育困境,有助于提高思政教育效果。

最后,依托实践思政落实"三全育人"教育理念顺应了培育新时代大学生的发展趋势。培育时代新人需要以"三全育人"教育理念为教育基石,坚持育人为本,掌握新时代大学生的新特点才能有效提升其思想政治水平。实践思政的开展有效解决了理论与现实的落差问题,将思政教育蕴含在生活中、社会里,消解不良社会风气对大学生理想信念的影响,落实思政教育目标,实现思政教育效果。实践思政既落实了"三全育人"教育理念的要求,也解决了思政教育过程不连贯、教育联动不协调等问题,提升了思政育人工作的水平。

第四章

高校实践思政教育的基本向度

近 30 年来，学界关于思想政治教育产生了多种定义。在思想政治教育学科创建初期，大多数学者倾向于从"社会需求论"来定义思想政治教育，认为思想政治教育只是为了社会的需要而服务，为社会需要人才而培养人，与个人利益相悖。这种理念的流行导致思想政治教育工作置于被动境地。高校思政教育既承担着引导青年学生前进方向的重任，又发挥着宣讲平台、传播平台的重要作用。习近平总书记指出："办好思想政治理论课，最根本的是要全面贯彻党的教育方针，解决好培养什么人、怎样培养人、为谁培养人这个根本问题。"[①] 中国高校思政教育要为社会主义建设培养人才，要对 30 年之后实现中国梦的青年学生负责，要为实现民族复兴大任而培养人才，此即为思政教育的出发点和立足点。

传统印象中，高校思政教育是枯燥无趣、缺乏学习激情的，思政教育需着眼于学生厌学的原因来探索育人新路径。实践思政致力于挖掘实践中的思政元素，充分发挥学生的积极性、主动性和创造性，解决"理论"与"实践"的割裂问题，打破传统的"师讲生听"教学模式，推动学校、家庭和社会多方合力打造多元化、多样化的思政育人体系。

---

① 习近平：《用新时代中国特色社会主义思想铸魂育人贯彻党的教育方针落实立德树人根本任务》，载《人民日报》2019 年 3 月 19 日。

第一节　打通思政育人"最后一公里"

实践思政具有针对性和实效性，通过丰富精彩的课程内容，向学生讲清道理、阐释原理知识、解惑释疑，直击学生内心，点亮学生灵魂，不断增强学生的"四个自信"，引导学生坚定远大理想，学会运用唯物辩证法去思考问题、剖析问题，弘扬崇高价值观念，做到砥节砺行，传承中华优秀传统文化的精神，弘扬正能量。实践思政的教育目的是培养理想信念坚定、本领过硬、勇于担当、勇立潮头的时代新人。具体而言，实践思政在促进大学生"学懂"科学理论、坚定理想信仰，"弄通"方法体系，学深悟透理论内涵，"做实"核心价值观，联系实际、见诸行动等几个方面发挥着重要作用。其中，学懂是前提，弄通是关键，根本在做实。

一、实践思政促进大学生"学懂"基本理论

从某种程度上而言，"学懂"马克思主义理论与否，决定着大学生思维的广度与思想的高度。概而言之，"学懂"思政理论是思政教育工作的前提，也是实践思政的内在要求。

习近平总书记指出："思政课的政治性、思想性、学术性、专业性是紧密联系在一起的，其学术深度广度和学术含金量不亚于任何一门哲学社会科学！"① 时代不断变迁，新一代大学生成长环境也出现日新月异的变化，他们信息接收面广、思想活跃、有自己独立的想法，对权威的认同感不断削弱。传统思政课教学模式下，教师主导性强，学生的参与度不强，无法完全调动学生的主动性和积极性。教师在课堂上主要讲述理论知识，学生整体上表现为排斥状态，对高校思政课的重视程度低，突出表现为对思政理论知之甚少。

（一）"学懂"思政理论的必要性

"学懂"思政理论是掌握马克思主义基本理论的必然要求和应有之义。

---

① 习近平：《思政课是落实立德树人根本任务的关键课程》，载《求是》2020年第17期。

中国共产党是马克思主义指导下的执政党。在被视为共同的思想基础的马克思主义科学理论指导下，中国的革命、建设、改革取得了世人瞩目的非凡成就。大学生学习思政理论是接受思政教育的重要一环，"学懂"思政理论要全面吸收，准确理解马克思主义的历史逻辑、现实基础和价值意义。进一步而言，"学懂"思政理论就是全面系统地掌握习近平新时代中国特色社会主义思想的理论要义、主旨内涵、重要地位，运用发展的观点将其与马克思列宁主义、毛泽东思想、邓小平理论、"三个代表"重要思想、科学发展观相联系，真正做到马克思主义理论入脑入心。

"学懂"思政理论是培养社会主义建设者与合格接班人的重要保障。作为实现中华民族伟大复兴中国梦的"后来人"，大学生是国家宝贵的人力资源。"学懂"思政理论涉及把握马克思主义基本原理，理解新时代中国特色社会主义思想，坚定马克思主义信仰和中国特色社会主义信念，用科学理论培植精神家园。当前，随着经济全球化的日益推进、社会各个领域的发展变革和多元文化因素的碰撞，特别是某些西方不良思潮的侵入，青年学生思想状况呈现出多元化、多样化特征，社会主流价值观和基本道德规范遭受相当大程度的挑战，信仰危机时有发生。如此形势下，"学懂"思政理论显得尤为紧迫。思政理论通过马克思主义的世界观与方法论的详细阐释，采用辩证唯物主义和历史唯物主义的方式方法引导学生面对问题、剖析问题和解决问题，以潜移默化的方式武装学生的头脑。

由此可见，"学懂"思政理论极为重要，又相当必要。各高校应立足于本校校情，从师资配备情况、生源情况、实践基地建设情况出发，"围绕马克思主义基本原理和马克思主义中国化理论成果，了解党史、新中国史、改革开放史、社会主义发展史，中华优秀传统文化、革命文化、社会主义先进文化，宪法法律等进行理论学习。"[①]

实践思政助力大学生"学懂"思政理论。理论要想深入人心，就必须要应用于实际。实践思政的理论基础是马克思主义哲学。毛泽东指出："马克思主义的哲学认为十分重要的问题，不在于懂得了客观世界的规律

---

① 《中共中央宣传部 教育部关于印发〈新时代学校思想政治理论课改革创新实施方案〉的通知》，载《中华人民共和国国务院公报》2021年第9期。

性,因而能够解释世界,而在于拿了这种对于客观规律性的认识去能动地改造世界。"① 实践思政的存在,就是引导大学生运用马克思主义方法论解决现实问题,认识其真理性,坚定四个自信。

(二)"学懂"思政理论的重要性

青年时期是人生最重要的转折时期,往往决定了一个人的前进方向与人生高度。青年大学生具有精力充沛、思维活跃、自我意识强的特点,同时自制力相对薄弱,认识问题、剖析问题的能力有待加强。随着新媒体时代到来,青年大学生需要面对多元化的网络信息和复杂的社会思潮,如果没有坚定的理想信念、正确的价值观和理论作为引导,很容易走弯路。

"学懂"思政理论有助于强化大学生的理论自觉。思政理论承担着传递共同的理想信念,用中国理论引领中国道路的责任。强化对大学生的思想引领是思政理论的突出特征。大学生在"学懂"基础上灵活运用马克思主义基本原理、方法、立场,建构起科学的、系统的思想体系,科学评析当今社会出现的种种问题,科学回答关于社会主义建设、改革中的各类问题,科学定位个人与国家、社会之间的关系,科学看待历史与现在、理论与实践、当前与未来之关系。

"学懂"思政理论有利于激发大学生的历史使命感与责任感。理论上的清醒是坚定政治信仰,凝聚社会共识的前提与保障。"学懂"思政理论,就是坚定不移的维护马克思主义在意识形态的主导地位,就是坚持用习近平新时代中国特色社会主义思想武装头脑。学懂了思政理论,深化了理论认知,便理清了"是什么、为什么、做什么"的问题,强化了政治认同,凝聚了思想认同,汇聚了情感认同。唯有如此,才能将"人民有信仰,国家有力量,民族有希望"的理想信念融会贯通,落实到实践行动。

(三)促进大学生"学懂"思政理论的路径

青年学生是一个对外界环境非常敏感的社会群体,高校教师如何教授好思想政治理论,大学生如何"学懂"思政理论是一个重大的课题。实践思政可以为青年大学生提供思政理论知识和社会实践方式,丰富大学生的生活

---

① 《毛泽东选集》(第1卷),人民出版社1991年版,第292页。

经验，引领青年学生的思想，塑造青年大学生的价值观念。

实践思政有助于深化课程学理性，挖掘思政理论深度。教师在日常的课程教学中围绕系统讲授、专题教学、实践教学三个模块进行。系统讲授模块主要侧重于系统全面的教授理论知识，达到讲清、讲透的目的；专题教学模块通过邀请校内外专家学者授课的模式，通过集体备课、协同教学等机制设计，推动学校领导干部、专家学者和思政课教师、高校辅导员、校外专业力量等参与高校的思想政治课堂，统筹推进高校思政课建设工作，发挥各门思政课优势，达到互补的目的。

实践思政有助于完善教学资源，增强思政理论广度。学生的问题就是教师的课题，实践思政教师需要及时关注时事和时代潮流，及时更新强化思政理论，加强思政课建设，把热点、焦点问题融入思政课堂。组织教师开展集体研讨，对冲击大学生生活与思想的舆论话题进行研判，制定出应对方案。要"讲好中华民族的故事、中国共产党的故事、中华人民共和国的故事、中国特色社会主义的故事、改革开放的故事，特别是要讲好新时代的故事"①，教师必须与时俱进，加强课堂信息化。当代大学生的思维模式、思想观念、行为方式与高新技术的发展演变息息相关，高校教师应不断提升新媒体和新技术的应用水平，通过增强学生的集体认同感和意识形态意识，实现对思想政治课的掌握，真正将思想政治理论融入头脑。

实践思政注重培养学生的实践能力，实现理论与实践相结合的内涵价值。通过结合学生学习需求，为学生构建完善的实践思政教育体系，注重与时俱进，完善理论教育与实践教育存在问题，弥补高校思政教育的缺失。高校可以结合校情，依托相关实践调研品牌活动，组织学生走进社会、走进企业、深入基层，从而进一步了解国情、探求新知，在社会实践中锻炼和发展。

二、实践思政助力大学生"弄通"方法体系

"弄通"方法体系，学深悟透理论内涵是抓好实践思政建设、落实立德

---

① 习近平：《思政课是落实立德树人根本任务的关键课程》，载《求是》2020年第17期。

树人根本任务的关键一步。"弄通"方法体系，指的是要深入思考地学习，采用系统的而不是零碎的，整体的而不是片面的，联系的而不是孤立的，全面的而不是局部的方式方法，把学习马克思主义基本理论同"四个伟大"的实践结合起来，把领悟习近平新时代中国特色社会主义思想同改革开放以来中国人民取得的伟大成就联系起来，把思政知识同个人成长成才的人生轨迹融合起来，做到融会贯通，学深悟透，自觉而坚定地增强运用理论指导实践的能力。

（一）"弄通"方法体系，悟透理论内涵的重要性

党的十九大报告指出："青年一代有理想、有本领、有担当，国家就有前途，民族就有希望。"[①]"有理想"是党和国家对青年一代的首要要求，即前面论述的实践思政促使大学生"学懂"思政理论，夯实理想信念。"有本领""有担当"则要求青年学生做到学深一步、学精一步。"弄通"方法体系、悟透理论内涵是深化认识思政理论的必要环节。

"弄通"方法体系是提升大学生思想认知水平的重要一步。思政教育的价值主体是"人"，围绕人开展的各项发展任务是互相联系的。现实高校教育中，只见事物不见人的情况比比皆是，存在只重视课程成绩、课堂纪律、优秀率等硬指标而忽视学生主体发展的倾向，乃至只是将学生主体作为完成课程任务的工具。大学生思想认识水平的高低则被放置到边缘位置。"弄通"方法体系、领悟思政内涵是增强学生的获得感、满足的重要保障。

"弄通"方法体系是协助大学生正确区分个人与社会、思想与利益的保证。泛滥的各种信息与五花八门的各类思潮直接导致部分大学生产生"思想上的疙瘩"，突出表现为价值观念偏颇、思想认识不到位，难以区分个人利益与群众利益、集体利益的关系。因此，做大学生的思政工作，既要做到加强思想素养培育，还要注意从解决实际问题方面入手，教授方式方法。避免思政工作陷入虚无主义、利益至上的窠臼。

---

① 习近平：《决胜全面建成小康社会 夺取新时代中国特色社会主义伟大胜利——在中国共产党第十九次全国代表大会上的报告》，人民出版社2017年版，第70页。

(二)"弄通"方法体系，悟透理论内涵的必要性

"弄通"方法体系，有利于大学生贴近生活，回应社会关切。列宁认为："从生动的直观到抽象的思维，并从抽象的思维到实践，这就是认识真理、认识客观实在的辩证途径。"① 真理在实践过程中得以检视，又随着实践的进程而不断更新。系统性的理论知识毕竟与现实生活所面临的问题有距离隔阂。学生通过将学习到的理论知识应用于日常生活中，加深对思政内涵的理解。学生进行实践的过程也是回归生活的过程。实施实践思政可促使学生回归实际生活，进一步引导学生将课上学习过的理论知识和自己的实际生活相结合，让学生更加充分地理解思政的目的。

"弄通"方法体系，有利于夯实大学生"三观"，促使价值回归。"弄通"方法体系的一个重要作用就是帮助学生建立起正确的"三观"。在社会多元文化的冲击下，部分大学生出现了意识形态模糊、价值观扭曲等错误倾向。学生通过"弄通"方法体系，领悟思政内涵，掌握人类历史发展的规律，认清中国特色社会主义的历史必然性，才能做到以人民幸福、民族复兴为己任。

"弄通"方法体系，有利于舒缓大学生价值疑惑，提升个体道德水平。一个人只有具备优秀的道德品质才能够确保其在未来的工作中稳定发展。"弄通"方法体系可以帮助大学生积累社会经验，锻炼思维能力，提升思想认识，为日后工作和生活打下基础。学生只有将思政理论做到融会贯通，把握好个人利益与群众集体利益的辩证关系，将自身价值观念融入社会发展历史大趋势，方能自然而然地实现价值观回归理性的目的。

(三)"弄通"方法体系，悟透理论内涵的路径

实践是马克思主义的本质特征，伴随着社会实践的螺旋上升，马克思主义也在不断更新完善。大学生通过社会大课堂的磨炼能够真切体会到思政的内涵，在实践中体验方法体系的妙用。有了方法体系的科学指导，学生在社会上才不会轻易迷失方向。实践思政的突出特征就是挖掘实践过程中的思政元素，实现实践与理论的深度融合。

---

① 《列宁全集》(第55卷)，人民出版社1990年版，第142页。

实践思政是集思想性、理论性、学理性为一体的。它倡导学生在实践中增长本领，精准掌握学生现实需求，引导学生以所思所见所闻所感体悟课堂教学中理论知识的独特魅力，通过书面知识与现实生活的结合，实现对马克思主义理论认识的升华。

具体而言，通过实践思政，可在以下两个方面帮助大学生"弄通"方法体系、悟透理论内涵。

第一，实践思政把握学生需求，结合社会需要。当代大学生的精神世界具有个性化、复杂性、随机性的特征，这与社会发展息息相关。实践思政的建设与发展，正是正确把握学生的需求，结合国家社会发展的需要，实现教与学的深度融合。根据学生的思想意识和认知规律，向学生提供个性化层次结构化教育，让其理解他们应该承担什么样的使命，为什么应该承担那样的使命，怎么承担那样的使命。要坚定不移听党话，服从党的领导，提高使命认识。

第二，实践思政完善教学内容，改变教学方法。实践思政的教学模式、教学方式是根据时代的变化应运而生的，它根据社会形势的变化而选择教学资源。实践思政教师要适应时代发展，创新大学思政形式。随着时代的变迁，学生参与课程的方式已不再是单纯的"课堂讲授"和"去班里听"，实现线上教育和线下教育的同频共振，新媒体技术应用于教学，使大学生的参与度和学习热情高涨，提高了实践思政的趣味性和有效性。

三、实践思政推动大学生"做实"核心价值观

"做实"核心价值观，联系实际、见诸行动是实践思政实现立德树人根本目标的关键所在。大学生"学懂"思政理论、"弄通"方法体系的归宿是要"做实"核心价值观，就是要努力将马克思主义科学理论转化成个人奋发图强、锐意进取的精气神，就是把理想信念落实到真抓实干、投身社会主义建设的实际行动，就是要用实实在在的自觉行动使中华民族伟大复兴的宏伟蓝图落地生根。

（一）"做实"核心价值观的必要性

理论学习成果转化为实际行动的客观需求呼唤"做实"核心价值观。

高校的思想政治教育是意识形态教育的重要组成部分，培养担当民族复兴大任的"有理想、有本领、有担当"的时代新人是高校思政教育的重要任务。青年成长则国家富强，青年进步则民族复兴。学用结合方能产生实效。抽象的科学理论要发挥成效关键还要落实到丰富的社会实践中，转化为实践成果。倘若学生难以将理论知识为其所用，势必极大降低思政教育的"含金量"。

培养社会主义建设者和接班人的育人任务要求"做实"核心价值观。邓小平曾说过："我们最大的失误是在教育方面，思想政治工作薄弱了，教育发展不够。"[①] 高校思政工作重要性可见一斑。实践思政的本质是塑造大学生价值观的教育。人对人生观与价值观的看法体现在他的理想和信念上，此为支配人的实际行动的精神力量。一个人拥有怎样的理想和信念，就会产生怎样的行动。价值观决定了人在社会变革时期面对其他观念冲击时的表现。理想平庸、信念动摇、政治信仰缺失、价值取向迷茫、缺乏社会责任感等问题均来自自身价值观的缺失。大学生思政工作处理妥当与否，关到社会长治久安、国家前途命运以及民族伟大复兴的历史进程。一个人理想信念有正确价值观的支撑，才会变得更加坚定。

（二）"做实"核心价值观的重要性

"做实"核心价值观有利于让思政教育守正创新。思政教育本质上是马克思主义理论的教育，而理论思维是历史的产物，并不是固定不变的。它的内容随着时代的变迁而改变，在每个时代都有不同的表现形式。社会主义核心价值观也随着中国特色社会主义的发展不断增添新的内容，产生新的时代意蕴。大学生"做实"核心价值观的过程，也是思政教育因势而新、因时而进的过程。思政教育的守正创新正是在守正基础上遵循教育教学规律，加大革新力度，以增强大学生接受程度、认可程度、转化程度为标准。

"做实"核心价值观有利于让思政教育深入学生心中。学习思政理论的目的在于灵活运用，理论的价值在于使用。青年学生作为国家和民族前途的建设者与筑梦人，是高校思政课的主要授课对象。"做实"思政价值观将充分发挥社会主义核心价值观的指引性、基础性作用，精心引导、栽培处于人

---

① 《邓小平文选》（第3卷），人民出版社1993年版，第290页。

生"拔节孕穗期"的青年学生，引领学生扣好人生的第一颗扣子，培养拥护中国共产党领导、立志投身社会主义建设的有用人才。

（三）"做实"核心价值观的路径

实践思政是推动大学生"做实"核心价值观的重要途径，涉及教学理念更新、教学方式改善和教学资源选择等方面。

首先，实践思政明确了"干什么"。实践思政将思想性、政治性与实践性融为一体，始终秉承社会主义核心价值观，在教学中贯穿着马克思主义立场、观点和方法。明确"做实"核心价值观的目的就是引导大学生正确认识世界，全面了解国情，把握时代大势。

其次，实践思政明确了"怎么干"。在实践思政教学内容选择上，要做到思政课教材体系既符合国家统一规定，又别具特色，突出育人重点。在四门基础课教学基础上，采取专题教学、探究式学习、新媒体教学、现场教学、互动式教学等多种形式，坚定大学生理想信念，培养责任担当意识，自觉练就过硬本领成长成才，为实现中华民族伟大复兴贡献力量。

最后，实践思政明确了"如何干"。推动高校思政教的发展"落实"核心价值观，需要自老师至学生、自学校至学院，自上而下贯彻实践思政育人理念，充分认识到实践思政在学生发展和能力提高中的重要作用。实践思政致力于实践与课堂的有效衔接，以学生需求为切入点，以体验式教育、沉浸式教育创新教育形式，促成社会主义核心价值观在大学生中得到立体化、全天候传播。

第二节　营造三维互动施教场域

将思想政治教育纳入国民教育是世界各国的普遍行为。不只在学校，家庭和社会也是人们接受教育和培养的地方。对社会而言，思想政治工作是一个客观存在；就学校而言，学校作为国民教育的主渠道、主平台，思想政治工作始终贯穿中；就家庭而言，家庭环境直接关涉个人成长，孩子的一言一行深受父母的熏陶。虽然大学生思政教育主要通过学校实现，但社会大环境与家庭小环境的影响力愈发凸显。要取得思政育人实效，实现立德树人根本目标，需要学校、家庭和社会多方合力，发挥三者的叠加效应。按照教育部所要求的，"坚持开门办思政课，推动思政课实践教学与学生社会实践活动、志愿服务活动结合，思政小课堂和社会大课堂结合。"①

实践思政恰是立足"大思政"背景，构筑以高校教育为主导，以家庭教育和社会教育为支点，协调各方社会力量，构筑和谐共存的互动教育机制。积极探索实践思政的施教场域，探索高校思政教师精准施教的路径，对于落实立德树人根本任务大有裨益。

一、学校教育中的实践思政

在国民教育体系中，高校思政教育是体现思想政治性的一种教学形式。高校思政教育的主要形式是课堂教学，教师在课堂上通过教授理论知识与学生进行学习互动，最终实现育人功能。纵观人类教育发展史，教育的演变始终以学校机构为主导，传播知识与塑造价值观是主要内容。学习是求知与修养相结合的过程，学校教育不只是传播知识的平台，还担负着培育大学生价值观的使命。学生只有养成正确的价值观，才能将知识转化为对国家和人民的奉献，才能大有作为。因此，在大学时期是否树立正确的"三观"，必然会对大学生的人生产生长期且巨大的影响。

（一）学校中实践思政的表现形式

实践思政既是一种教育形式也是一种教育理念，基于实践中思政育人的教育理念，突出学生主体地位，以彰显实践性、教育性、创新性为主要特征。不能简单地以传统思政课的教学途径和教学场域划分来把握实践思政。实践思政的教学场域既可以在校外，也可以在校内、在课堂之上。以往对实践类课程内涵的理解，多从施教场域的角度出发，认为实践课程只能出现在校外，这无疑是形式主义的错误判定标准，忽略了评判的最根本标准是课程教学内容。以致许多高校不管不顾大量削减课堂教学课时，出现教师带领学生浩浩荡荡以"走出课堂""离开校园"的形式进行所谓的实践教学的情况。

---

① 《中共中央办公厅 国务院办公厅印发〈关于深化新时代学校思想政治理论课改革创新的若干意见〉》，载《中华人民共和国教育部公报》2019年第9期。

事实上，受在校生人数几何数量剧增、校区位置偏僻、实践基地不足等多方面因素制约，走出校园实施实践课堂的情况并不理想。上述这样过分地以施教场域划分课程性质的观点与现象，直接矮化了实践类课程的精神实质，限制了思政课多样化教学途径。须知，实践思政的旨归在于提升大学生的综合素质，引导受教育者正确辨析课程内容与社会实践活动之间的辩证关系，加强理论知识内化为个体外在实际行动的转化。因此，在学校场域内开展实践思政是理论上完全可行且实际教育教学中行得通的。

高校是开展实践思政教学的实体单位，要将思想政治教育作为教学主线呈现在各学科教学内容中，用思政元素点亮实践，让思政课讲出专业内涵，专业课讲出思政情怀，确保思政思想贯通高校教学各个环节始终。与此相呼应，各学校要因地制宜地开展丰富多彩的校内实践教学。充分利用教学楼、食堂、大学生活动中心、学生公寓、操场、图书馆等校园公共空间，将社会主义核心价值观、四史教育、劳动教育、英烈楷模、优秀共产党员等思政因素化为校园环境文化的重要组成部分。

校园内的实践思政要突出学生主体，以校园内实践活动为载体，激励学生主动设计、主动探索、主动感悟，实现自我教育的育人目的。具体而言，要以高校党委牵头统一协调各二级教学单位在全校范围内实施"一院一赛""一院一品""一班一主题"等实践思政评比活动。以班级、社团、小组为单位开展模拟联合国、主题辩论赛、微电影、案例教学、演讲、历史场景模拟、知识竞赛等。上述校园范围内的实践活动直接与学生日常生活、正常上课息息相关，乃至勾连在一起。用潜移默化的方式对接学生需求，将大而广的思政理念化入小而微的具体生活，从而消弭了学生与主流意识形态之间的隔阂，促进理论认同、政治认同、情感认同、思想认同在学生心中扎根，实现实践思政在校园内的落地。

（二）学校教育为实践思政提供理论支持

人的全面素质的提升是建立在实践基础之上，脱离了实践与经验，人的全面发展便成了无源之水。目前学校教育主要以书本理论知识作为支撑，虽然是间接经验，但根源于直接经验，即来源于实践。实践活动与人的全面发展进程一致，在具体实践中，个人的理论知识得以深化，能力得以提升，身心得以锻炼，个人的能力、个性得到相应发展，社会关系也随之丰富。马克思通过分析人实现全面发展的客观规律，主张从青少年时期开始培养具备综合素质的全方位人才，提出学校教育不能脱离实践，必须与社会劳动全方位结合，与人的自身成长规律相结合，如此才能实现人的全面发展。

教育家苏霍姆林斯基曾经说过："课堂是一个人感到追求成为思想家的第一个摇篮。"[1] 课堂是开展教育教学的主要平台，思政教育同样依托于课堂渠道。学校教育旨在塑造学生正确的价值观，马克思主义认为，经济基础决定上层建筑，人们的思想观念总是受到特定的生产关系和生产力的制约。由于社会的发展与进步，学校教育已经成为人们文明进步的必经之路，甚至在一定程度上代表着一个国家的文明水平。学校教育的重要性在于培养和提高学生的综合素质水平，其包含了人的专业能力和素质涵养两个大的方面，培育和践行社会主义核心价值观是学校教育的重中之重。

学校教育是开展实践思政的重要场域。它为实践思政的革新、推进提供了智力支持。学校教育依托立体化的教学体系，采用与学生实际生活密切相关的教育教学方法，突出学校教育的针对性、亲和力和渗透力，通过向学生传授广博而专精的科学知识达到立德树人的目的。

（三）实践思政为学校教育带来育人模式新变化

实践思政促进学校教育教学课堂的改革。在实践思政教育教学中，课堂教学的模式是丰富的，基本可分为"理论课堂"与"成就课堂"。实践思政理论课堂，采取学生与教师角色互换的形式，学生成为课堂教学的主讲人，通过师生共同参与，达到探求新知、共享成果的效果。

实现思政理论课堂中有两种基本的呈现形式：一是学生代表作主题发言；二是学生们通过小组讨论表达自己的观点。实践思政理论课堂消减了物理距离，实现了师生无距离无障碍沟通，使学生真正在课程过程中吃透理论知识。另外一种为"成就课堂"，体现形式为表彰。它以实践教学报告会和报告展为平台，树立先进典型，充分发挥先进典型的示范引领作用，展示课程成果，总结评估、鼓励表彰。通过荣誉表彰的形式可以直接、有效地检验高校思想

---

[1] 《苏霍姆林斯基选集》（第2卷），教育科学出版社2001年版，第335页。

政治教育实践教学的实际效果。实践证明,颁发证书、通报表扬、塑造并宣传师生榜样模范等荣誉表彰形式,有效地增强了师生对实践思政建设中的认同,更好地增进了学生日常思政教育与实践思政的契合程度,提升了思政教育的魅力,深化了思政课建设。同时,师生可以在比较中更好地学习,在反思中成长,在竞争中学习。通过自我反思增强自身实力,增强荣誉感和获得感,实现真学、真信、真懂,进而把思想政治理论升华成自己的理想信念。

实践思政延伸了学校课堂。新媒体时代带来生活模式天翻地覆变化的同时,使思政教育面临前所未有的困扰。习近平总书记极其重视新媒体网络环境下的意识形态斗争,他指出:"在互联网这个战场上,我们能否顶得住、打得赢,直接关系我国意识形态安全和政权安全。"[1] 为实现意识形态教育和思政教育无缝相连,势必要求优化网络教育空间,加强网络意识形态教育,突出思政教育的时效性。

实践思政是互联网时代传统思想政治教育工作优势与信息技术积极融合的产物,也是中国高校思政教育因势而变的突出代表。实践思政充分利用新媒体网络系统,集中各个领域、各个平台教育资源,与学生构建网络化的实践教育体系,为学生开展网络化的实践活动。实践思政要求教育者利用新媒体时代日新月异的信息技术,利用科技进步的推动力创设多种教学情境,切入、渗透、灌输意识形态思维,从感官层面协助学生价值观念养成,促进教师与学生之间互动、沟通,实现信息共享、资源融合。既可以提升课堂的在线教育水平,丰富学习过程,又可以让学生能够适应各种情境,强化学生实践能力和学习能力。

二、社会课堂中的实践思政

作为即将步入社会的大学生,有极为迫切的提升实践能力的客观需求。实践思政恰恰可以通过社团、大学生暑期实践以及创业营等形式正确引导教育对象关注社会生活,积极投入社会实践,把从校内获得的理论知识融于实践中,用于指导和检验理论学习,从而使自身的理论实践水平能上升到一个

---

[1] 中共中央宣传部:《习近平新时代中国特色社会主义思想三十讲》,学习出版社2018年版,第220页。

新的层次,从而实现社会价值,获得社会需要的满足。

实践思政致力于在实践中潜移默化地提升学生的感性认知,强化"合理价值"输出,满足受教育者的精神需求和价值追求。简言之,实践是作为个体与社会发生社会关系的必要途径。社会教育中的实践思政体现在"第二课堂",即"社会课堂"。新中国成立之后,中国的高等教育迎来了天翻地覆的变化;改革开放之后,中国的高等教育进入新的高速发展阶段;新时代以来,中国的高等教育站到了新的历史关口,高等学校的质量与数量同步发展,大学生群体日益庞大。与此同时,学校、社会以及家庭对大学生的认知与定位也不断调整变化。这种情况下,多样化的教育场域不断涌现,社会课堂即"第二课堂"地位日益突出。

(一)社会中实践思政的表现形式

当前,依旧存在将实践思政与社会实践混淆的情况。许多研究者从教育教学的场域和方式出发,坚持认为思想政治理论课实践就是社会实践的一部分,一切的校外实践都可以归属到社会实践,甚至认为实践思政只是思政课实践的变种。上述观点无疑混淆了实践教育的本质属性,也模糊了实践思政与社会实践的区别与联系。

实践思政是以社会实践活动为主实施的与思政课程、课程思政同向同行,落实"立德树人"根本任务的一种教育形式。实践思政与社会实践的育人目标无疑是一致的,都是引导大学生综合运用所领悟的理论知识沟通国情、民情、社情完成思想升华。社会实践的涉及范围、考察对象、调研内容相较于实践思政无疑更为宽泛,因为社会实践并不是因循思政理论课课程目标,考察内容也并不要求与思政教学内容相契合,即与思想政治理论课的联系并不紧密。

实践思政的建设目标是在党的教育方针指引下将思政教育建设得有理论深度、实践力度和情感温度,把思政"小课堂"同社会"大课堂"结合起来,采用新颖有趣的教学方法和丰富的教学资源,让学生从课堂走进现实生活,聚力各领域资源,聚焦实践育人。概而言之,一切以大学生为主体开展的旨在帮助受教育者理解、吸收、内化教育者所教授的思政内容的社会实践活动均可统归于社会教育中的实践思政,包括但不限于参观考察、勤工俭学、社区服务、三下乡活动、环境保护、青年志愿者服务、法律咨询以及专业课实践实习等。

总之，实践思政在社会教育中的表现形式决定于其自身的内涵和外延，凡是符合将意识形态信仰体系内化为受教育者自身综合素质体系的社会实践形式均可纳入实践思政范畴。

（二）社会课堂是实践思政的中坚所在

社会课堂的课程模式是在原来教师为主导、学生为主体的基础上进行创新，形成了以教师、学生同为主体的形式，主要是两种形式：一是以学生为主体而展开的实践课堂；二是以教师为主体而运行保障的网络课堂，两者相辅相成。实践思政的社会课堂通过走进社会、走进企业、走入基层的方式，为学生搭建了多元化的思想政治教育平台，充分将学生带入到具有实践操作、体验的环境中，与学生共享内外统一的知识和内容，整合学习资源，提高学习效率。促进学生形成更科学的认知，了解劳动教育的内涵与外延。对提升学生综合素养、提高学生判断解决实际问题的能力、促进发展与就业均大有裨益。

可以说，社会课堂在实践思政中的地位之重要是其他课堂难以比拟的，它是整个实践教学运行的中坚所在，甚至相当程度上决定了实践思政的前途命运。实践思政的社会课堂中，师生同为社会课堂的授课主体，这便打破了传统课堂中以教师为主体、以学生为客体的灌输教育多、启发教育少的课堂教学形式，创新为以学生为主体的教学模式。在社会课堂上，由于学生切实做到了主体地位，学习的兴趣和积极性是其他课堂难以比拟的。相应的，教育成效往往也是最为突出的。

（三）社会课堂助力实践思政增值提效

马克思主义的最基本原则是理论与实践的统一。思想政治教育的教育效果体现在实践上。社会课堂把思政教育与社会实践相结合，将课堂教学融入社会实践的各个环节，通过社会实践帮助学生建立社会责任感、树立公民意识、丰富生活阅历。

随着社会剧烈变革，各种网络信息泥沙俱下，各种思潮与文化此起彼伏，客观大环境的变化直接改变了学生认识世界的方式。实践思政为学生创造机会和平台,让他们以社会人的身份参加到社会生活中,通过全流程社会实践,体会到个体与集体、个人与社会的异同,感受集体的力量、团队协作的意义,感受社会和集体的重要作用,学会感恩,提升社会责任意识。同时,社会实践活动具有复杂性、多样性,可以使学生独立思考和解决问题,进而建立理性思维模式,跨越了单纯的校内教育、填鸭式教育。大学生通过自身的社会实践,有切身的经历和体会,进而能够认识真实的社会,对自身职业选择、社会生活有更加清晰的定位。

实践思政根植于丰富多样的实践活动。在高校的思政教育中,可以将校园内的实践活动和校园外的实践活动相结合,采用案例教学、专题调研、分小组展示等形式,适应学生多元化价值的需求,增强学生认同感、尊重感、归属感。将学校内的社团活动、比赛竞赛、文体活动等校内实践,与乡村振兴调研、"大学生支教团"志愿者实践活动、暑期社会实践调研、红色文化调研等校外社会实践相结合,共同引入实践思政教育工作中,观察社会细微之处,充分调动学生参与实践活动的热情,突出学生的分辨能力、认知能力和动手能力,让社会主义核心价值与理念落实到学生的亲身经历中,提升实践思政的实效性。

另外,还可以利用当地纪念广场、博物馆、革命纪念馆、烈士陵园等场馆,营造具有影响力的实践环境。让学生切身体悟到信仰的价值与力量,消解碎片化"心灵鸡汤"带来的负面效果,破解以往实践与理论"两张皮"的困局,实现思政育人工作由理论到落地,推动思政教育内涵式发展。

三、家庭教育中的实践思政

一般而言,完整的教育系统主要由学校教育、社会教育和家庭教育三个既相互独立又紧密联系的子系统构成。三者的出发点与落脚点无疑是一致的,在教育方法和途径上也存在相互借鉴。它们定位不同,所发挥的功能与作用也不尽相同。

在教育体系中,作为初始教育、教育之源的家庭教育不可或缺。习近平总书记指出:"家庭是人生的第一个课堂,父母是孩子的第一任老师。孩子们从牙牙学语起就开始接受家教，有什么样的家教，就有什么样的人。家庭教育涉及很多方面，但最重要的是品德教育，是如何做人的教育。也就是古人说的'爱子，教之以义方'，'爱之不以道，适所以害之也'。"① 总之，家庭教育的重要性是其他教育形式难以取代的。作为一项系统性工程，开展实践思政同样离不开家庭教育的鼎力支持。

（一）家庭中实践思政的表现形式

就构建实践思政协同育人教育体系而言，家庭教育无疑和学校教育、社会教育处于同等重要地位，是破解传统"单兵作战"育人模式，寻求教育衔接的重要一环。

大学生的家庭教育必然迥异于中小学家庭教育。以往家庭教育中普遍使用的学业辅导、兴趣班必然随着受教育者迈入大学自然而然终止。即使受教育者迈入大学后，独立进入社会前依旧有相当长的时段寄托于家庭，家长的榜样作用、引导作用显而易见。家庭教育更多作为一种隐性教育力量发挥作用，家庭教育中的实践思政同样要依托亲缘和情感。此时，家长的家庭角色要由之前的哺育者、教育者转变为实践思政所提倡的引导者，双方同为教育的主体。通过"学校—家庭"双向沟通机制，遵循实践中挖掘育人元素的原则，因事施教、因家施教。可以以家庭为单位参观红色遗址、革命烈士博物馆、烈士陵园，观看红色歌剧，观看红色电影，共同开展志愿服务，有条件的可以返回农村老家亲历农耕生活，进行劳动教育等。

家长联合会制度在义务教育阶段发挥了举足轻重的作用。围绕大学生开设的实践思政依旧可以借助于此。大学生来自五湖四海，相应的原先以班级为单位依托于本地域而设置的家长联合会也应因势利导作出改变。大学生家长联合会应顺应新媒体时代潮流改革，依托于客户端聊天群、网络会议等即时通信形式参与学校教育。对于社会教育和学校教育中的实践思政形式享有知情权、监督权和参与权，由此可深度了解并参与实践思政教育教学管理活动。同时，大学生家长联合会可根据内部成员情况，围绕四史教育、劳动教育、志愿服务等，有选择地动用和实践思政密切相关的各种资源。此举既可

---

① 习近平：《在会见第一届全国文明家庭代表时的讲话》，新华网，http://www.xinhuanet.com/politics/2016-12/15/c_1120127183.htm。

以最大程度为学生丰富实践思政教育教学途径,又整合了实践思政育人资源,更深层次强化了实践思政对家庭教育、学校教育和社会教育三位一体教育模式的有效衔接。

(二)家庭教育在思政教育中发挥着举足轻重的作用

家庭是一个人的第一课堂,家庭教育主要指的是个人在家庭生活和家庭实践中所接受的教育。父母在日常生活中的有意或无意的言行举止,以家庭为单位开展的社会实践活动等,都会对孩子成长成才产生难以估量的影响。毫无疑问,家庭教育环境是塑造孩子个性的最重要环境之一。家庭教育是最初始和最基础的教育,承担着启迪心灵、引领正道、健康成人的重任。优良的家风、家教至关重要,常言道"孩子是父母的影子,有什么样的父母,就有什么样的孩子",家庭教育是孩子成长、成才的重要力量。习近平总书记指出:"广大家庭都要重言传、重身教,教知识,育品德,身体力行、耳濡目染,帮助孩子扣好人生的第一粒扣子,迈好人生的第一个台阶。"[①] 家庭教育是德育的发源地,优秀的家风为孩子的成长提供了强大的心理动力。

随着子女步入校园后,学校教育与家庭教育产生联系。可以这样讲,一个人早期思想政治教育实践是家庭与学校的合力教育。随着学生受教育程度的逐渐提高,孩子的经历不断增加,心智也逐渐成熟,逐渐形成自己的意识和独立性。尤其在上大学之后,父母教育逐渐退出教育舞台,但是从小潜移默化的家庭传承和家庭教育却刻在脑海中。家是最小国,家庭的幸福美满是个人福祉、社会进步和国家发展的重要基础。

虽然家庭教育属于启蒙教育,地位至关重要,但随着学生的成长,尤其是上了大学之后,家庭教育在思想政治教育中逐渐失去了主导地位。初、高中时期是孩子的成长叛逆期。这一阶段,家庭教育的作用尤为明显且强烈。在中考、高考时期,父母付出了极大的心血。此时,家长的作用最为突出。高考的结束、顺利升学、孩子的成年,所有父母均希望孩子成才、独当一面,希望孩子具有独立性和责任感。父母会主动退出在教育中的关键地位,给予孩子相应的自主权。至此,家庭教育的作用逐渐在孩子的成长过程中淡

---

① 习近平:《在会见第一届全国文明家庭代表时的讲话》,新华网,http://www.xinhuanet.com/politics/2016-12/15/c_1120127183.htm。

化，大学教育随之补位，并逐渐增强。

大学生在经过高考的压抑后，逐渐脱离严格的家庭教育管教，经历成年的洗礼，面对轻松自在的大学生活，极易释放自我情绪。家长也希望孩子能够适当释放压力，但大学生往往难以把握释放程度，过于放松甚至堕落，所以当家长对孩子再进行教育时，家庭影响已经微乎其微，导致家庭教育逐渐失去作用。

（三）实践思政是家庭教育与思政教育的黏合剂

在任何教育形式中，单方教育是不够的，必须要和其他教育结合。家庭教育与高校思想政治教育相结合，形成多途径、多渠道的力量，互相进行补岗，塑造并提升学生的三观和道德素养。

实践思政注重家校合作。现在信息技术发达，家长和学生联系沟通渠道的构建日趋完善。学校鼓励引导学生多与自己的父母、家人联系交流，分享校园学习生活情况。高校辅导员也需要多联系学生家长，高校辅导员可以通过打电话、家访等形式与学生家长交流，建立一个沟通交流的渠道，了解学生，告知家长学生在学校学习生活情况。

实践思政注重师生沟通。大学生的居住生活从家庭转移到大学，辅导员是大学生的第一负责人，高校辅导员应该认真、负责，密切联系学生，了解学生的动态，与学生和家长多沟通、多交流，为学校教育提供明确的方向和对策，为家庭教育提供准确的信息，家庭教育与学校教育相结合是大学生思想政治教育的关键。

总而言之，学校教育、家庭教育、社会教育三者之间存在大量交叉地带的同时依旧保有各自职责边界，以及由此带来了某些不协调现象。实践思政为三者的有效衔接提供了解决途径。在实践思政中，学校教育的"第一课堂"是实践思政的基础，属于实践思政中的理论教学阶段，在"第一课堂"中，主要形式是教师讲授，"思政课"和"课程思政"需要激发学生参与实践思政的积极性和自觉性，帮助学生明确课程目标、课程内容、课程实施等。"第二课堂"是社会实践，把理论知识融入现实生活中，锻炼提升学生们各方面的能力。同时，通过丰富课堂的教学内容，有趣新颖的教学方式，提供相关的学习资料和学习平台，系统地指导学生学习思政理论；通过已经进行的理论研究和知识积累,切实地指导学生进行社会实践,理解思政内涵;在思政理论的奠基和思政内涵的理解上,塑造学生的思政价值观,使学生在"学"中提高理论知识,在"行"中内化理论素养。实践思政构建起线上、线下、校园、社会为一体的多元化教育体系,这样环环互动、共融共促的育人路径,调动、激发学生学习的主动性和趣味性,最大程度上发挥了思政教育的育人功效。

第三节 构建大思政协同育人格局

理论与实践脱节的现实问题是当前思政教育面临的严峻挑战之一。

实践思政是打造新时代"大思政课"的重要步骤与必不可少的组成部分。实践思政理念下的"大思政课"教学,尤为突出理论性和实践性相统一的教育规律。通过探究实践过程中的思政元素,达成创新育人新模式、构建思政育人大格局的效果,将课堂理论教学与课外实践教育进行有效结合,彰显学生在思政教育活动中的主体性,增加了高校思政教学与研究的宽度和厚度,是推动思政课程、课程思政同频共振、同向同行,开创高校思政教育事业新局面的必要环节。

一、实践思政推动思政教育模式创新

随着实践思政的开展,师生同为课堂主体,即搭建"双主体"架构的教育模式,学生由单纯的理论知识的接受者变为思政思想的学习主体。学生主体身份的明确,极大地提高了教学质量、促进了实践思政的成果转化,势必对学生的成长发展路径产生积极有效的影响。

(一)突出学生主体地位

作为教育者的施教对象,受教育者必然会在实践思政的过程中接受来自教育者的影响和作用,受教育者作为客体,会在教育者的潜移默化中逐步成熟,但作为主体,受教育者也发挥其能动性特点,这是实践思政的关键。

具体表现为，受教育者在接受和转化实践思政的教育内容时的主动性和选择性。由于受教育者的家庭背景不同、成长经历不同、经验阅历积累不同，所以他们会结合自身情况有选择地接收信息。通常会选择符合个人意图和目的且喜闻乐见的内容，这就要求教育主体在设计构建实践思政的环节时要做到因材施教，合理安排实践活动，努力提升学生选择的深度和广度。

此外，受教育者在选择相关教育内容之后会进行自主认知。学生的自主认知是在认识自我需求的基础上进行的。作为能动的主体，学生能够认识到实践思政对自身的意义，能动的认知自我与世界、自我与社会之间的关系，积极地汲取对自身发展有益的因素，从而有效促进教育目标的实现。最后也是实践思政的关键，受教育主体实现教育反哺，成为具有创造性的新的教育者，这是实践思政的终极目标。学生能够遇到问题，积极分析问题，主动解决问题，善于独立思考，提升个人素养，发展潜能并能够成为新的教育者，在思政教育中构建新的教育关系。

实践思政所倡导的自主学习不仅需要强调学生的主体地位，更需要学生在彰显主体地位的基础上发挥主观能动性。倘若学生不具备学习的主动性和积极性，而是处于被动获取知识的阶段，势必难以形成新的学习模式。实践思政中的思政思想是实践与理论高度结合的产物，需要各方合力激发学生自主学习的潜能。伴随着社会生活节奏变快，大学生普遍思维活跃，情感丰富，但时常表现出不稳定的特质。因此，实践思政要联系当代大学生的人格特征，塑造他们的思想品质，把大学生的主体特征与思政教育的教学内容联系起来，增强他们对马克思主义的认同感。因此，在实践思政中构建学生自主学习模式，必须把学生的主体地位放在首要位置。

经过义务教育阶段的强化培养，绝大多数学生掌握了自主学习的技能。作为具有成熟个性和人格的社会个体，在学习活动中理性开展自主学习，对于大学生而言可谓轻而易举。伴随着大学生道德水平的提升，其政治素养也在同步增长。开展有针对性、渗透性的思政教育无疑可帮助他们解决困惑，成为他们开展社会实践的不竭内在动力。

实践思政通过制定科学合理的规划，注重学生学习兴趣的培育。大学时期是学生自主学习的最佳时期。大学生高尚的道德人格与坚定的政治信仰不是一蹴而就形成的，而是一个循环往复、磨砺的过程。只有承认并尊重个性主体，才能激发主体意识的觉醒与发展，现代社会对于个体生存环境的重视即是明证。自主学习能力是个体主动性的重要表现，它能够促使个人发展，提升实践思政的教学效果。实践思政正是以大学生个体的存在和发展为根本出发点和归宿，注重提升个体道德修养的体系。

受教育主体之所以是实践思政的关键，是由于实践思政改变了传统思政教育的思维模式。传统思政模式通常把受教育主体当作"物"，单方面且被动地接收信息。实践思政的意义在于，在思政教育的进程中，教育主体和受教育主体通过实践的中介构建起双向的桥梁，教育模式和手段不再是工具性的体现。教育主体是有温度和有深度的引导者，受教育主体则是活生生的有能动性的，两者彼此和谐共生。教育主体全程指引受教育主体理解、认同、内化理论知识，从而转化为受教育者生产、生活中的行为方式，又经过重复行为养成生活、生产习惯，再通过这种行为习惯以正能量辐射影响他人，实现教育反哺，如此，实践思政才有意义。

（二）彰显教师主导地位

亲其师，方能信其道。在思政教育教学中，教师的地位举足轻重。思政课教师任务艰巨，承担着向青年学生阐释党和国家的奋斗目标、帮助青年学生理解党的路线方针、指导青年学生坚定践行社会主义行动纲领的重任。教师是实践思政教育教学过程中的关键一环，也是决定和制约实践思政课程建设的关键因素。大力提倡学生自主学习并不意味着教师地位的削弱。教师主导与学生主体理应是辩证统一的关系。

实践思政重视彰显教师主导地位，对教师提出一系列新要求。作为具备扎实理论知识和综合素养的思政教师要按照习近平总书记提出的"政治要强、情怀要深、思维要新、视野要广、自律要严、人格要正"[1]的"六要"标准严格要求自己。

第一，实践思政教师政治要强，情怀要深。敢于旗帜鲜明讲政治，心中

---

[1] 《习近平主持召开学校思想政治理论课教师座谈会强调 用新时代中国特色社会主义思想铸魂育人 贯彻党的教育方针落实立德树人根本任务》，教育部网站，http://www.moe.gov.cn/jyb_xwfb/s6052/moe_838/201903/t20190318_373973.html。

始终装着国家与民族，推动思政理论走心入脑。教师要努力提高自身专业素养，特别是马列主义理论知识，信仰上、思想上、行动上与党中央保持高度一致。补足"精神之钙"，坚定政治立场与方向是思政教师站稳讲台的内在要求。

思政教育改革中注重教育形式的创新固然重要，但"以理服人"的教学基础必不能丢。实践思政牢牢把握"内容为王"这一教学真理，针对增强科学理论的解释力、说服力与针对性下功夫。实践思政教师要做到对学生学习规律了然于胸，以学生心中"思政专家"的身份与学生交流。教师要向学生讲清楚实践的价值取向是什么，实践的方式方法有哪些，实践的价值内核在哪里，让学生搞清楚、弄明白马克思主义的真理性。马克思主义的彻底性是经得起社会实践验证的，教师要引导学生通过实际运用马克思主义的思想要义、价值取向、基本原理解释历史与现实，指导社会实践，用实际行动做思想政治理论的传播者。

第二，实践思政教师思维要新，视野要广。坚持求新求变，革新教学方法，精心设计和组织实践教学，培育学生的实践思维。以授课老师的"教"为核心进行施教是传统课堂模式的突出特点，这种模式难免存在片面强调理论知识传递的弊端。实践思政理念下的教学模式在实现理论灌输的基础上，格外重视学生对理论知识的运用、主动学习能力的培养。教师应改进考察、考核形式，采纳过程考核、课堂展示、分小组讨论、理论知识考察等形式多样的评测手段。在这个过程中，学生积极参与教育教学互动，双主体架构开展问题研讨，双方共同营造良好的教学氛围。

在实践思政教育教学过程中，教师因地制宜，根据学生的具体情况合理安排学习任务，落实学习计划。实践思政需要教师整体掌握课堂节奏，推动学习进度。教师的主导作用还体现在协助学生培养自主学习意识，由课堂理论讲授转向学生日常学习，由面对面指导学习转向预设指导，通过阐明学习目标、任务与方法，增强学生的写作能力、使用网络和查找信息的能力。

第三，实践思政教师自律要严，人格要正。坚持言传身教相统一、教书育人相统一，坚持问道与传道相统一，对国家、对社会负责，起到模范作用。耐得住寂寞,守得住底线,经得住诱惑。教师阐释好科学理论,加强和改善教学表达方式的同时,必须弄清楚、搞明白大学生群体所关注的问题,受教育者的学习兴趣、对待社会和人生的态度以及自我认知在很大程度上决定了学习活动的成功与否。在实践思政教育教学过程中,教师要有意识地引导学生的学习动机,注意提升学生学习信心,构建和谐的师生关系。善于在日常交流中发现学生的进步,并对这种进步给予肯定和赞扬,让学生感到自己的努力没有白费,从而以更大的热情投入学习。教师还应主动寻觅学生身上的亮点,以春风化雨的形式引导学生接受教学内容,最终内化为学生的自我行动。

(三) 与思政课程、课程思政同向同行

邓小平曾指出:"工作上出现问题,往往不是哪一个人不合格或者犯了错,而是因为合作不好,形成了几套马车。"① 殷鉴不远,实践思政必须与其他课程树立共同体思维,统筹分派工作,这是打造育人共同体的内在要求。否则,思政教育将不可避免地出现各类课程互相冲突和抵消的现象,这无疑会严重妨碍实现立德树人总目标。

打造实践思政与思政课、课程思政同向同行的协同育人体系,既是做好立德树人工作的应有之意,也是新时代构建思政育人"大思政"的必然要求。实践思政与课程思政、思政课在"大思政"格局下可谓多位一体、相得益彰。实践思政理念下的"大思政",尤为突出理论性和实践性相统一的教育规律,通过探究实践过程中的思政元素,达成创新育人新模式、构建思政育人大格局的效果,将课堂理论教学与课外实践教育进行有效结合,彰显学生在思政教育活动中的主体性,增加了高校思政教学与研究的宽度和厚度,是推动思政课程、课程思政同频共振、同向同行,开创高校思政教育事业新局面的必要环节。

其一,在提升教师育人观念上同向同行。教师队伍是思政育人教育中的主体。他们是课程的组织者、建设者,更是管理人。打造协同育人格局,促进实践思政与思政课程、课程思政同向同行,首要的是协同教师群体的价值

---

① 《邓小平文选》(第 1 卷),人民出版社 1994 年版,第 332 页。

观念，塑造教师群体的责任意识、政治意识和思政育人意识。确保学生在课程中接受正确的三观教育。课程思政需要把思政教育落实到各个学科、各门课程中，传授专业知识的同时对学生进行价值引领，使教师人人讲育人，课程科科有思政。

实践思政同样需要各专业教师共同参与。实践思政中，教师处于主导地位，教育系统的发展方向、路径选择多数情况下由其把控。实践思政教师与课程思政教师、思政课程教师三方要通过加强互动，共享学生的思想资源、教学方式方法等，进一步强化思政教育共同体的组织功能，不断推动思政教育大系统的共建共享共用，发挥集聚效应。三方要实施育人共同体建设规划，制定并强化实践思政与其他课程教师的协作机制，互通有无，形成教师合力育人的长效机制，彻底释放全学科全程育人效应，以最小能量获得最大收益。

其二，在育人方法上同向同行。不论是课程思政还是思政课程，要实现育人成效"看得见、摸得着"必须依靠实践载体来落地。思政课程和课程思政运行过程中，切忌硬性灌输，仅向学生提供生硬的结论。推动教学方法创新恰恰是实践思政的显性优势之一。实践思政采取由浅入深、由表入里、由近及远的教学方法，在扎实的社会实践调研基础上，洞察社会变迁，体悟历史大势，将家国情怀自然而然地渗入教育教学的全过程，用生动的实践活动中向学生阐释中国共产党为什么能、中国特色社会主义为什么好、马克思主义为什么行。

当然，实现三者在育人方法上同向同行、交融共生的前提是必须尊重课程思政与思政课程与实践思政的差异性。但无论是实践思政还是思政课程与课程思政，均是向受教育者灌输社会主义核心价值观的重要路径，担负着价值引领的责任。要最大限度地消除不同育人模式之间的隔阂、距离，创新同向同行的育人方法必不可少。既要深入挖掘、大力推广课程思政的价值理念，也要与时俱进，按照以学生为主体、教师为主导的育人理念采取多种教学方法，涉及课堂展示、作业评价、师生谈话、具体实践活动、志愿服务等。在承认共同价值内核的基础之上，加大教学实践"请进来"的力度，加快社会实践"走出去"的步伐。

总之，要跳出传统育人模式的视野，置身于中国特色社会主义的伟大实践领域内为大学生提供全方位、立体化的思政滋养。将实践思政的育人方法转化为课程思政和思政课程可借鉴的素材，提高三者同频共振质量。

二、实践思政增强教育教学实效

（一）提升大学生马克思主义理论水平

"中国共产党为什么能，中国特色社会主义为什么好，归根到底是因为马克思主义行！"[①] 近代中国的百余年实践雄辩地证明，马克思主义是科学理论，为中国人民的政治生活、社会生活提供行动指南，筑牢信心、决心、同心的理论基底。一个国家、一个政党、一个人，只有寻觅到、拥有了坚定且科学的理论，才能达成精神上的主动与自信。因此，思政教育必须高度重视马克思主义理论走心入脑，坚持以马克思主义理论指导学生攻坚克难。

实践思政强调理论教学与实践教学互为表里，协调统一，注重发挥理论知识的引领作用与实践课堂的落地作用。实践思政理论课堂重视用马克思主义理论武装学生头脑，要让理论知识贴近他们生活实际，做到可感可触，如此才能可信。

实践思政理论课与思想政治理论课一脉相承，旨在引导大学生掌握马克思主义理论，坚定政治立场，树立社会主义信仰。信仰与实践息息相关，一个理论或概念若要成为人们的信仰，取决于人们是否在实践它，并不取决于它是否用人们的语言表达出来。[②] 信仰的确立不仅是接受相关的理论知识，而且要在实践中践行。

通过实践思政理论教学与实践教学互相配合，确保大学生在掌握马克思主义认识世界、评判世界的基本立场与观点的基础上，对照现实实践活动，解决出现的政治思想、观点及行为问题，提高辨别能力。

长期以来，高校思政教育过分注意学校和课堂教育的程序化、规范化，反而忽视了社会实践活动对大学生思想的影响。实践思政将教学内容延伸到

---

① 习近平：《在庆祝中国共产党成立 100 周年大会上的讲话》，载《人民日报》2021 年 7 月 2 日。
② 《马克思恩格斯选集》（第 1 卷），人民出版社 1972 年版，第 134 页。

校外和课外，既沟通了学生课内外教育，也沟通了学校小课堂和社会大课堂教育。

在实践思政教育教学中，学术性、政治性和现实性三者合而为一。教师负责将相关知识引入课堂，突出实践思政教育教学实效性与现实性；学生通过参与社会实践，直接感悟实践活动中的思政元素，加深对马克思主义基本理论的理解，加深对抽象理论、概念、原理的认知，更方便地理解教学内容。在这一过程中，学生认知客观世界问题的能力也得到锻炼，理论素养也得到相应提升。

（二）尊重学生个性，激发学生创新意识

实践思政对人个性的成长有着举足轻重的影响，是个性发展的重要途径。实践思政对个性发展起着导向作用。实践思政是思想政治教育与学生个体实践参与、认知相互作用的过程，终极目标是促进学生的个性发展，所以在设定一系列实践环节的过程中要尊重学生，重视培养和挖掘学生个性的良好发展，发挥好学生的主体性，包括以下四个方面：

首先，尊重学生的个性发展是实践思政的基本理念。实践思政的一个本质特点就是通过实践环节培养学生个体良好的社会生活习惯，这就决定了学生的个性发展是实践思政的逻辑出发点和落脚点。因此，尊重学生的个体真实体验、了解学生的个性特点、掌握学生个性发展动态、满足学生个性发展诉求、鼓励学生个体按照自己的意愿和判断进行选择是实践思政的基本理念。在面对激烈的市场竞争中，良好的个性表现为规避权利，充分发挥个体的能动性、创造力，培养学生独立性、开拓性、进取性和坚定性。

其次，挖掘个体的个性潜质是实践思政的必然路径。大量研究表明，人的潜能只开发了很少的一部分，大部分的潜能还属于沉睡的状态。基于此，最大限度地挖掘潜能力量，帮助学生完善自我是实践思政的必然路径。如何实现这一路径，需要充分发挥受教育者的主体性，改变传统的被动模式，构建双向互动式的平等思想政治教育，让受教育主体迸发强烈的自我实现诉求，教育主体引导受教育主体开发主体能力，培育主体素养，挖掘主体潜能，完善主体人格，增强学生重视自己未来发展的观念，实践思政立足创造和扩大人的自主发展空间，借此培养良好的主体个性。

再次，培养具有良好个性发展的个体是实践思政的核心目标。实践思政的目的是培养个性良好发展的大学生。从一般意义上讲，人的"类特征""社会特征"和"个人特征"都在个人那里得到全面而自由的发展。为了促进实践思政核心目标的实现，个性化教育的手段是实践思政需要采纳的途径，根据学生思想形成、发展、变化的不同特点和复杂多样的呈现形式，运用不同的教育方式和方法，尊重个体的差异性，并在差异性中把握一般性规律，因材施教，以达到良好的实践思政教育教学效果。

最后，培育学生创新精神是实践思政的重要任务。教师不仅要教授理论知识，还要尊重学生的个性发展，想方设法激发学生创新意识。学校要鼓励学生意识到每个人都是作为独特的个体而存在，有针对性地培养他们成为具备独立行动能力和思维能力的新时代大学生。要实现上述目的，归根结底要在施教中有意识地培养、塑造学生的动手能力与突破意识。在相对宽松的学习环境中，通过形式多样的实践教学，落实德育实践工作，整合道德教育资源，启迪学生敞开心扉，引导学生独立学习、独立思考、独立发现，进而激发学生创新意识。

现实思政教育教学中，大学生学习抬头率低、回答率低、参与率低成为常态。实践思政注意从教学内容、教学方法等方面着手，将抽象的理论知识结合丰富多彩的社会生活，尽可能地整合各种教育资源，采用多元化的教学形式、灵活的教学手段，调动学生学习的积极性，引导学生思索问题、讨论和解决问题。

"一种新思想、新观念、新理论只有应用于实践才有现实意义。"[①] 实践思政是大学生掌握一定程度的理论知识后重新了解社会的重要途径。理论知识一经掌握，只有落实到实践活动中去，被运用于解决现实问题，才能真正为大学生所用。由此而论，实践思政将是激发大学生创新精神的重要举措。

（三）培养学生的问题意识

问题意识即敢于合理地怀疑一切，问题意识能够激发学生的创造力，实

---

① 孙敬全、孙柳燕：《创新意识》，上海科学技术出版社2010年版，第67页。

践思政有利于开发学生在问题意识方面的内在潜能。"提高学生群体的问题意识,应该考虑两个方面的内容:一是关注学生的心理特点;二是关注学生思维的形成和发展阶段。"① 社会转型大背景下,新问题、新挑战层出不穷。通过实践思政教育教学,联系社会实际问题、热点难点焦点问题,引导学生进行思考,有助于激发学生观察分析能力。在实践思政教学过程中,学生发现并提出问题将是常态;老师也可以帮助学生锤炼发现问题的方法和技巧,引导学生自己提出并解决问题。

实践思政坚持以问题意识引导学生,让学生实事求是地直面问题。一方面,大学生充满好奇心,对世界的发展变化有着极大的兴趣,喜欢思考,乐于发表自己的看法。实践思政的核心在于尊重学生、理解学生、激励学生,引导学生结合社会调研实际情况参与讨论、辩论,甚至争论,为学生提出与表达观点提供窗口和渠道。另一方面,实践思政实施的过程正是教师与学生队伍集体调研,共同探讨的过程。实践思政由此也为教师提供了一条直接接触学生所思、所想、所盼、所求的渠道,让教师可以直面学生学习困惑,对于个别具有"问题意识"或极端问题的学生,教师以"一把钥匙开一把锁"的精神,围绕问题进行针对性极强的"滴灌",以思想政治理论和事实为依据靶向讲解学生的问题。

学生只是发现和提出问题是远远不够的,要解决问题还需认真调查研究,进行综合分析研判。培养学生剖析问题的过程,也是引导学生综合运用科学原理辨别是非的过程。问题意识的培养需要师生之间的有效互动,这种互动必须是一个持续的、动态的、互动的交流过程,需要避免陷入"你问我答"传统教学模式的窠臼。实践思政要求教师运用多种教学策略来激励学生,使"听"和"说"成为学生必备的课堂技能,学生要积极思考和参与讨论,在互相尊重的语境中,协力建设和谐的师生关系。双方围绕思想认识上的不同问题,相互理解、批判、反驳、论证,最终达成共识。这既是对教学资源的挖掘,又可以有效地保证教学质量,这个过程中充分展示了教师的教学智慧,学生的问题意识也在这一过程中得以增长,可谓是相得益彰。

---

① 皮亚杰:《发生认识论原理》,商务印书馆1997年版,第21页。

三、实践思政落实立德树人根本任务

大学生的人生才刚刚起步,在全面发展的过程中,必然会遇到挫折和困难,实践思政运用马克思主义思想,给予大学生勇往直前、积极探索、挑战自我、不断开发自身潜能的精神引导和磨炼。

(一) 引导学生树立正确价值观念

实践出真知,培养良好的品德,锻炼人的心智。作为将思想认识转化为自身素质的重要"转换器",实践能有效帮助大学生感悟社会主义核心价值观,实现知与行的高度统一。实践思政以践行社会主义核心价值观为依据,链接课内外教学,在实践中强化核心观念的转化,让大学生有所感知、有所认同,进而内化为全体学生的共识。

实践思政特从校内校外、课上课下中挖掘价值引领元素,可以培养大学生健全的人格,磨炼坚强的意志,进而满足人们在意志追求、心理素质、人格培养等方面的精神需要。将有力促进受教育主体进入社会后实现自我人生价值,获得精神愉悦的满足感。

实践思政课实践内容的设计应主要围绕以下主题展开:一是学习传统优秀文化。教师带领学生挖掘中国传统优秀文化的思政元素,感受中国优秀传统文化的价值意蕴、家国情怀,更新学生对中国传统优秀文化的认识,丰富思政教育内涵。二是学习红色文化。众所周知,中国共产党带领中国人民在革命、建设和改革过程中孕育了红色文化,凝聚了崇高的价值理念,是开展思政教育的有效载体和资源宝库。三是接触社会公益事业。公益文化是一种特有的文化形态,彰显了人类社会的文明与进步。积极开展公益文化实践,可以激励学生的文化自觉性,培养文化创造力。四是体验改革创新文化,感悟改革开放以来的伟大成就。改革开放 40 余年的历程,也是中国共产党探索、培育和实践社会主义核心价值观的历程。体验改革创新文化是引导大学生把握时代脉搏的正确途径,大学生只有深入观察改革开放 40 多年来中国经济、社会、文化发展的翻天巨变,体验中国走向世界、锐意进取、积极探索的奋斗历程,方能深刻感受改革实践的磅礴伟力。

第一,设立并采纳一系列规范化的教育仪式。习近平总书记指出:"要建立和规范一些礼仪制度，组织开展形式多样的纪念庆典活动，传播主流价值，增强人们的认同感和归属感。"[①] 实践证明，这是实现德育教育的一种行之有效的手段，旨在借助现场氛围营造凝聚集体意识，树立共同价值追求，激发情感共鸣。实践思政要善于运用各种规范化教育仪式，给大学生营造一个陶冶人心的校园文化环境，提供一条升华价值观念的提升路径。

在社会活动层面，依托当地纪念广场、博物馆、革命纪念馆、烈士陵园等文化场馆，在重大历史事件节点、名人生辰纪念日、革命纪念日等，有针对性地组织学生积极参加纪念仪式活动，激发学生的使命担当，增强民族凝聚力。在礼仪规范方面，应建立常态化机制，按照现代文明的要求，通过传承传统习俗、社交礼仪、民族服饰和规范文明语言，建立和完善包括网络空间在内的公共场所礼仪、礼貌规范，彰显中国传统礼仪文化的时代价值。

第二，在特定情境中去感悟核心价值观。一般来说，一个人对事物的认知总是与相应的情境相关联的。在情境体验中，不仅可以加深对客观事物的认识和理解，而且可以起到升华内心情感的作用，引发思想的共鸣，发人深省。因此，情境体验十分适合核心价值观教育，可以有效促进人的个体需要的满足。实践思政通过营造情景交融的社会情境，使大学生对社会主义核心价值观有更真实、更共情的感受。教师在进行具体的教育教学中，可以开展形式多样的精神文明教育活动，协助营造互帮互助、乐于奉献的课堂氛围。此外，有启示意义的文娱活动也在实践思政实施之列。

第三，在社会调查中领会核心价值观。实践思政不仅是一种教育理念，还是学生深入社会、观察社会转型、体验社会发展日新月异的一种途径。实践思政采取社会调查的方式开拓教学渠道，可以充实教学内容，升华实践思政教学的价值意蕴。实践思政通过社会调查的方式丰富了立德树人的内涵：首先，经过一系列社会调查，学生在实践中深化理论知识的掌握程度，了解社会的需求，明确社会责任，实现了理论与实践的对接；其次，学生以第一视角观察中国的变迁，感受改革开放以来在中国共产党领导下中国人民取得的辉煌成就，真正领悟国富民强的现实价值，强化与人民群众的血肉联系；

---

① 习近平：《把培育和弘扬社会主义核心价值观作为凝魂聚气强基固本的基础工程》，载《人民日报》2014年2月26日。

最后，寻觅到个人人生价值的落脚点与归宿，"要在奋斗中摸爬滚打，体察世间冷暖、民众忧乐、现实矛盾，从中找到人生真谛、生命价值、事业方向"。①

（二）提升学生运用理论解决社会实际问题的能力

近年来，由于科技的发展和新媒体的广泛传播，相对单一刻板的课堂教学模式受到极大冲击与挑战。知识途径日益多样化，多途径全时段学习成为可能。与此同时，伴随着学习渠道的增多，学生们接触到的社会信息良莠不齐，总体质量难以保障。如何使学生以正确的态度面对，用科学的理论分析，继而活学活用理论去解决社会生活中的实际问题，成为思政教学的一项重要任务。马克思主义作为一种理论，势必需要经历一个学习—领悟—内化的过程。这个过程会受到各种外界因素的影响，可能来自政治、经济、文化各个领域，这便决定了这种转化是无法完全在课堂中完成的，而是需要丰富的社会实践经历。在实际教育教学工作中，实践思政可以做到既能帮助学生在实践中加深对理论的认识，又能反向提高学生理论学习的效率和能力。

其一，实践思政能够促进学生开展研究性探索，提高分析和判断具体问题的能力，在增强学生的社会责任感方面具有得天独厚的优势。在实践思政教育教学过程中，传统的老师讲授—学生听讲的模式发生了根本变化，它以适应大学生的思想规律为原则开展现场教学，直接以现实环境为课堂，直面现实困境，聚焦现实问题，引导学生以个体身份独立思考解决方案。

其二，实践思政以思想引导的方法使大学生意识到自己的物质利益诉求，增强其积极性。通过实践行为设计等环节，有意识引导大学生为自己的物质需要目标去争取和奋斗。人除了自然性的物质需求以外，还有意识性的精神需求，相较于物质需求的驱动，精神需求的驱动是人不同于动物而又超越动物的需求。"人的精神需要是在物质需要的基础上得到满足，通过社会实践形成了精神适存需要、精神发展需要、精神完善需要。"② 在实践思政

---

① 习近平：《在纪念五四运动100周年大会上的讲话》，载《人民日报》2019年5月1日。
② 骆郁廷：《精神动力论》，武汉大学出版社2003年版，第89页。

育人过程中,通过最大限度地满足大学生的精神需求,可以激发受教育主体的自觉和能动行为,使其感受到尊重感、归属感、角色感。以此激发精神活力,促进个体实现自我价值。人是现实中的人,是在具体社会中实践的人,因此除物质和精神需求外,融入社会、维持和推动社会有序发展,是社会性的需要。

(三)提升大学生综合素质

实践思政是高校思想政治工作的重要形式。在实践中进行思想政治教育如何深入大学生内心,如何帮助学生解答人生实际命题,立足于人的需要是根本,考量人的需求可以优化实践思政的育人效果。实践产生了认识,最终还要在实践中检验认识。

实践思政对大学生的个性发展起着激励作用。它的激励作用主要在于通过榜样的示范作用,以先进事迹、先进精神为范例,与学生产生共情,有意识地提高思想觉悟、政治觉悟和道德品质。树立英雄,树立榜样使个性发展具有方向,为良好个性的培养和发展提供精神源泉。

当代的大学生广泛利用互联网进行交流和参与社会,往往可以接触到最新的事物。传统"一刀切"式的教学模式与大学生日益活跃的思维世界逐渐脱节,大学生所倾向的是直观且生动形象的教学方式,喜欢切身的参与感,去主动获得知识,而不是被动地接受知识。实践思政正切合了学生们的愿望,通过转变教师和学生之间的角色,让学生成为主角,引导学生从实践中吸收养分,锤炼学生的逻辑思维和主人翁意识。让学生敢于发言,表达自己的观点,那么学生在实践中可以获得比传统课堂更直观的学习体验和更加丰富的社会资料。通过在实践中聚焦尖锐的热点话题,可以加深同学们对抽象和晦涩理论的理解,引导学生主动发现问题,全面分析问题,进而亲手解决问题,在亲身经历中感受社会责任,从而提高大学生承担社会责任的意识。

实践思政还要积极考量构建符合大学生成长发展需要的教育内容。可将大学生关注的就业、考研、感情、未来发展等问题有机地纳入实践思政的视野。善于将大学生在日常生活中获得的知识信息和自身体验加以理性思考,如此思想政治教育工作才能深入人心,建立起递进式的实践体系。马克思强调人的需要具有层次性，因此实践思政设计也要依据教学对象的专业、年级等特点，把握大学生发展需求的层次性，有序、有效地安排实践教育要素。着重关注大学生内心世界的培养，力求完善实践思政教育的层次性和递进性，达到良好的育人效果。

大学生在社会实践中所取得的成果要回归到理论课堂中来，实现从课堂到现场再到理论的飞跃。"思想政治教育的根本目的是提高人们的思想道德素质，促进人的自由全面的发展。"[①] 让社会实践活动的成果回到课堂中去，这一教学设计的用意是明确教学任务，为学生营造良好的自主、自发、自觉学习氛围。在实践思政中，任务驱动下的学生必须主动去研究那些未知的事物，这可以充分调动他们的思维，促使学生将所学所想整合起来，进而激发学生蕴藏的创新能力。在经验分享环节，学生也能像老师一样进行总结，获得为他人贡献的获得感和成就感，进一步激发学生积极参与的热情和动力。

实践思政可以加深学生对理论的理解和体会，从而更加熟练地掌握和运用知识来解决实际问题，促进学生积极动脑思考，主动张口表达，亲自动手实践。思想政治教育教学的基本要求是提升大学生的素质，大学生素质的培养主要体现在创新意识和思辨思维上。因此，要使同学们在掌握马克思主义基本理论的基础之上，通过实地调研、校外基地拓展等实践教学，可以提高同学们的语言表达能力，分工协作水平，增强责任感与自信心。此外，还可以在思想道德教育中，引入名篇名曲进行研习，从中插入经典事例，这样既可以提高学生们的学习兴趣，又可以培养学生的文艺鉴赏水平，从而进一步提高学生的综合素质。

大学生合理的物质需求在受到主客观条件的限制暂时无法得到满足时，通过实践思政的精神鼓励可以进行安抚和补偿，实现心理平衡的目的。实践思政还可以通过政治教育、思想引领、道德培养来提升受教育主体的政治素养与道德水平，为大学生参与政治生活、经济生活和文化生活做铺垫、打基础。

---

① 陈万柏、张耀灿：《思想政治教育学原理》，高等教育出版社2001年版，第79页。

第四节　坚持实践思政教学改革六项原则

实践思政的教学改革原则贯穿于实践思政教学的全过程，对思政教育教学具体课程的设置、教学内容的组织、教学方法的选择和教师素质的提高具有重要的指导作用。实践思政教学改革原则是结合具体教学目标和教学规律拟定的关于教学工作的基本要求，是对思政教学改革活动本质特征和内在规律的认识，是保障教学改革进程有效性的准则。

一、政治性与科学性相结合

政治性与科学性相结合的原则是指在实践思政教学过程中既要体现政治性，又要体现科学性，这体现了思政教育的特性是思政教学改革首要原则。

实践思政的政治性原则是思政教育鲜明的特征，思政教育强调党性教育和意识形态教育，具有极强的政治性。实践思政的目的是对大学生进行思政教育，通过社会实践提高大学生的思想觉悟，热爱祖国，热爱社会主义，拥护党的方针路线，保障其人格品行不断进步。实践思政的科学性原则体现在实践是真理的来源，也是检验真理的唯一标准，通过社会实践活动可以让学生更加清晰地认识马克思理论的真理性、正确性和规律性，真正将思政教育入脑入心，科学地实现预期的思政教育目标。

政治性原则是实践思政的方向与灵魂，科学性原则是实践思政发展的基础和血肉，两者有着协调且不可分割的关系。政治性原则需要依靠科学性原则实现，偏离了科学性原则，实践思政的政治性原则往往也很难有效落实。而科学性原则也需要以正确的政治方向为基础，偏离了政治性的实践思政其科学性原则就难以实现思政教育的核心目标。在实践思政教学场景中，更需要辩证的政治性与科学性这两项原则。

实践思政的政治性与科学性有机结合，是实践思政的内在要求而不是人为捏合。实践思政是以马克思主义理论为基础，其本身具有极强的科学性；实践思政的具体实施过程中，需要贯彻科学性，就必须坚定不移地落实政治性，使实践思政的政治性和科学性协调统一。"科学越是毫无顾忌和大公无私，他就越符合工人的利益和愿望"①，只有建立健全实践思政的教学方式方法才能帮助学生更好地理解和掌握思政教育教学内容，实现实践思政政治性与科学性的有机结合。实践思政教学方法的确定必须根据学生的实际情况、教学内容、教学硬件设施等进行选择，不同地区、不同专业特色、不同硬件条件的高校，在实践思政教学方法选择的过程中要随机应变。实践思政教学方法的选择不可能有统一的标准，要充分考虑学生的接受程度，选择有利于学生正确世界观、人生观、价值观形成的社会实践活动，才能有利于实践思政的开展。

二、思政教育与专业教育相结合

实践思政不仅可以承担对大学生进行思政教育的任务，同时还能承担对大学生群体传播科学知识、培育综合素养的专业教育任务。实践思政通过多种措施增进思政教育和专业教育的协调性，在教学进程中帮助学生掌握专业理论知识的同时，对学生开展思政教育，提升其道德修养与政治觉悟。思想政治教育与专业教育的关系既不是一种平行的形式，也不存在分先后、分阶段进行，事实上，二者是一个有机的整体。如果只开展专业教育活动，很难有效地处理学生的各种思想问题，也很难增强学生的自主性；如果只进行思想政治教育，往往会陷入空洞的说教，不仅缺乏理论的说服力，也难以有效处理各种专业问题，难以提高学生的求知欲。

高校教师在讲授专业知识、专业技能的同时，还需要向学生传授马克思主义思想，拨开困扰与迷惑大学生的思想迷雾，提升大学生自觉抵制各类错误思想侵袭的意识。实践思政将思政教育与专业教育有机结合，通过社会实践在传授科学知识的同时，引导新时代大学生群体践行马克思主义，在实践的过程中将大学生的政治品德与专业能力实现充分的融合。实践思政教育教学工作坚持思政教育与专业教育的协调需要尽可能规避两类问题倾向：一是片面开展思政教育工作漠视专业教育的问题，将实践思政教学打回空洞的理论灌输；二是片面开展专业教育工作漠视思政教育的问题，将教学视为简单

---

① 《马克思恩格斯选集》（第4卷），人民出版社1995年版，第258页。

的专业知识传递以及能力培养，淡化了思政教育的主题。

这对高校教师提出了更高要求，实践思政的特殊性会影响教学过程，一方面需要有效应对"知"和"不知"的冲突，同时还需要应对"信"和"不信"的矛盾。"知"与"不知"之间的冲突更易应对，重点需要应对"信"和"不信"之间的问题。学生了解理论的内容，但并非必然相信其真理性，若是无法发自内心地相信理论内涵，理论就无法实现对行为的指引效果，若"知而不行"，"知"也毫无价值，对实践思政来说是失败的。因此，实践思政教学改革是正人先正己的教育教学过程中，教师的行为举止、风度气质都会对教学效果产生很大的影响，作为大学生群体的学习对象，高校教师自身首先要做到行为示范、以身作则。优秀的教师往往凭借自己的高尚境界和魅力为学生提供积极的激励，成为学生成长过程中的楷模。教师一直被称为"灵魂的工程师"，教师在精神层面上对塑造学生的灵魂承担着关键责任和使命。实践思政的推广也将有助于高校教师时刻严于律己，激励高校教师持续提升自身素养，特别是思想政治素质和道德修养。教师只有坚定不移地信仰与实践马克思主义，才可实现理想的教育引导效果，实践思政才可实现理想的教育实效。

三、显性教育与隐性教育相结合

实践思政要贯彻显性教育与隐性教育相结合的原则，充分发挥显性教育和隐性教育的优势，共同提高思政教育实效。实践思政的显性教育要尽可能开发隐性教育资源，增强整体教育水平，进一步提高整体教育效率。实践思政的隐性教育需积极推进社会调查、开展相关参观访问、推进教学实习等形式多种多样的社会实践活动，有效开发各式各样的社会资源，大幅度强化思政教育活力和教学效果。

隐性教育相较显性教育来说，具有更广的教育维度，同时也是显性教育之外其他各类教育的统称，实践思政的隐性教育内容和教育手段都显著丰富于显性教育，表现出更强的辐射力和渗透效果。实践思政的隐性教育通过各类社会组织、团体和媒介，关注环境对教育的影响与熏陶作用。社会信息化、网络化发展不断加速，隐性教育对思政教育的影响和传统的显性教育相比有着更大的优势和更强的影响力。实践思政推动思想政治教育的完善需要遵循显性教育与隐性教育的充分协调，培育新时代大学生一方面需要通过显性教育，将思政课的理论学习作为核心目标与着眼点，另一方面也需要充分运用隐性教育，实现思政育人的核心任务。

四、理论性与实践性相结合

实践思政需要坚持理论性与实践性相结合。教师在课堂上的首要任务就是需要给学生系统地讲解所要学习的理论内容，这是让学生掌握理论知识的前提和基础。给学生灌输先进的理论知识能够直接提高大学生的认识能力和认识水平，完成基础的教学目标。在理论学习过程中，学生运用理论解决问题的能力并没有得到彻底锻炼，这便需要教师积极推进实践教学活动。开展实践思政教学工作要坚持理论武装与实践育人的结合，依托多种多样的社会实践活动灵活运用马克思主义理论，敦促新时代大学生在社会实践中完成理论向实践的转化。

实践思政的理论教学与实践教学有机结合，依托多样的社会实践活动，选择恰当的教学手段，帮助学生更轻松、直观、准确地理解理论教学内容。不同年级、不同专业的大学生在心理需求、思维方式、知识水平等方面存在一定的差异，实践思政的实践教学环节引领学生离开课堂，进入更广阔的天地，接触相关专业人员、社会和自然环境，依托多种实践模式，教师带领学生积极参与到社会主义现代化进程中，帮助大学生真正了解基本国情，认清自己的社会责任，培养大学生的爱国主义精神，让学生通过实践真正提升思想政治素养。事实证明，单一的理论教育或单一的实践教育都是不正确的，没有理论知识作基础的实践教育很难得到应有的实践效果，空有理论却不实践也将失去理论的意义，失去实践教育的理论知识也注定难有创新。只有将实践思政的理论教育和实践教育有效结合，才能够保障大学生的思政教育教学质量。

实践思政的建设既需要提高教师的教学能力，也需要形成一整套教学机制。一方面，理论教学部分要求高校教师在教学过程中投入更多的激情，这需要加强教师的信仰教育，只有自身对理想信念坚定不移，才能够将"理与"情"连接起来，才能将枯燥无味的理论以饱满的激情传递给受教育者，教师的情感投入在实践思政教学过程中非常重要。另一方面，实践教学环节是实践思政的核心，也是将理论教育转化为实际行动的重要一环。将实践教学落到实处必须建立起一套完善的教育教学机制，形成完善的教学计划、教学大纲，规定好学时学分，有的放矢地将理论与实践紧密联系在一起，严格落实实践教学设计，系统考评实践教学结果，才能通过实践思政将思政教育落到实处。

五、主导性与主体性相结合

实践思政需要坚持教师主导性与学生主体性相结合的原则，教师是实践思政的主导，在实践思政实施过程中具备主导性作用。实践思政教育教学改革中，教师所具备的主导性特点表现在：首先，作为实践思政教学活动的组织者、主持者，教师在实践思政中承担着具体实施和课程规划设计的责任。其次，教师在思政教学实践中扮演着导向者的角色，对于教学方向的把控发挥着重要作用，严格遵循政治性与科学性原则，不断更新教学内容和方法、引导学生学习理论的同时，及时纠正学生在实践过程中出现的思想偏差。另外，教师作是学生学业成长的重要引导者，在开展教学活动的过程中，不仅应当引导学生在专业技能上不断进步，还应积极推动学生思想品德的快速成长。高校教师应运用科学的教学方式引导学生保持积极的学习态度，成为保证大学生健康成长的重要指引者，帮助学生在实践的过程中实现自己的个性化发展，成长为社会需求的现代化人才。学生是实践思政的主体性，在思想政治教育教学过程中是独立自主的个体，有着自主性、主动性强的特征，实践思政是在教师引导的基础上由学生主动推进的实践教学活动，在实践过程中实现理论内化的教学目标，从而让学生自己以正确的世界观、人生观、价值观指引自身发展。

在实践思政教育体系中以教师的主导性为基础，尽可能地发挥学生在实践教学阶段的主体性，激发大学生群体开展自主研究和创新性的学习活动，在实践中更好地掌握实践思政的教学内容。实践思政教学场景中，教师和学生都是思政教育的主体，教师是教学和传授的主体，学生是学习和接受的主体。教师作为教学过程中设计、组织和促进的主体，在整个实践思政教学活动中具有重要的主导作用。

学生是教师的主要教育对象，同样也是教学的客体，其思政水平的提升需要依靠教育。但学生并不是消极与被动地配合教育，而是具备主观能动性，可以对教学内容自主选择、体验、接受。通过分析可以发现，实践思政的开展充分体现了学生的主体性，实践思政需要师生共同深度参与，师生在开展社会实践的过程中形成了一个整体系统，并在社会实践中实现了有机互动与融合。没有教师对学生在实践思政中的主导作用，学生很难在实践思政中主动将理论知识运用到社会实践中，理论学习就不能实现对实践活动的有效促进，只有学生的主体性作用与教师主导性作用均充分融合，才能保证实践思政教学活动的理想教育效果。

大学生有无穷的创造力，渴求知识并且希望积极地进行表达。在实践思政教学中，教师要充分尊重大学生的主体性地位和作用，革新思政教学思想和教学方法，充分开发大学生群体在思政教育中的主体性，对高校思想政治教育实效性的提高具有重要的意义。

其一，大学生群体的主体意识能够通过思政的社会实践活动得到有效激发。人对于主体地位、能力以及价值会产生特殊的自觉意识，自主、能动以及创造性在实践学习过程中能够有效地表现。通过大学生群体塑造正确思想，持续提升综合素养，思政教育的相关内容才会被大学生群体所接受与内化，大学生的主体性才会有效充分地发挥。作为认知和实践活动的主体，大学生会对自己的主体地位、主体能力和主体价值形成自我意识。思想政治教育被大学生接受并主动内化需要其自我意识水平的不断提高，实践思政教学过程强化了大学生的自主性、主动性和创造性，更好地激发了大学生群体的主体意识。

只有引导大学生不断提高自我意识水平，思想政治教育才能被大学生所接受和内化。

其二，实践思政高度关注大学生主体性地位，这要求高校教师在开展教学活动的过程中要与学生建立平等且互相尊重的新型师生关系，转变传统的唯"师"命是从的旧观念。实践思政教育体系下要求教师在实践教学的过程中对学生进行多维度启发和引导,充分将实践体验与所学知识有机结合起来。

其三,实践思政有助于增强大学生的主体能力。对于大学生而言,主体能力是他们应对各种困难的动力源泉,实践思政着力通过实践发展大学生坚定的信念、奋发图强的精神以及坚强的意志,实践思政能够帮助大学生形成独立、理性、自由的人格,这是实践思政的重要价值。

六、灌输性与启发性相结合

实践思政需要坚持灌输性与启发性相结合。灌输性教育是指在教学场景中,依靠灌输理论教学内容帮助学生掌握各类理论知识、政治观点的教学方式。启发性教育是指学生依靠教师的教学引导,通过积极主动的自主学习实现对理论的理解和认识,进而自觉形成个人的专业素养和行为习惯。实践思政教学改革过程中,贯彻灌输性教育与启发性教育相结合原则就是在教学体系中充分发挥教育者的主导性,同时还需要关注如何通过多种方式刺激学生积极开展启发性的教育,实现灌输性教育和启发性教育有效地融合,以实现实践思政的预期教学目标。

在传统的思政教育方式中,教师往往认为学生对于知识的获取量随着传授量的增加而提升,教学效果越理想。但事实上,此类做法通常难以实现理想的效果,这主要是因为学生很少有时间独立思考。实践思政更为关注启发式教育,对新时代大学生而言,提升学生主动参与学习的积极性首先要从需求层面激发学习需要,帮助其发现自身所存在的短板,认知所掌握的理论知识的实际意义。实践思政教学改革不仅要求教师需具备扎实的专业理论基本功,还需要通过社会实践活动培养学生的学习积极性,帮助大学生确认所学知识的必要性和现实意义,引起学生的学习兴趣。

对于实践思政而言,实现教学目标需要处理好"认知"与"不认知"的冲突,以及"认知"与"行动"的冲突。在教师的引导和帮助下,学生能够接受理论的概念和行为规范,但如何将理论知识转化为自己的个体意识,并让学生们自觉地把这些要求作为自己的基本价值观和行为准则是需要通过启发性教育完成的。"认知"与"不认知"的冲突也可以在启发式教育中得到较好的处理。学生在实践过程中可以实现思想向行为的转化，行为的多次产生会推动形成养成良好的行为习惯，达到理想的思政教育效果，"认知"与"行为"的冲突也能得到有效解决，这个过程是一个外化的过程。

内化与外化之间的关系是辩证性的，对于外化而言，内化是基础和前提条件，没有内化就很难实现理论知识的外化。外化是内化的基本和归宿，没有外化内化就会失去价值。学生理论知识的内化和外化是实践思政非常重要的两大环节，也涉及了非常复杂的思想转化关系。教师需要通过多种教学方式帮助学生实现理论知识的内化与外化，同时还需要教师充分发挥组织、引导作用，学生在这一过程中也需要充分开发自身的自主能动性，即实践思政既需要有教师深入浅出的灌输性教育，也需要有学生深度参与的启发性教育，才能实现实践思政的灌输性和启发性原则有效融合。

第五章

高校实践思政教育的内容和功能

教育是通过引导个体认知和体悟人类文明和社会文化,对个体的身心发展施加影响,促使其获得社会化发展,进而又反作用于人类社会的一系列实践活动。作为教育功能的客观基础,对教育本质的这一表述归纳了教育、人和社会之间的复杂关系,也概括了教育的两方面基本功能,即对人的发展功能和对社会的发展功能。教育的社会属性多元导致教育功能的多元:首先,教育具有阶级性,教育存在于不同社会形态下,柏拉图主张教育的最高境界是培养"看见善"且达到了德善高度的"哲学王",哲学王统治国家[1],中国的《论语·子张》中提倡"学而优则仕",可见教育具有培养社会治理人才、培养合格公民、传播政治意识的政治功能;其次,教育具有经济性,将潜在的和可能的劳动力转化为现实的和直接的劳动力,是劳动力再生产的重要手段之一,教育通过创制、涵养、传承和革新科学文化知识,创造生产力,支持经济建设和发展,作为新的经济增长点,以教育产业的自我运营直接推动经济增长,这是教育的经济功能;最后,教育具有文化性,教育和文化互相包容、互相依存、互相促进,是具有天然和内在联系的手段和目的,教育具有文化传承的作用,具有文化识别和筛选的作用,更兼具文化更新和创造功能,这些都是教育的文化功能。

新时代,实践思政成为践行马克思主义实践观、落实习近平总书记对思政教育知行合一要求的重要实现方式和途径,实践思政教育教学也是国家和

---

[1] [古希腊]柏拉图:《理想国》,郭斌和、张竹明译,商务印书馆1997年版,第272页。

教育部深化课程改革、落实立德树人根本任务的要求。思想政治教育的主要功能在育人，育人的功能是直接的，社会性功能是间接的，实践在思想政治教育中之所以能起关键作用，体现在实践活动是个体与社会的互动过程，也就是连接个人与社会的过程中充分发挥个人的自主性、能动性和创造性，从而实现实践教育教学的个体发展功能和政治、经济、文化等方面的社会发展功能的融合统一。事实上，要想将实践思政的产生和演变作为一个独立的整体进行分析，并将其内部逻辑清晰呈现，剖析实践思政育人的功能性是个重要的切入点。

第一节 激励与引导：凝聚大学生价值观念共识

所谓共识，是指多个价值主体之间通过相互沟通和交流从而对某类价值或某种价值的合理性达成一致的意见。罗尔斯（Rawls）在《政治自由主义》一书中诠释了"共识"的概念，他认为"社会统一之本性是通过稳定的诸多合乎理性的完备性学说之重叠共识所给定的"[①]。虽然现代文明社会的重要特征之一就是价值观念的多元冲突，以人的依赖关系和以物的依赖性为基础的社会形态在社会转型时期相互交融，但是在人类自我创造和颠覆的过程中，一元价值和多元价值相伴相生，人们从未停止对于价值观念共识的追寻。从某种程度上说，社会的统一和稳定永远需要不同观念之间、不同认知之间寻求尽可能多的重叠性共识。[②] 实践思政正是通过引导大学生在能动地创造和探索现实世界的一系列社会性活动中形成合乎理性的价值观念。

一、实践思政中的世界观教育

马克思、恩格斯对于费尔巴哈直观唯物主义的先天弱点持有"种种批判性的保留意见"[③]，并在批判的基础上完成了重要的哲学革命变革，构建

[①] 罗尔斯：《政治自由主义》，万俊人译，译林出版社2000年版，第45页。
[②] 陈新汉：《哲学视域中社会价值观念的共识机制》，载《哲学动态》2014年第4期，第32页。
[③] 《马克思恩格斯选集》（第4卷），人民出版社2012年版，第222页。

了辩证唯物主义。新唯物主义是马克思以实践为中心创设的全新的世界观，马克思在《关于费尔巴哈的提纲》中对实践做了科学的阐释，马克思主义实践观认为，实践既是人的思想形成和发展的基础，也是检验人的思想是否正确的标准。实践作为新唯物主义理解和感知世界的首要的、第一性的观点，认为应被贯彻到自然、历史和人生等一切领域。实践是生产的劳动，人之所以是人不在于他们自然属性的共同性，而在于生产劳动是人共同的本质。撇开了受教育者与社会的关联和互通，任何教育方式都将是唯心的。

众所周知，马克思唯物主义理论创立了两个关于自然界、人类社会和思维发展的最一般规律，就是辩证唯物主义和历史唯物主义。实践思政贯彻辩证唯物主义教育理念，主要通过帮助学生掌握和理解辩证唯物主义的基本观点，引导学生在遵循客观规律的基础上充分发挥主观能动性，用全面的、联系的和发展的眼光透过纷繁复杂的社会现象认识世界的本质和内在逻辑。比如深刻体悟中国共产党为什么"能"，马克思主义为什么"行"，中国特色社会主义为什么"好"，正确、客观地理解和解决现实社会中存在的问题，切忌形成孤立的、片面的、静止的思维方式。坚持"两点论"和"重点论"的辩证统一，避免形而上。大学生在实践的过程中要统筹兼顾矛盾的两个方面，看问题、办事情，既要全面，又要善于抓住重点和主流，切忌不分事物的本质与现象，不分矛盾的主次方面，不分问题的主流支流，不分事情的轻重缓急，眉毛胡子一把抓。实践思政也同时贯彻历史唯物主义教育理念，在实践体验中，教育学生正确运用唯物史观分析历史现象和历史人物，挖掘社会发展的根本原因，包括社会存在与社会意识的关系、生产力与生产关系的相互作用、经济基础和上层建筑的矛盾运动、不同人类社会阶段的发展历程等历史唯物主义的基本现象和基本观点，也包括不断发展变化的历史唯物主义的范畴和规律。

二、实践思政中的政治观教育

政治观教育的第一个方面是使受教育者体认当前中国基本国情，毛泽东强调："认清中国的国情，乃是认清中国一切革命问题的根本依据"。[①] 国情

---

① 《毛泽东选集》（第2卷），人民出版社1991年版，第633页。

是需要通过实践的观察和个体的体悟才能得出,是关于那些对社会和经济发展起决定作用的基本的和首要的发展要素和限制因素,是影响我国长远发展的总体特点和基本轮廓。中国当下的基本国情是仍处于并将长期处于社会主义初级阶段,要帮助受教育者在实践中归纳社会主义初级阶段的科学含义,概括社会主义初级阶段的基本特征,做好接纳社会主义初级阶段的长期性的心理准备。深刻认识国际化、市场化、工业化、信息化、城镇化深入发展的新常态和新任务,精准和客观地把握经济体制深刻变革、社会结构剧烈变动、利益格局重大调整、思想观念革新过程中的新课题和新矛盾。

政治观教育的第二个方面是建立受教育者对党的基本理论、基本路线、基本纲领和基本经验的初步认识。基本理论的传授就是将马克思主义、毛泽东思想和中国特色社会主义理论体系作为我党的宝贵政治经验和精神财富传承下去;基本路线是将坚持共产党的领导,坚持四项基本原则和改革开放,以经济建设为中心,自力更生,艰苦创业,将建设社会主义现代化强国而奋斗的指导方针作为思政教育的一项重要内容;基本纲领就是要明确中国特色社会主义的经济、政治和文化的基本目标和政策;基本经验就是将贯彻党的基本理论、路线和纲领的具体实践进行理论升华,提炼和总结中国特色社会主义建设的客观规律。

政治观教育除了要帮助受教育者了解党的基本理论、基本路线、基本纲领和基本经验的主要内容与精神实质,还要帮助受教育者坚定践行上述理念的信念和决心,引导受教育者在中国特色社会主义建设的伟大实践中不断丰富和发展它们的内涵。

政治观教育的第三个方面是建立受教育者对民族意识、民族心理、民族品格和民族气节等民族精神的认同感和归属感。要以国民意识、价值认同和公民意识教育作为民族精神教育的重点内容,将中华传统优秀文化教育和时代精神教育结合起来,科学规划社会实践内容,拓展社会实践新领域、新载体和新形式,使受教育者在耳濡目染和亲身体验中感知民族精神的强大力量。

三、实践思政中的人生观教育

(一) 理想信念的教育

理想是人们在实践过程中形成的、可实现的、对未来社会和自身发展的期待和求索。它是一个人的世界观、人生观和价值观在奋斗过程中的缩影和集中体现,是一个政党、一个民族乃至一个国家的精神需求和精神动力,是高等教育思政育人的核心内容。该项教育就是要引导受教育者树立在党的领导下走中国特色社会主义道路、实现中华民族伟大复兴的共同理想和强大信念,引导受教育者认识到中国梦的实现要靠一代代中华儿女前赴后继的共同奋斗,和不驰于空想、不骛于虚声的抓铁有痕的真章。

(二) 人生价值观的教育

人生观是人们通过实践活动所摸索出的关于人生目的和意义的理解,是其对人生道路方向、生活方式等方面的总体看法和根本观点。人生观是在生产和生活实践中产生和发展起来的,是一定社会历史条件和社会关系的产物,受人们世界观的制约,不同历史阶段和不同社会环境的人们往往人生观也不同。近代久经磨砺的中国经历了从"站起来""富起来"到"强起来"的伟大飞跃,迎来了实现中华民族伟大复兴的光明未来。漫长的历史发展中,国内外涌现了各种社会思潮并与我国社会转型期间的意识形态发生了激荡和碰撞,都严峻挑战着马克思主义居于核心指导地位的人们的人生态度、人生价值、人生目标和社会实践活动。[①] 在当下社会主要矛盾已经转化为人们日益增长的美好生活需求和不平衡发展之间的矛盾,并反映在青年大学生人生观的走向上时,应引导学生重新评估自己的实践活动是否符合社会发展的普遍和客观的规律,是否有利于历史的发展和时代的进步,是否对社会和他人有所贡献。

(三) 生命价值观教育

伟大的思想家和哲学家罗素在他自传的前序中对"我为什么活着"这个永恒的命题做了响亮的回答:对"爱情的渴望""知识的渴求"和"人类

---

① 郭聪聪:《浅析马克思主义人生观的现实意义》,载《文化集萃》2021 年第 9 期,第 38 页。

苦难不可遏制的同情心"成为他漫长一生中奋斗不息的强大精神动力。① 可见，一个人的生命存在和实践活动，是在一定的生活态度和生活理想的指导下进行的，这种指导性价值观是否正确，对个体生命质量和发展有重要影响，对社会发展也有重要的影响，因此实践思政还应该加强生命价值观的积极引导，引导受教育者学会认识生命、尊重生命、热爱生命。

四、实践思政中的法治观教育

法制规范教育、法治精神教育、法治文化教育和法治思维教育是实践思政教育中的法治观教育的主要内容。

所谓法治规范教育是通过改变教学模式、丰富教育资源、转变法治教育方式等途径，利用实践教学、探究性学习等多种模式，有针对性、实效性地开展对现有法律、法规和司法制度的教育和引导，使其具备系统和完备的法律知识，并具有实践应用的能力。② 当然伴随着大学生知识储备的丰富和成长见识的增长，大学生的观念和素质需求也逐步提高，这就需要对其进行法治精神和法治文化的同步指导。

法治精神是一种人们对既有法制体系的尊重和认同，更是一种人们对法律的信仰和笃定。作为社会主义核心价值观的重要内容之一，2020年召开的中共中央全面依法治国工作会议强调了法治精神的重要性，明确了习近平法治思想在推进全面依法治国工作中的指导地位，系统阐述了新时代推进全面依法治国的新理念、新思想和重要战略部署，也阐明了社会主义法治精神的内核，社会主义法治精神不仅是一种重要制度，更是一种为实现社会主义价值而进行的信念坚守。它是坚持党的领导、坚持以人民为中心，为中国人普遍遵守和认同的精神信仰。

法治文化教育也是大学生法治观教育的重要内容。文化是最重要的人类精神活动和产品，法治文化作为文化重要的一部分，与人治文化相对立，以

---

① [英]伯特兰·罗素：《罗素自传（第一卷）》，胡作玄、赵慧琪译，商务印书馆2002年版，第2页。
② 唐献玲：《大学生法治观教育的创新探索》，载《创新创业理论研究与实践》2019年8月第16期，第21页。

法治制度和观念结构、执法、守法等内容为基础，以民主、自由、平等、人权和公平为法律文化内涵，法治文化对法治社会建设至关重要。高校应通过不断开展大学生法治文化教育，丰富和完善大学生法治观教育。

法治思维教育对大学生法治观的引导成型也具有十分重要的作用和影响。法治思维是人们根据法治精神、法治原则和法治理念，分析问题和解决问题的一种理性思维模式。对当代青年学生进行法治思维的培养有助于引导其形成良好的法治意识和观念，加深其理解我国法治建设中法律至上、人权保障、权力制约、正当程序等法治原则如何发挥作用，教会其运用法治思维在全面依法治国背景下看待、分析和解决实际问题。

第二节 熏陶与涵养：加强大学生思想道德修养

国无德不兴，人无德不立。习近平总书记曾指出："只要中华民族一代接着一代追求真善美的道德境界，我们的民族就永远健康向上、永远充满希望。"[1] 该论述指明了我国思想道德建设的方向，重申了道德建设对于振兴中华民族和实现中国梦的重要性。

当前思政教育中的道德教育主要以理论教育为主，实际上，富有成效的道德教育应该从实践入手。从产生方式来看，道德的产生、发展和变化，根源于社会经济关系，会随着社会经济关系的变化而变化，道德在社会实践中开展，自觉内化为社会成员心中的道德观念和准则。实践的观点是马克思唯物主义历史观的历史起点和逻辑起点，马克思在他被誉为"包含着新世界观天才萌芽的第一个文件"《关于费尔巴哈的提纲》中首次明确提出了科学的实践观，以科学的实践观点跟一切旧唯物主义划清了界线。他指出，人类社会生活在本质上是实践的，这种论断恰恰暗示了道德教育应在社会实践中展开。[2] 从阶级属性来看，马克思和恩格斯均主张生活实践会让无产阶级认

---

[1] 习近平：《在文艺工作座谈会上的讲话》，人民出版社2015年版，第25页。
[2] 应宇芳：《试论人类社会的实践本质》，载《江苏商业管理干部学院学报》1999年第4期，第63页。

识到与资产阶级的不同，意识到自己在现实社会中的地位并促使他们展开思考和行动，从而逐渐内化为无产阶级的道德意识和道德品格。在《德意志意识形态》一书中，马克思再次指出："共产主义意识的普遍产生只有在革命中才能实现，革命之必需性，不仅是因为推翻统治阶级别无他法，更因为推翻统治阶级的那个阶级，只有在革命中才能摒弃身上的一切陈旧和肮脏，才能成为社会的新基础。也就是说无产阶级的思想觉悟和道德情操必须通过革命的实践才能达到，它是带有深深的阶级烙印的。"[1]

马克思对道德具体规律的阐释，论证了通过实践进行道德教育的必要性，因此，在高等教育中，必须对广大青年学生展开一系列道德意识、道德情感和道德品格的教育活动。

一、丰富思想道德情感

思想道德情感是人们建立在认知基础上的对社会中存在的思想道德观点以情感的方式作出正面或负面评价，并表现出稳定的思想道德情绪、感情和情操的过程。积极的道德情感、稳定的道德情绪、纯粹的道德情操是一个人涵养高尚思想道德的关键，这种形成过程也是最有效的强化思想政治教育效果的途径。实践思政教育过程中通常包括三种道德情感内容：直觉的道德情感，即源于对具体道德情感的直接感知而发生的情感体验；想象的道德情感，即源于对某种道德形象的想象而发生的情感体验；伦理的道德情感，即以对道德概念、原理和原则的清楚认识为媒介而产生的情感体验。以上道德情感教育会产生三种作用：评价作用，即能以某种情绪状态，表明受教育者参与的道德关系和具有的道德行为是否具有正当性和合理性；调节作用，即能以某种情绪倾向，强化受教育者对某种道德义务的认识和实践；信号作用，即能以表情、动作等情绪形式向他人传递其道德行为中积极的价值信息，或从他人的反馈情绪中了解别人对道德行为的评价。

二、磨炼思想道德意志

作为人类意识的重要组成部分，思想道德意志是人类认识世界和改造世

---

[1] 《马克思恩格斯选集》（第1卷），人民出版社1995年版，第91页。

界或者在履行道德义务的过程中自觉克服困难和排除障碍的精神武器，也是调节人的思想品德行为的精神力量。道德意志是一种心理状态，以一定的道德认知为前提，受一定的道德情感驱动，以一定的道德行为追求为归宿。道德意志不是神赐的、先验的、永恒不变的自在之物，更不是意识的、理性的、精神的派生物。唯物史观认为，道德意志是人的生产需要、社会需要和自身需要的产物，也就是人类生产生活实践尤其是道德实践的产物，因为道德意志具有实践精神的本质，所以它呈现出两组矛盾关系和特殊性：一组是展现在主体面前的道德现实关系和实有利益关系的"实然"，以及所追求的尚不存在、未有的理想的道德关系和未来利益关系的"应然"；另一组是道德意志通过一定的道德原则与规范，对自我行为的约束与控制所形成的"规范性"，以及通过一定的价值导向，把自我引向德性一方，所形成的社会示范效应的"导向性"。

实践思政就是要牢牢把握思想道德意志的实践本质，以灵活的实践形式磨炼大学生道德意志，引导学生以道德动机战胜非道德动机，排除障碍，执行由道德动机所引出的行为决定，把道德意识、道德情感转化为道德行为，形成道德品质。最终，引导其乘坐实践的舟船从"实然"之此岸到达"应然"之彼岸，充分展示人类能够按照自己的思想意志构建理想世界的主观能动性和坚定主体性，通过社会主义核心价值观的指引，将学生引向德性一方，不断超越和突破自我局限，展示人的价值与尊严。①

三、坚定思想道德信念

思想道德信念是人类在认知和情感的作用下，对某种思想道德原则、理念、规范的内心信仰，是以信念、信仰的方式维系和传承的精神状态。道德信念的实质是对真、善、美的追求和对道德规范的敬畏。

在中国历史上曾出现过很多具有明显阶级属性的道德理想和信念，比如中国古代儒家在《礼记·礼运》篇里憧憬未来世界景象："大道之行也，天下为公。选贤与能，讲信修睦。故人不独亲其亲，不独子其子，使老有所

---

① 沈永福：《唯物史观视野下道德意志本质探寻》，江苏社科规划网，http://jspopss.jschina.com.cn/shekedongtai/xueshudongtai/201808/t20180831_5657469.shtml.

终，壮有所用，幼有所长，矜、寡、孤、独、废疾者皆有所养，男有分，女有归。货恶其弃于地也，不必藏于己；力恶其不出于身也，不必为己。是故谋闭而不兴，盗窃乱贼而不作，故外户而不闭。是谓大同。"① 这是关于"大同世界"美好的道德信念和理想的描写。道家在《道德经》中说："不尚贤，使民不争；不贵难得之货，使民不为盗；不见可欲，使民心不乱。是以圣人之治，虚其心，实其腹，弱其志，强其骨。常使民无知无欲，使夫智者不敢为也。为无为，则无不治。"② 这是关于"真人"和"无为而治"的道德理性的描述。西方近代资产阶级思想家提出了"至善""幸福""自由""平等""博爱"等社会道德理念；19世纪初欧洲乌托邦社会主义者提出了热爱劳动、彼此友爱、关心公共利益等道德理想；伟大的中国共产党诞生之后，中国人民就在党的领导下在社会生活实践中和革命实践中缔造和探索美好崇高的道德境界，也取得了诸如社会主义核心价值体系和社会主义核心价值观等成果，这些信仰闪耀着美好崇高的道德光彩，也照亮了我们前进的道路，指明了前进的方向。

新时代下的大学生价值取向和道德观念不可避免地受到西方腐朽文化的冲击，这就需要我们持续引导其树立坚定的道德信仰、保持高尚的道德理想。因为道德信仰和理想教育要求改变教育方式，比之于知识传授，对"体验性"和"情感性"的教育要求更多，要克服权威自居、居高临下的理论说教，在"以理服人"的基础上"以情感人"，在大量生动、形象的"事例"及"榜样"面前感化、感染教育对象。

四、深化思想道德认知

思想道德认知是人们产生人生观、道德观、思想品质和传统文化习惯的思想基础和前提，是人们对一定社会思想道德的理论、原则、规范的认识与理解。一个人的思想意识状态达到的水准是其将思想道德规范、原则等转化

---

① 裴植、鲁德平：《大同·〈礼运〉大同·大同主义》，载《孔子研究》2015年第4期，第153页。

② 陈红兵、杨龙：《道家的"无为而治"及其可持续发展意义》，载《江苏行政学院学报》2017年第2期，第30页。

为思想道德行为的前提和基础，是一个人从事一切活动的根本动力。为了规范大学生的思想道德行为就必须先帮助其树立正确的道德认知，使其具有对道德事实判断的合理依据，树立正确的世界观、人生观、价值观，进而完成自我道德观念体系的构建或重组。

实践思政的任务和目标就是通过实践育人，理论联系实际，深化受教育者利用思想道德认知，自觉抵制不良思想，引导受教育者用马克思主义基本理论、观点、方法以及习近平新时代中国特色社会思想明辨是非，探索世界的内在联系和发展规律，包括通过大学生实践活动，深化其对基本思想道德理论、观点的认识；通过社区服务和志愿者服务加深其对艰苦奋斗精神的理解；通过对地方和乡村的实地调研和考察，了解整个社会的经济、政治、文化和生态的发展状况，了解社会主义建设的发展规律和未来趋势；通过深入爱国主义基地讲中国式故事，对受教育者进行爱国主义、民族精神和中华民族道德风尚的宣传和熏陶。

五、敦促思想道德践行

思想道德践行是指人们在生活中依照知、情、意和行的相互支配，自觉遵守一定的道德原则和道德规范而进行的个体行为和群体活动。人们的思想品德状况终究是要通过相应的道德行为才能表现出来。道德行为是人们思想品德的外化标志，实践属性赋予道德社会意义。自古以来中国教育就非常重视道德行为实践的教化，比如《礼记·中庸》中就有"博学之，审问之，慎思之，明辨之，笃行之"的说法；《礼记·大学》中的"修身、齐家、治国、平天下"更是儒家经典主张，被后世所宣扬；《墨子·修身》中也提出"士虽有学，而行为本焉"；近代教育大师陶行知先生结合国情提出"生活就是教育，不是生活的就不是教育，好生活就是好教育，坏生活就是坏教育"。① 另外，西方实用主义教育哲学家杜威（Dewey）在《学校的道德目的》一书中指出："教育者——不论是家长还是教师——的职责就是务必使儿童和青少年所获得的观念最大限度地用这样一种充满活力的方式获得，即

---

① 董宝良主编：《陶行知教育论著选》，人民教育出版社1991年版，第292、390页。

它们是指导行动的活动的观念，是动力。"①

信仰教育离不开生活实践，道德信仰的形成与强化"主要是基于生活、行为、经验和阅历，而很少出于抽象的理智的推论"②，当代大学生的道德实践必须在真实体验中获取，在个人与社会的积极互动中，在人际交往、生活实践中构建，道德实践要贯穿于受教育者的学习、劳动、课内外活动、社会活动以及日常学习等各方面。习近平总书记提出"提高道德实践能力尤其是自觉践行能力"③。2001年中共中央印发的《公民道德建设实施纲要》就提出："公民道德建设的过程，是教育和实践相结合的过程。"该纲要不但指明了道德认识的目的，也指明了道德觉悟提升的途径。思政教育者必须引领青年人紧跟时代主题、方向和使命，引导其积极践行社会主义核心价值观，明大德、守公德、严私德，做好细致小事、完成艰巨任务、履行神圣职责，以青春之我、奋斗之我为民族复兴铺路架桥，为祖国建设添砖加瓦。

第三节 提升与发展：提高大学生综合素质能力

新中国成立以来，尤其是改革开放以来，中国教育事业在改革与发展方面取得了令人瞩目的成就，但不可否认我们的教育体制、教育理念、教学方法和人才培养模式仍然相对滞后，严重阻碍了青少年的全面发展，阻碍了国民素质的整体提高。新时代新形势下，我国正处于完善社会主义市场经济体制和全面实现现代化建设战略目标的关键节点，社会主义现代化建设需要加速推进教育现代化，需要构建充满勃勃生机的有中国特色的社会主义教育的完整体系，这项工程必须以加快人的全面发展、促进人的综合素质提高和能力发展，以及社会的全方位进步作为目标支撑。

---

① 杜威：《学校与社会·明日之学校》，赵祥麟等译，人民出版社2005年版，第136页。
② 贺麟：《新儒学著作辑要——儒家思想的新进展》，中国广播电视出版社1995年版，第446页。
③ 韩震：《新时代加强公民道德建设的重要意义》，2020年01月06日，http://theory.people.com.cn/GB/n1/2020/0106/c40531-31535558.html。

那么何为"全面发展"呢？恩格斯在《共产主义原理》一书中指出："人之全面发展就是要让社会全体成员的综合素质获得极大提升。"① 何为综合素质的提升呢？早在1999年发布的《中共中央国务院关于深化教育改革，全面推进素质教育的决定》中就有过相关论述：素质教育的实施依靠德育、智育、体育、美育在教育活动的各个环节中有机地统一。文件强调学校教育不仅要从智育、德育入手，还要强化体育、美育、劳动技术教育等诸多方面的协调发展和全面进步，尤其要注重将这些教育的展开与社会实践联系在一起。2018年9月，习近平总书记在全国教育大会上发表重要讲话，准确而全面地提出了现代中国全面推进素质教育的内容和目标，他强调："在党的坚强领导下，全面贯彻党的教育方针，坚持马克思主义指导地位，坚持中国特色社会主义教育发展道路，坚持社会主义办学方向，立足基本国情，遵循教育规律，坚持改革创新，以凝聚人心、完善人格、开发人力、培育人才、造福人民为工作目标，培养德智体美劳全面发展的社会主义建设者和接班人，加快推进教育现代化、建设教育强国、办好人民满意的教育。"②

如何将上述理念和思想进一步贯彻落实到思政教育领域呢？2018年教育部发布《普通高等学校本科专业类教学质量国家标准》，提出了我国高等教育领域首个教学质量国家标准，明确"高校立身之本在于立德树人"，"必须牢牢抓住全面提高人才培养能力这个核心点"，在"政治学类教学质量国家标准"的"素质要求"中提到要培养"具有良好的人文和科学素养、优良的职业道德"，"具有健康的体魄和心理"的人才。③ 也就是说，思政工作除了要在坚定理想信念上下功夫、在厚植爱国主义情怀上下功夫、在加强品德修养上下功夫、在增长见识上下功夫、在培养奋斗精神上下功夫之外，还要帮助实现人的全面发展，尤其是提高高校学生的综合素质和能力。和思想政治理论教育以及课程思政教育相比，实践思政在教育引导学生提高综合

---

① 《马克思恩格斯选集》（第3卷），人民出版社1995年版，第332页。
② 《习近平在全国教育大会上强调 坚持中国特色社会主义教育发展道路 培养德智体美劳全面发展的社会主义建设者和接班人》，人民网，http://edu.people.com.cn/n1/2018/0911/c1053-30286253.html。
③ 教育部高等学校教学指导委员会：《普通高等学校本科专业类教学质量国家标准》（上），高等教育出版社2018年版，第40页。

素质、培养创新思维、提高审美能力、人文素养以及拥有健康体魄等方面具有天然优势，效果更为直接，正如马克思所说："人作为主体是通过他自身的实践活动来参与和接受客观的影响，从而获得主体自身的发展。"[①] 这一判断除了证明个体主观能动性在人的身心发展中所起的关键作用之外，还指出实践是提高学生综合素质和能力的生命线，是努力构建德智体美劳全面发展的教育目标体系的基础路径，是搞好思政教育的有力法宝。

一、创新性思维

创新的概念最早由美国经济学家熊彼特（Schumpeter）提出，创新是一个民族进步的灵魂，民族复兴、科技发展、国家繁荣都离不开创新。创新思维是指运用新颖独创的方法进行分析、思考、解决问题的思维全过程。创新思维有助于打破常规思维的界限，以差异性、探索式、优化式、否定式等超常规甚至反常规的思维模式抑或视角去思考问题，提出突破传统、特立独行的解决方案。本质在于将人情感化的认知转化为理性思维，从而产生新颖的、独到的、有社会意义的思维成果，进而创造出有利于事物发展的新方法和新手段。大学生一直是我国社会中最积极、最活跃、最有生气的力量，他们走进基层、踏实肯干、敢为人先，最能接受新事物，最少保守思想，创新既是大学生群体所具备的优势和特点，也是新时代培养创新人才的需要和途径。

我国高等教育一直强调要将文化知识的学习和思想品德的修养紧密结合，将创新思维模式和社会实践行为紧密结合，将全面发展目标和个性发展目标紧密结合的"三项结合"，其中创新思维和社会实践的结合是成才的必由之路，也在"三项结合"的体系中属于承前启后的关键环节，是另两项结合产生、发展的动因和载体。在实践中培养大学生创新思维就是要让大学生观察社会、体察民情、应用专业，树立创新的思维导向；就是要在实干中深化思想认知、增长能力才干，挖掘无穷潜力，铸就持续创新的踏实基础；就是要敦促学生坚定恪守职业道德，勇于担当社会责任，不断激发创新的持

[①] 黄济：《教育哲学通论》，山西教育出版社1998年版，第385页。

久热情;就是要引导学生在增长科学技能的同时练就过硬本领,产出新的成果,回应创新的伟大历史使命。①

实践活动致力于引导主体在实践的需求下能动地把握实践对象,通过创新对象激发思维主体创新发展,具体包括以下几个方面:第一,发散思维,在解决现实问题的过程中从多种可能扩散开去,多向、独立、运动和探索地寻求问题的最优化解法,形成广阔视野下的多种解决方案;第二,逆向思维,客观世界存在着互为逆向的事物,要鼓励学生打破常规思维,尝试从反向思维路径去思考,同样,人的一生也有顺境和逆境,应教会学生从全新的角度看待自己、看待他人、看待学习、生活和社会;第三,逻辑思维,动手操作和情景体验是学生获得逻辑思维的重要方式,这也是人的手脑功能的协调功能决定的,学生抽象的思维能力离不开对具象事务的观察和依赖。我们所倡导的实践思政就是要对上述思维实践活动不断施加科学、正向的意识形态的影响,引导学生在强大的创新动力的支撑下,以创新之勇气、创新之力量和创新之方法,形成创新技能、创新思维、创新人格,淬炼创新精神、创新品格和创新意识,并最终获得综合素质的提升和全面发展。②

二、良好的人文素质

人文素质教育主要是大学生通过文学、美学、法学、哲学、历史学等学科的学习,获得的一种内在涵养和人文精神的一种教育。一般认为,自然科学研究客观物质世界,主要回答关于"是什么"的问题,社会科学研究人与人之间、人与自然之间的社会关系和规律,主要回答"要怎样"的问题,人文科学研究人自身和人的精神世界,主要回答"应该怎样"的问题,也就是通过人文科学的学习引导人们思考人生的价值、目的、意义,追求人的提升,达到人的美化。人文科学具有工具性特征,是运用语言和恰当处事的素质和文化品格,是在历史中形成和发展的由人类优秀文化沉淀凝聚而成的精神,所以评价性和体验性极强,单纯的理论教学并不能获得很好的效果,

---

① 余育文、李楚贞、陈前、蔡卓杰:《如何在社会实践中培养大学生的创新思维》,载《西部素质教育》2019年第14期,第56页。
② 王蒙蒙:《大学生社会实践的育人功能研究》,中国石油大学2013年硕士学位论文,第16页。

反而实践中更容易获得人文素质的育人实效。例如,在带领学生体验历史遗迹的过程中使学生亲身体会当地的风土人情和文化风俗,在爱国教育基地学习的过程中培养学生的爱国精神,在服务家乡建设中培养学生的探索精神,在解决实际问题的中提升人的语言、思维、情感、意志、仪态和文艺等综合技能,即所谓人的气质、风度和品格。

实践思政的人文素质教育可以总结出三个层次:第一层次的人文素养是通过实习实训、理论宣讲、社会调查和志愿者服务等形式帮助大学生培养语言流畅、思维缜密、言行得体的个人整体形象,形成珍爱生命、乐于助人,富有同情心、羞耻感、责任感的个人品行;第二层次的人文素养是通过学习参观、勤工俭学、实习实训、生产劳动、挂职锻炼和社会服务工作,培养学生积极乐观、尚善勤勉、热情助人、热爱生活,担当奉献的责任感,帮助大学生形成坚定的奋斗目标以及超凡的自律能力和自制力,成为有独到见解和才艺特长的人;第三层次的人文素养是通过环保类、科普类、法治类的主题实践思政活动培养学生关爱生命和自然的情怀,百折不挠、奋斗不息的意志,谈吐优雅、气质出众的人格魅力。[①]

三、深厚的科学素养

科学素养是人类在学习和发展科学,运用和尊重科学的过程中获取的精神、态度、方法、知识和能力等综合素质。科学知识不等于书本知识,科学素质不等于科学知识的知晓程度。直到目前为止,中国公民的科学素养意识和水平仍然落后于日本、加拿大、欧盟等发达国家和地区。根据第九次中国公民科学素质调查显示,2015年我国公民具备科学素质的比例仅为6.20%,虽然相较2010年的3.27%提高近90%,提高幅度较大,超额完成了"十二五"我国公民科学素质水平达到5%的工作目标[②],但是,我们应清醒地认识到,我国公民科学素养水平与发达国家的差距还很大,科学素质工作普及

[①] 周金声、彭书雄:《人文学科与人文素质》,光明网,https://www.gmw.cn/01gmrb/2004-08/03/content_69767.htm。

[②] 《我国超额完成"十二五"公民科学素质建设目标》,新华网,http://education.news.cn/2015-09/24/c_128263914.htm。

程度还不够，发展还不平衡，不能满足建设创新型国家的实际需要。在科技发展日新月异的今天，个人科学素养的高低已经影响到生活质量的高低。科学素养决定公民的思维方式和行为方式，是实现美好生活的必要前提，一个民族的公众科学素养的高低已经影响到国家发展的整体大局。科学素养是实施创新驱动发展战略的重要基础，是国家综合国力的直接体现，科学素质的整体提高对于不断提升人力资源质量，增强自主创新能力，引领经济社会发展新常态，注入改革发展新动能，助力创新型国家建设和全面建成小康社会都具有至关重要的战略性意义。可以说，加快全民族科学素养势在必行。

2016年，国务院办公厅印发了《全民科学素质行动计划纲要实施方案（2016—2020年）》，并要求各单位、各部委和全民一起认真贯彻执行。实践思政教育对标方案精神可以制定的目标和任务，实施的手段和措施包括：

首先，在推进高等教育阶段的科技实践教育中培养科学创新意识和能力。鼓励大学生探索开展科学创新和技术实践的探究活动，促进学生在发展实践能力的过程中培养创新精神，在社区服务和科学实践中开展探究性学习并获得科学探究能力，通过加强创新人才培养基地建设，积极探索科技创新和应用人才的培养方式，系统提升学生的科学意识和综合素养。

其次，在推进高等教育阶段的创新创业教育中提升创新创业能力和水平。从目前的高等教育实践来看，创新创业教育改革进行得如火如荼，但是除了着力打造科技创意转化为实际成果的渠道和平台，还要注意在开展大学生创新性实验、创业训练和创业实践项目的过程中，引导大学生转变就业择业观念，引导大学生树立科学思想，弘扬科学精神，激发大学生蓬勃的创新创造创业热情，提高大学生开展科研和就业创业的能力；注重在推动建立大学生创新创业联盟和创业就业基地的过程中带入"创新""协调""绿色""开放"和"共享"的发展理念，彰显普及科学知识和科学方法的正能量，激发大学生科学兴趣，培养大学生科学思想和科学精神。

最后，在推进高等教育阶段的校外科技活动中增长学生科学见识。充分发挥现代信息技术在科技教育和科普活动方面的积极作用，大力开展校内外结合的科技教育活动，通过开展科技节、科技周、科学日、科普日等活动，宣传普及节约能源、保护环境、防灾抗疫、安全健康等科学常识，鼓励学生利用校内和社会各类科技场馆及科普教育基地资源加强珍爱生命、远离毒品、反对愚昧迷信和崇尚科学文明的义务宣传服务，增强学生的社会责任感和担当意识；通过走进乡村或者关爱农村留守儿童等活动，引导学生开展科技辅导、心理疏导、安全健康等方面的志愿服务，在服务中提高学生科学素质、丰富生活阅历、增长见识。

四、强健的身体素质

人民健康是民族昌盛和国家富强的重要标志。2016年8月，习近平总书记在全国卫生与健康大会上发表重要讲话指出，要顺应民众关切，"没有全民健康，就没有全面小康。要把人民健康放在优先发展的战略地位"。[①]2017年10月，习近平总书记在十九大报告中指出："实施健康中国战略……要完善国民健康政策，为人民群众提供全方位全周期健康服务。"[②] 2016年10月，中共中央、国务院颁布了《"健康中国2030"规划纲要》。2019年7月，国务院颁布了《国务院关于实施健康中国行动的意见》，同时出台了《健康中国行动（2019—2030年）》。2019年7月，国务院办公厅印发《健康中国行动组织实施和考核方案》。依据上述文件精神和党中央、人民政府展开的一系列行动部署表明健康已经成为中国未来发展进程中的重要关键词，"健康中国"战略已经被提升到国家战略高度和国之大计。作为整体性国民健康战略，健康中国不仅仅要融入各行各业、社会各界，更应将大学生作为主要关注对象，将大学生健康问题和大学生"德智体美劳"的综合素质提高以及全面发展有效结合起来。

当代大学生肩负着建设中国特色社会主义和实现中华民族伟大复兴的历史使命和历史重任。身体健康是全面成才的基础和保障，健康体魄是大学生建设祖国和服务人民的基本前提，是中华民族旺盛生命力的体现。但根据学

---

① 《习近平：把人民健康放在优先发展战略地位》，新华网，http://www.xinhuanet.com/politics/2016-08/20/c_1119425302.htm。

② 习近平：《决胜全面建成小康社会 夺取新时代中国特色社会主义伟大胜利——在中国共产党第十九次全国代表大会上的报告》，中国政府网，http://www.gov.cn/zhuanti/2017-10/27/content_5234876.htm。

者的调查分析数据显示,全国高校范围内,因为体质问题、精神问题等因素被迫退学的学生数量持续增加,大致有15%～35%的学生存在不同程度的身心健康问题,体质健康指标也在下降。① 对现实问题的担忧,时代和社会进步发展的需要,以及全年健康战略的实施都为大学生体质健康提出了新的要求。高校思想政治教育的根本任务是"立德树人",但是德育和健康素质的共同培育和融合也是立德树人的应有之意。如果说思政课和课程思政主要目的是实现理论视角的全员全方位全过程的立德树人,那么实践思政就应该树立健康第一的指导思想,在立德树人的同时侧重健体强魄的育人工作,充分发挥实践属性优势,将健体强魄作为重点建设内容来抓。

一方面,充分利用各种社会实践活动,组织学生走出课堂,走进田间地头体验农业劳动,走入机关工厂感受生产劳动,走入社区街道了解生活劳动,培养学生的竞争意识、合作精神和坚强毅力。结合专业特点建立育人实践基地,通过社会实践、劳动体验,让学生强身健体,劳逸结合,既能达到知行合一的学习效果,也能锻炼舒展身心,缓解学习压力,调解情绪,促进身心和谐发展,从而提高学生身体素质,提升自信心,促使其以健康、快乐、积极向上的状态充分发挥学习和工作的积极性、创造性和主动性,达成学业目标。另一方面,实践思政应该充分发挥实践优势,紧跟研究国家和地方政策,坚持问题导向,增强服务意识,通过丰富多彩的社会服务和志愿者活动引导大学生加入"健康中国"的全民战略中来,大力推广创新、协调、绿色、开放、共享的发展理念,广泛研究与健康有关的影响因素,普及健康理念,完善健康服务,优化健康保障环境,发展健康产业等。

五、健全的心理素质

思想政治教育工作是教育之本,是培苗筑基的基础工程,是灵魂的塑造工程。如何理解灵魂塑造?除了帮助广大学生树立正确的世界观、人生观、价值观,培养其辨别真、善、美的能力外,还需要对其进行良好的心理教育,培养健康的人格,也就是将心理健康教育作为素质教育的重要组成部分来抓。

---

① 罗加冰:《影响中国大学生身心健康若干因素的调查分析》,载《北京体育大学学报》2004年第10期,第1343～1347页。

心理素质教育是教育者以教育对象的心理需求为出发点，运用心理科学的理论与方法，对其心理的各个层面施加积极的干预和影响，以保持受教育者的心理健康，优化其心理素质，并促进社会适应进程的教育实践。大学生心理健康是一个具体的教育问题，也是一个复杂的社会问题。在从懵懂的青少年过渡到成熟的成年人的过程中，青年学生面临着来自环境变迁、学业期望、人际关系、自我认知、心理冲突、生活事件、家庭环境等诸多因素的影响，容易产生自卑心理、孤独心理、嫉妒心理、报复心理、交往困惑的负面情绪，容易引发心理失衡，导致严重的心理问题或心理疾病。故而，努力开创高等教育新局面，进行三全育人的过程中必须加强心理健康教育事业的建设，2018年教育部颁发了《高等学校学生心理健康教育指导纲要》，提出"心理健康教育是提高大学生心理素质、促进其身心健康和谐发展的教育，是高校人才培养体系的重要组成部分，也是高校思想政治工作的重要内容"[①]。为了更好地推动全国高校思想政治工作会议精神落地生根，切实将心理素质教育融入思政教育工作体系建设中，实践思政工作中也必须不断提升心理育人质量。

一是要通过广泛开展心理健康活动，增强心理健康教育的吸引力和感染力。高校应鼓励学生成立心理健康教育社团，组织开展心理健康教育活动，积极进行心理健康自助和互助。支持社团实施多姿多彩、富有活力的大学生心理健康主题教育活动，开展多种多样的有益于大学生身心健康的文体娱乐活动和心理素质拓展活动，利用网络、广播、电视、报刊、影视和年轻人喜闻乐见的动漫形式，制作富有思想性、知识性、趣味性的心理健康宣传网站、网页或者其他新媒体平台，创作并展示宣传心理健康重要性的公益广告，并将上述作品在网络新媒介上进行传播。通过上述实践活动树立学生自尊自信、乐观向上的心理健康理念和心理健康意识，发挥学校主导、学生主体作用，带动整个社会对心理健康知识的渴求，对健康生活方式的崇尚，和在心理保健能力上的提高，切实有效提升心理健康教育实效。

---

① 中华人民共和国教育部：《中共教育部党组关于印发〈高等学校学生心理健康教育指导纲要〉的通知》，教育部网站，http：//www.moe.gov.cn/srcsite/A12/moe_1407/s3020/201807/t20180713_342992.html。

二是鼓励学生学习心理健康知识，并参与到学校和社会的心理咨询服务中去。整合学校和社会的心理发展辅导室、心理测评室、心理体验中心、团体活动室、综合素质训练室等心理辅导和咨询的资源，让学生从单纯的受辅导者、被治愈者转化为指导者和服务者，引导学生在教育和指导中、咨询和自助中、自助和他助中体验关心呵护和暖心帮扶他人的成就感和社会责任感，形成积极向上、乐观自信的健康心理和品格。①

第四节　启蒙与矫正：促进大学生社会化发展进程

社会化是个体走向社会公共生活、融入现实社会的必由之路。最早提出社会化理论的是美国政治学家戴维·伊斯顿（David Easton）和罗伯特·海斯（Robert Hays），在他们看来社会化是社会个体从社会活动中获得政治思想、形成工作行为模式的过程，是社会知识、政治文化、价值观传承的有效措施和手段。②当今世界，社会化被赋予了更清晰的概念，指的是个体在一定的社会环境中学习和掌握知识、技能、语言、规范的相关理论知识，领悟主流文化，树立人生观、价值观、世界观以适应社会，创新文化，获得政治信仰的持续终身的完整体验。③

自然人转变为社会人的进程并不是一蹴而就的。一方面，个体接受社会影响，大学生正处于人生价值观成型的关键时期，感知来自社会群体的信仰和价值观，需要适应社会行为规范，学习生产生活技能，快速融入社会环境。恰逢新时代，中国社会转型大背景下不可避免地带来一系列新问题、新挑战，国际形势日趋复杂，打着多元价值观旗号的资本主义意识形态冲击使大学生的社会化工作变得异常复杂，思政教育的介入就变得非常必要。另一

---

① 石曼、武迪：《高校大学生心理健康教育问题及创新路径研究——基于"三全育人"》，载《现代商贸工业》2021年第19期，第66页。

② 陈功力：《新时代飞行大学生思想政治教育创新路径研究》，载《经贸实践》2018年第22期，第290~291页。

③ 黄涛：《社会化理论视角下当代大学生思政工作创新机制模式研究》，载《四川民族学院学报》2019年第28卷第6期，第52页。

方面，个体反作用于社会，社会化阶段是大学生融入社会文明生活的重要一环，大学生作为历史使命和责任的担当者，其社会化水平的程度决定着学生个体人生发展的同时，更关系着国家和民族的整体前途和命运，他们会尽情宣示自己的信仰、价值观和人格特征去感召他人、社会，去打破旧文化，创建新文明。

一、道德观念社会化：大学生社会角色的培养

大学生的社会角色是大学生在社会系统中形成的与一定社会位置相关联的符合社会要求的一套个人行为模式，换言之，就是个体在社会群体中主动获得或者被赋予的身份及该身份应发挥的功能和作用。每个大学生都应遵循一系列有关行为的社会标准，这些标准决定了其在社会中的责任和行为。例如，医生要按照医生的行为标准，体现医者仁心；法官要有法官的职业标准，刚正不阿；公务员要遵循国家公职人员的行为准则，牢记使命，为民服务。推进大学生角色社会化是社会实践的主要功能，从育人内容的角度看，实践思政的主要功能是在大学生志愿服务、兼职、实习和创新创业竞赛中发挥大学生社会化的催化剂作用，引导学生在扮演各种各样的社会角色的过程中完成三项任务：其一，引导大学生将不同职业的道德规范、法律规范和人文价值理念转化为职业道德和生活习惯；其二，鼓舞大学生不断提高职业技能和专业能力，以饱满自信获得社会认同；其三，培养大学生的是非分辨能力，辅助其获得由自然人转化为社会人持续、正确价值理念的自我构建能力。[①]

二、行为范式社会化：大学生社会行为失范的矫正

一方面，实践活动虽然具有鲜明直观的指引性，但是如果没有信仰理念、道德规范的方向把控，那么单纯的实践活动容易造就一批有能力没信仰，很成功却不爱国，很理性但不善良的"专业化机器"，而实践思政要培养的是有实践能力同时有温度的"社会人"，这是实践思政的思政属性的优势；另一方面，因为人类具有超越性，思想政治教育在一段时间内也会不可

---

① 郭彤梅、杨婕筠、甄珠、刘彦华、丁善芹、侯绍江：《社会实践在大学生角色社会化中的功能分析》，载《教育理论与实践》2019 年第 39 卷第 27 期，第 38 页。

避免地与现实社会出现割裂，实践思政活动能够不断作出内部调适，从而产生与社会生活的对应和契合，在实践教化中引导学生开展易于被社会认同和接受的社会相容活动，这是实践思政实践属性的优势。

适当调整思想政治教育的内容和方式，在"实践"+"思政"的双驱动下，我们可以更有效地调适和矫正当代大学生的部分失范行为，有计划、有组织地引导大学生用马克思主义理论体系为主要内容的理想信念对标自己的社会行为，以党的方针政策为主要内容的政治信仰对标自己的社会行为，以社会主义道德体系和法纪为主要内容的道德规范对标自己的社会行为。从行为功能的角度看，实践思政要帮助学生矫正好三个行为：第一，理想行为，或者叫期望行为，即社会或社团中对某一特定社会角色设定的理想的规范和公认的行为模式，教会学生"应该如何"在正确价值观的指引下尽快接近自己的"理想行为"；第二，领悟行为，当个体对其所扮演的社会角色的行为模式产生不同理解的时候，矫正因个体所处的环境不同、认识水平不同、价值观念不同、思想方法不同导致的对束缚角色的规范和行为模式的理解的偏差；第三，实践行为，评估个体在不同理解的基础上执行具体任务目标的过程中表现的实际行为，并促进具体行为的持续更新和完善。[①]

三、思想政治社会化：大学生政治价值观的成熟与独立

大学生政治社会化是指大学生在一定的政治文化环境中了解和认同一定的政治制度，学习和掌握一定的政治理论，塑造和形成一定的政治信念的政治社会实践过程。[②] 大学生无论是在思想政治理论学习和实践学习中都可以获得政治意识和政治行为的教化。实践思政主要负责在大学生进行政治实践的过程中，引导其发挥主观能动性，不断地与社会进行互动，将主流政治文化不断加以内化，从而不断地丰富自己的政治知识，规范自己的政治行为，提升自己的政治素质，使自身得到更好的提升。

---

① 张琪、赖景文：《思政教育社会化对大学生失范行为的矫正》，载《法制与社会》2013年第11期总第542期，第59页。

② 王咏春：《当代大学生政治社会化与高校思政教育方法的创新》，载《教育管理》2015年03月（上），第240页。

(一) 政治认知的社会化

作为政治观念体系中最基本的要素，政治认知既是政治主体在社会政治实践中对包括政治权力、政治体制、政治规范和政治功能在内的政治客体的认识与把握，也是政治主体对于政治生活中各种事件、人物、现象及其规律的认识、判断和评价。大学生社会化的进程中要进行的政治实践活动的前提就是掌握和学习所处的政治文化环境中的主流基础政治知识，即习近平新时代中国特色社会主义思想，这种认知的深化要求大学生在政治理论学习的基础上提升运用理论指导政治实践活动的能力，在传统实践活动和以新兴载体为媒介的丰富的新型实践活动中进一步深化自身对政治认识的认知，同时不断提高理论联系实际的能力。①

(二) 政治情感的社会化

政治情感是政治主体在政治生活中对政治体系、政治活动、政治事件和政治人物所产生的内心体验和感受。大学生的政治情感是基于政治认知在政治实践中产生的对上述政治客体的好恶、爱憎、美丑、亲疏等心理反应的总和。政治情感是大学生政治行为的直接驱动力，良好的、积极的、坚定的政治情感对于坚定大学生在现代化建设中的中流砥柱作用至关重要。实践思政在深化新时代大学生政治情感方面的功能主要体现在以下三个方面：首先，培养大学生的爱国主义情感，通过四史教育以及爱国主义教育实践活动，帮助当代大学生以我国悠久的历史文化和家国文化为荣，引导其正确看待国家发展现状，并对国家未来的发展充满信心，增强其社会主义文化自信；其次，强化当代大学生对于社会主义制度的认同、支持、信仰和维护，注重在实践中解答大学生对制度问题的困惑，增强社会主义制度自信；最后，坚定新时代大学生对党的信任和拥护，在对革命历史的学习中，在红色故事的宣讲中，在对红色基地的参观中，加深受教育者对中国共产党的认识，升华其对中国共产党的情感。

(三) 政治态度的社会化

政治态度是社会成员对政治权力、政治权利及其实际形态相对稳定的综

---

① 苑春妮：《新时代大学生政治社会化研究》，中共黑龙江省委党校 2020 年硕士学位论文，第 16 页。

合性心理反应倾向，通常表现为对特定政治权力、政治权利、政治制度的一种稳定的或肯定或否定，或赞成或反对的政治评价和心理倾向。在实践育人的过程中，强调学生要保持清醒的政治意识，在乱花渐欲迷人眼的社会问题干扰自己的政治判断的时候，保持清醒的政治头脑，坚定共产主义理想信念；也强调正确的政治价值取向，在个体的政治取向和政治观与政治实践活动发生密切的互动时，引导学生形成积极正面的认识、情感、价值、信念、态度。

（四）政治行为的社会化

必要的、直接的政治参与实践，对于学生验证和发展政治理论、正确看待政治生活、养成理性的政治态度都有重要的促进作用。面对复杂的政治环境，大学生应捕捉有效信息，独立思考塑造正确的政治观，对于错综复杂的政治事件和政治关系，要避免盲从跟风，要有客观分析和甄别的能力，以直接或者间接的形式参与到国家的民主选举、民主决策、民主管理和民主监督中来，不断磨炼自己的政治人格，提升自己的参政能力，在实践中规范自己的政治行为。

第六章

高校实践思政教学的考核评价体系

2019年3月,习近平总书记主持召开学校思想政治理论课教师座谈会时曾发表重要讲话,除了深刻阐明办好学校思政课的重要意义并对新时代思政课作出长远部署,还提出一个重要思路就是不断提升铸魂育人实效,把立德树人成效作为检验学校一切工作的根本标准。[1] 新时代实践思政教育需要有一套能切实考量育人实效和提升育人实效的评价考核标准,内容全面、指标合理、方法科学的实践考核体系,是确保实践教学实效性的重要指标,良好的考核体系不仅可以衡量对大学生实践育人的成效,还可以为高校深化人才培养模式改革、改进和完善思想政治教育教学提供科学依据和标准。

教学评价是评估教师的教和学生的学的价值的过程。实践思政教学考核与评价体系主要包括两方面的内容:其一,在对学生学习效果的评价方面,实践思政教学考核与评价体系是结合主流教育对思想政治教育的要求、思想政治教育评估对象的实际以及实践教学方式的规律等情况,确立指标体系,运用测评和统计等科学方法,对学生思想政治理论的理解和运用能力、综合能力、情感、态度、价值观形成和改进情况的综合评估手段;其二,在对教师教学工作和整个教学体系运行情况的评价方面,实践思政教学考核与评价体系是教育主管部门或高校根据学生思想政治教育的目标、实践教学的要求

---

[1] 《习近平主持召开学校思想政治理论课教师座谈会》,中国政府网,http://www.gov.cn/xinwen/2019-03/18/content_5374831.htm。

以及学生的思想实际，确立指标体系，运用分析和统计等科学方法，对思想政治教育的保障机制、实施过程及实际效果进行价值判断的过程。

实践思政教学考核与评价体系具有评价目标的独特性，与多数专业教学评价体系聚焦和重视知识储备和能力提高不同，该体系需建立在以思想政治教育专业为基础的学生政治素养和社会主义核心价值观的培养，以及对学生的情感建设的考察上；该体系具有评价内容的独特性，与多数专业教学评价体系关注认知效果评价不同，该体系涉及大量的非认知评价；该体系具有评价方法的独特性，一般的专业教学或者其他认知领域的教学多采用量化评价标准去评判，但是实践思政教学效果和教学质量评价方法却要大量采用量化评价和质性评价；该体系评价的过程中注意实践性元素考核，特别关注学生在社会调查、社会服务和思政工作实践方面的表现和能力提升。[1]

第一节 高校社会实践教学考核体系的现有问题

一、考核方式与思政目标脱节

目前各高校并没有将实践教学和实践思政教学作出明确区分，所以对于课程实践或者社会实践活动中的思政元素虽也有要求和考察，但是相比思政理论课和课程思政的考核指标来看，明显缺乏思政目标的评估。经过调研发现，在各专业学生从"学生"完成"社会人"的转变过程中，考察更多的是"实践"，而缺乏"讲思政的实践"的考察。[2] 教师考查学生主要是实践活动的学分是否按照培养方案修足，学时是否满足要求，实践报告是否完成以及完成的质量、实践类竞赛的奖项和成绩如何，实践活动转化为社会成果的比例和社会应用效果等，最多会涉及专业技能的提升、职业素养的提升和

---

[1] 刘志财、方洲：《思想政治教育专业考核与评价体系改革探析》，载《大学教育》2018年第12期，第98页。

[2] 熊晓轶、姚洋：《基于课程思政的应用型财经高校金融学专业考核评价体系的构建研究》，载《高教学刊》2021年第2期，第44页。

创新创业能力的提升等内容，但是对于更广泛更丰富的思政教学内容设计的考察却明显缺乏，比如实践教学中是否清晰地阐释了共产主义远大理想和中国特色社会主义共同理想的丰富内涵、实现路径和发展走向，是否在介绍党史的同时引导学生树立远大理想、坚定理想信念，在了解历史、文化、社会、生态等国情的过程中是否坚定了共产主义理想的优越性和先进性，在劳动教育和人文体验中是否能激发学生的责任感、使命感与荣誉感，是否在持续不断的实践中强化了学生对中国特色社会主义的道路自信、理论自信、制度自信和文化自信。

总之，如果在一次实践教学环节中既没有引导学生厚植爱国主义情怀，阐释爱国主义的历史意义与当代价值，没有引导学生加强品德修养，把真善美作为终身的品德追求，没有引导学生增长知识和见闻，正确认识时代责任和历史使命，也没有引导学生培养奋斗精神，激发出学生实现中华民族伟大复兴的使命担当，更没有引导学生增强综合素养，完成德智体美劳的全面发展，那么就是一次彻彻底底失败的教育尝试或者是一次不完整的教育体验，就无法履行高等教育立德树人的根本任务，更无法理性思考和回答"培养什么人、怎样培养人、为谁培养人"这一根本性问题。

二、考核理念不够先进

实践思政属于一种新的教育理念，围绕它的考核评价体系研究自然也是一个比较新的命题，实践与思政两个体系如何在考核过程中有机结合，能够客观有效地对其进行评价将是一个有益的促进因素。现有的教学形式中的考核还停留在过去的考核评价观念之上，具体体现在以下几个方面：第一，重结果轻过程，消极的考评制度导致学生过多关注学分和成绩，缺乏参与积极性和情感倾注；第二，重内容轻方法，评价过程中往往没有很好地分析学生的学习需求、认知情况和心理变化等真实学情，对实践教育所运用的方法的科学性进行评判；第三，重静态教学效果而轻动态教学效果，当前评价指标往往是单一、静态的，对于学生将理论知识运用到实际生活中激发出来的解决问题的拓展性能力，对知识价值和意识形态价值消化应用的情况没有考察；第四，重活动版块而轻教学体系，在以活动、课程或者项目为单位的实践思政教学中，评价范围往往截止到活动结束、项目完成或者课程结课所获得的实践思政教学效果，但没有很好地分析整个实践思政教学体系或者知识体系的整体效应；第五，重评价本身而轻评价整改，评价的最终目的在于以评价结果为依据有针对性地制定新的教学策略，可是现实中的考评机制往往只有考评数据，缺乏教师讲评、归纳和学生互评等环节，换句话说就是缺乏考评的互动和反馈。①

三、考核评价主体过于单一

考核评价主体单一体现在两个方面：第一方面就是现有考核评价体系往往将学生和老师作为单向的评价主体，而实际上学生在受教育过程中本身既是评价对象，也是评价主体，教师也同样是评价对象和评价主体的综合体。只有教师对学生或者学生对教师的单向评价并不够，还应提倡师生互评，将平等评价作为增进情感、融洽关系的润滑剂，将开诚布公作为保持学习张力的小秘诀；只有师生的双向互动也不够，还应该通过生生互评，增强学习乐趣和动力，充分调动学生参与评价的主动性，让他们成为真正的学习参与者，通过评价共享互促。第二方面就是现有考核评价体系往往是"内向的"，而不是"外放的"，也就是说更多地侧重教师、学生或者学校管理主体对实践思政教学效果的评价，但是忽略社会评价主体对实践思政育人效果的评价。如果没有社会视角的考察和评定实践活动的社会价值，就无从判断实践教育对社会作用的善恶和功过。

四、考核评价结果过于简单

实践思政教学关注过程考察的同时更应关注结果考察，而目前因为实践思政活动形式本身的丰富程度有待开发，所以对于实践思政教学活动产生的成果考察也不够体系化。从评价依据和内容上看，社会调查报告、研究式论文、活动记录或者汇报成为实践思政考核评价的关键，甚至是唯一依据，而对于学生在整个实践活动参与过程中是否表现了足够的学习积极性、是否发挥了足够的解决问题的智慧、是否获得了综合能力的提升，是否在思想认识

---

① 李璞玉：《创新高校人才培养模式——以"概论"课实践教学形式创新研究为例》，载《经济研究导刊》2014年第6期，第89页。

和道德情操方面得到了提升基本没有很科学的评估；从评价等级上看，部分高校按照优秀、良好、中等、及格和不及格五个等级来划分，但是对于每个等级所要求达到的程度或者要求的指标体系并不明确，多数是靠指导教师对学生整体印象的评价，缺乏科学性，部分高校甚至只有合格和不合格两个等级，严重挫伤了学生参加实践活动的积极性，把实践活动变成了"混学分"和"做任务"。而实际上，实践思政教学不仅仅应该有用语言描述和哲学思辨、逻辑分析揭示被评价对象特征的信息分析和评价办法，也要有对受教育者完整的看法的定性评价，更要有用数值形式、教学和统计方法反映出来的对被评价对象特征的信息分析和评价办法，也就是受教育者实践行为的可测特征的定量评价。[1]

第二节 实践思政教学考核体系的意义和功能

一、有利于加强实践思政教学改革的理论支撑

全面开展高校实践思政教育教学改革是一项非常重要的工作。时代的发展对实践思政教学提出了全新的任务和更高的要求，必须在充分考量立德树人的根本任务、结合社会发展的实际需求、遵照高等教育以及思政教学本质规律的基础上更新评价理念、完善评价方法、加快评价创新，提出富含实践性和时代性特征的，具有系统性、整体性、协同性的科学的评价体系，作为下一步发展和改革实践教学工作的坚实的理论依据。[2] 实践思政考核和评价体系需要回归教育的本质和初心，对标现阶段思政实践教学不适应大学生群体社会化进程和发展的"症结"和"短板"，并以此为基础进行完善和创新，才能充分发挥实践思政考核评价体系的促进作用。只有结合学生的思想

---

[1] 饶旭鹏、刘海霞：《理工科大学思政课实践教学的理论与实践研究》，人民日报出版社2019年版，第98~102页。

[2] 李鑫：《新时代高校思政教育质量评价考核体系建设研究》，载《教育教学研究》2021年第5期总第222期，第101页。

认知、情感认知、价值观等内容,从评价的人文性、多元性出发,完善评价标准、创新评价体系,逐步将客观量化评价与主观效度评价结合起来,综合采用过程评价、结果评价、动态评价等方式,创设更为精细和系统的评价指标,及时检验学生成长成才情况,充分反映价值引领在实践活动中的嵌入情况,为推进实践思政建设营造更好的制度环境,以科学评价提升实践育人实效。统一标准、凝聚共识,基本形成富有时代特征、彰显中国思政特色、体现实践教育水平的教育评价体系,并以此作为高校推动实践思政课教学改革最为重要和直接的参考,为全面贯彻党的教育方针、发展素质教育铺平道路。

二、有利于提高实践思政教学的规范性和实效性

科学、全面、合理的实践思政教学考核体系可以规范教师的教和规范学生的学,增强学生的主体参与活力,规范教师的教学活动,加强教师的实践思政主导性。通过合理的考核标准提升教学质量,可以更好地引导学生在社会实践活动中接受教育,在对现实问题和家国大事的分析中加深对理论的理解,对厚植爱国主义情怀,涵养高尚道德情操有着举足轻重的作用。具体而言,第一,教育考核评价对于实践思政工作的开展具有导向和督导的意义,在评价过程中评价者通过评估手段获取实证性数据和诊断性意见,从而可以有针对性地为实践思政教育阶段教学质量的提升提供依据,为教育行政部门制定政策提供参考,为改进教学工作提供数据支持和科学总结报告;第二,教育考核评价对于实践思政的建设工作具有鉴定和管理的功能,通过鉴定功能的发挥,检验实践思政工作成效和教学效果的满意度,从而为提高实践思政教育质量、完善实践思政教育管理系统、规范实践思政教学秩序、加强对实践思政教育工作者的专业培训工作提供规范性指引和拓展性规划;第三,教育考核评价对于实践思政工作的自我矫正具有诊断和激励功能,根据评价结果,提出对学生在学业、综合素质、发展潜能等方面的问题和矛盾,针对教师在准备实践教学、思政元素融入、实践指导和学生评价等方面存在的问题和不足,对症下药,使教与学的行为持续改进,不断提升。[①]

---

① 冷天玖:《高校思想政治教育考核评估机制研究》,载《高校思政》2017年第9期,第173页。

三、有利于形成"三位一体"的思政教育评价指标体系

随着思政教育的纵深发展,传统意义上的思想政治教育中的思想政治理论课、课程思政的"两轮驱动",已经逐渐转变为新时代高校育人体系的"三驾马车"。整合实践思政元素,推动思政课程、课程思政和实践思政同频共振、同向同行,创新协同,构建大思政格局是一项体系化的系统工程。对实践思政自身建设而言,需要体系化的布局和思路。例如,实践思政应是建立包括实践思政育人理论体系、教学内容和方法体系、实施路径和评价体系在内的推动一体化设计、一体化实施,构建全面覆盖、类型丰富、层次递进、相互支撑的思政体系的整体性工程。对于实践思政和思想政治理论教育以及课程思政教育的互动关系而言,也要讲求体系化的规划和运筹,无论是思政教学内容、思政教学方法、思政教学载体,还是思政教学考核体系,都要上下联动、左右贯通、整体协同。目前,在思想政治理论教育和课程思政教育考核评价体系相对完备的情况下,必须全力推进实践思政考核评价体系的构建,才能会同思政育人大局,获得方案协同、落实协同、效果协同,切实推动实践思政改革举措系统集成,提高整体效应协同,发挥由思政课程、课程思政和实践思政构成的同向同行的育人合力最大化。

第三节 实践思政教学考核体系的基本原则

一、指导性原则

按照中共中央、国务院2020年印发的《深化新时代教育评价改革总体方案》要求,对标各级各类学校立德树人落实机制的改革目标,实践思政应经过5~10年的完善,形成各级各类学校实践育人落实机制更加完善,引导教师实践育人的考核评价体系相对健全,学生德智体美劳综合素质和全面发展能力显著提高的良好局面。到2030年,应该基本形成具有显著时代特

征和中国特色、符合中国思政教育发展要求、体现世界高等教育水平的完善的实践思政评价体系。

在这一长远目标的指引下,中国实践思政教育评价体系应遵循以下指导性原则:坚持立德树人,为党育人、为国育英才,充分发挥教育评价的指挥棒和风向标的作用,引导确立科学的实践育人目标,把持正确的实践教育方向;坚持问题导向,找准党中央积极关怀、老百姓普遍关心、国际社会热情关切、社会高度关注的问题,引入评价考核机制,争取获得实践思政教育评价关键领域改革的突破性和实质性进展;坚持科学有效的评价理念,完善结果性评价、强化过程性评价、开发增值性评价、健全综合性评价,充分利用新媒体技术和信息技术,提供实践思政教育评价的技术性、专业性、科学性、客观性和可行性;坚持统筹兼顾,针对不同高校办校特色、不同学科和专业特点,扎实推进,形成可联动、可协同、可配合的分类设计教学考核评价体系;坚持实践特色,聚焦实际,展望未来,放眼大千世界、扎根中国大地、筑梦乡村振兴,坚定以社会主义核心价值观和道德观的涵养作为实践思政教学任务完成的终极指标。

二、基本原则

教育评价原则是以对教育评价过程的基本规律的主观反映和评判为基础而作出的,是教育评价经验的总结和概括,具有主观性和客观性的双重属性,违背或偏离了教育评价过程中的客观规律,或者教育评价活动的主要意图失当和评价主体水平的局限等,都会影响评价的科学性、公正性和准确性。

(一)坚持基础性与创新性相结合的原则,确保实践思政教学考核体系"活起来"

所谓基础性,也可以叫合规律性,实践思政考核体系要想具有实际操作性和现实可行性,从而达到对学生的实践育人效果,必须遵循以下三个基本规律:

第一,遵循高等教育的内在规律。其一,高等教育是社会分工的高级创新的社会活动,高等教育与外部环境呈现一个复杂的关系网络或矛盾体系,其中既包含高等教育系统与社会政治、经济和文化系统的区别和联系，也体现在高等教育与人口、地理等社会的、自然的因素之间的相互作用和相互关系，这是高等教育外部关系的基本矛盾，决定了高等教育必须担负起培养满足社会发展、经济和国防建设需求、科技和文化进步需要的人才的任务，这是高等教育的使命，也是高等教育教学考核评价体系的任务；其二，高等教育系统内部要素间的联系方式和矛盾关系的形成和发展直接影响高等教育系统的目标体系建构和价值体系形成，这种高等教育内部关系的基本矛盾决定了高等教育除了培养人才、发展科学的知识传授目标还必须具有某些隐性的或者精神性的关怀功能，因此，实践思政作为高等教育最重要的手段之一是要实现价值引领和知识传授的复合功能的；[①] 其三，不断的自我提高是高等教育存在与发展的保障，高等教育负责培养适应社会经济、科技、文化发展进步需要的高级专业或者职业化人才，高等教育只有不断提高和改善服务能力，提高培养人才的水平，才能获得持续发展的保障，而实践思政教学考核评价标准正是这种自我提升的依据和标准，而且实践思政教学考核体系标准必须不断结合现实情况自我修正才能与高等教育的不断提高保持一致。[②]

第二，尊重思政教育的基本规律。实践思政教育作为思政教育的一种具体手段，其一切制度内容，包括实践思政教学考核体系制度的形成都必须紧扣"思想政治教育"的基本特质，从"思想""政治""教育"的三个基本范畴和两组基本矛盾关系来看：思想政治教育的第一组基本矛盾是"政治的教育"与"教育的政治"的对立统一。思想政治教育作为一种社会现象，产生于国家、政党的政治实践和阶级统治维护的需要，它的政治使命就是敦促受教育者认同和信奉统治阶级确立的社会思想价值体系，但是又因为马克思主义信仰是建立在对人类社会发展规律的科学认识上，所以以马克思主义思想为指导的社会主义思想政治教育也是具有高度的科学性要求的，社会主

[①] 何云坤：《高等教育的两对基本矛盾和两条基本规律——高等教育的本质存在与变革发展的本质规定问题研究系列论文之三》，载《湘潭大学社会科学学报》1999 年第 23 卷第 4 期，第 133 ~ 136 页。

[②] 李志平：《高等教育基本规律初探》，载《辽宁高等教育研究》1999 年第 4 期总第 108 期，第 38 ~ 40 页。

义实践思政教育考核评价机制既要符合"政治性教育"对于教育的政治性、意识形态性的价值要求,也要与"教育性政治"是带有科学教育属性的政治实践活动要求相一致。"政治的教育"与"教育的政治"的对立统一激励了思想政治教育的创新变革,也会对实践思政教育考核体系不断提出新的要求。思想政治教育的第二组基本矛盾是"思想政治教育的主体"和"思想政治教育的客体"的对立统一。"教育是一种对象性活动"①,传统思政教育将教育者作为主体角色、将受教育者作为客体角色,教育主体的思想代表着思想政治教育所追求的价值理念,在主体教育的过程中,个体超越个性化升华为具有公共性的主体性,思想政治教育实施的价值便得以凸显。现代思政教育更是倾向于将受教育者作为主体角色,将教育者作为主导角色,或者将两者作为双主体来开展思政工作,无论是传统的还是现代的,每一次思政教育的进展和发生都以教育的主客体矛盾、教育者和受教育者的矛盾为开启的原因,并以实现双方矛盾的协调为结束。成功的实践思政教育考核体系必是对这一组矛盾有所反映、有所考量,并且处理得当的。

第三,尊重实践育人的本质规律。实践育人和思想政治理论教育以及一般的理论教育相比,具有三个规律性的本质特征。首先,它是客观现实性和主观能动性的统一。一方面,它是人类借助物质手段、依赖物质力量作用于客观世界从而促成物质变换的客观过程,所以它具有物质世界的规律和特点,其内容、手段、过程和结果都有着强烈的客观实在性和可感知的现实性;另一方面,实践育人活动又和纯粹的自然物质运动有着本质的区别,因为它包含了人的主观性互动,受到主观理性、意念和价值目标的支配和影响,在自然规律以外,还受到社会规律的制约,所以实践思政教育相应的考核机制考核的育人过程必须兼具自我意识的目的性和指向性,内含人类精神及精神物化的客观过程。其次,实践思想政治教育蕴含实践的自我超越性与实践的社会历史性的统一。人的意识和主体性不是天然形成的,它是人类交往互动的实践产物,产生于一定的时代背景和历史条件,个人实践只有不断更新和自我完善,个人才能顺应社会发展,顺利完成自然人向社会人的转化。

---

① 刘建军:《思想政治教育主客体难题的哲学求解》,载《教学与研究》2016年第2期,第25页。

第六章　高校实践思政教学的考核评价体系

因此，考虑到这样的规律，实践思政教育考核标准设计必须考察实践活动是否进行了不断的更新和完善，是否与实践所产生的历史条件和背景一致。最后，实践思想政治教育应是个体价值和社会价值的统一，在价值观念和利益实现机制上来看，人的标准既有具体的、有差别的不同的一面，也有着抽象的、共性的一致的一面，这也构成了与其共存范围相应的个体和群体的价值观念和标准，实践育人的意义应是既能满足个体发展需要或者实现人的利益，又能满足社会发展需要的、群体的价值育人合力，所以相应的考核标准在评价方式、方法和角度上也应该是对个体价值和群体价值都有所考量的。[①]

所谓创新性，是指在实践思政教学考核体系中是否完成了对受教育者的综合素质、实践能力和创新精神的培养的目标进行全面和科学的评价。评价理念要创新，2013 年，习近平总书记在中南海召开的党外人士座谈会上就曾经说过："改革是由问题倒逼而产生，又在不断解决问题中而深化。"[②] 实践思政教学考核机制的制定和完善就要从根本理念上凝聚改革共识，形成创新合力，以评价目标、评价主体和评价指标中的重大问题为导向，找出答案，解放思想，作出新的谋划和举措，精准破解"顽疾"。考核体系要创新，实践育人工作是体系性工作，与思想政治理论教育以及课程思政教育一样都是思政育人大格局中的重要环节。2020 年 5 月，教育部印发的《高等学校课程思政建设指导纲要》指出，建立健全多维度的课程思政建设成效考核评价体系是推动课程思政全程融入课堂教学建设的重要前提，并且提出要将课程思政建设成效纳入"双一流"建设监测与成效评价、学科评估等评价考核中。有鉴于此，实践思政要想取得实质性进展，也应该根据不同学校特色、学科特点以及育人要求，明确思政建设的重点，将实践育人成效作为各类教育监测和评估评价的重要对象。考核的组织管理机制要创新，思政教学工作是一项将思想政治教育贯穿全程，实现全员育人、全方位育人的过程，是一个学生、教师、管理者、社会多元主体多向互动的

---

① 杨思基：《论社会实践的本质、形式、特点和规律》，载《齐鲁学刊》2000 年第 2 期总第 155 期，第 64~66 页。
② 《中共中央召开党外人士座谈会　习近平主持并发表重要讲话》，共产党新闻网，http://cpc.people.com.cn/n/2013/1114/c64094-23534196.html。

复杂体系。育人效果如何,不是"一事定结果",更不是"一纸定乾坤",必须进行系统设计、全面实施、具体落实、科学管理和系统考核等一系列考核组织管理机制上的创新和改革,才能实现实践育人的有效管理和实效落实。

(二) 坚持实践性与价值性相结合的原则,确保实践思政教学考核体系"合起来"

"实践"和"思政"是实践思想政治教育中的两个核心范畴,所以实践思政教学考核机制必须从上述两个维度出发进行设计、实施、反馈和更新。从实践性的本质特征出发,完善的实践思政教学考核必须关注制度体系的建立,考察学校、学院是否成立了实践思政教学工作委员会和教学专项工作小组,统筹相关工作,是否构建了"专业核心素养—综合实践能力—科技创新能力—社会主义核心价值观"的多层次实践育人体系,并通过专业实践技能竞赛、联合培养课程、创新性社会实践活动来进行上述核心能力和素养培养方案的有效落地,是否搭建了"校内实践基地—实习实训基地—创新创业基地—社会服务基地—红色教育基地"等系统化的实践平台,并且对平台的升级改造、实际利用、育人质量和效果进行持续跟踪,是否形成了"教、学、管"的三维保障体系。在教师考核机制方面,建立实践教学工作量认定、成果奖励等激励制度;在学生成绩评定方面,从学分认定、推优保研等方面建立系列激励保障制度;在教学管理方面,坚持在人才培养方案和教学大纲中保持稳定和合理比例的实践学分等。从价值性的本质特征出发,思想政治教育不论以何种手段、附着在何种载体之上,最根本的任务都是立德树人,其落脚点都是追求特定的社会价值,所以社会主义实践思政教育对于思政性的考核就应该关注实践教育活动是否坚定地持有马克思主义和中国特色社会主义的立场,是否宣扬服务人民群众的服务意识形态,是否清楚阐释了习近平新时代中国特色社会主义思想,是否帮助受教育者树立了坚定的共产主义信仰,建立了成为社会主义建设者和接班人的社会责任感和历史使命感。①

---

① 王易、宋健林:《试论思想政治教育的基本规律》,载《教学与研究》2019年第12期,第60~62页。

（三）坚持实用性与发展性相结合的原则，确保实践思政教学考核体系"实起来"

要保证实践思政教学考核评价机制的实用性，就要在细化实践育人实效性指标上下功夫，立足于学生，以思政教育主体视角充分检视育人实效，从"三全育人"工作的全员、全程和全方位搜集高校实践育人建设成果的有效信息。落实立德树人根本任务、提高高校思政教育质量、促进社会实践活动的育人效果从来不是一句空话，而是要在各类考核评估评价工作和深化高校教育教学改革中落细落实的可分解、可测评、可修正的工作，在这个过程中，考核评价机制是指挥棒，事关思政教育做细做实的最终效果。一方面，学生是实践思政最直接的学习者、感受者和获益者，评价一国的教育系统、一校的教育机制是否完备就应该从这个供给侧、投入端考查。学生对于实践思政的方式手段、目标意义和效果的评价是对高校实践思政建设工作有效性的直接反馈，如果学生从实践思政教育中获得了坚定的理想信念，增强了道路自信、理论自信、制度自信、文化自信，从而更明白应该成长为什么样的人、怎样成长、为谁而成长了，也就是实践育人实效的做实必须经得住"学生获得感的理性维度"的评价。另一方面，学生价值观和意识形态是否完成了长远改造，不应该仅仅关注当下的实践水平和价值感受，更应该关注价值观的长远和持续改造，这是实践维度的行动体现，也是从第一课堂走向第二课堂的要求。思政育人体系是否有效改造了学生的价值观，引起了量变到质变的育人效果，除了应该以日常管理、综合测评手段关注学生在校期间行为的价值性和道德性以外，也必须在考核体系设计的过程中加入以问卷调查、校友走访等手段完成的社会对毕业学生有无职业失范、是否坚持正确价值观、积极工作的持续性动力是否充足的持续性的跟踪评价，这就是评价"持续性的实践维度"的要求。

要保证实践思政教学考核的发展性。我国的教育从来都是遵循马克思主义发展观的，教育事业总是随着社会政治、经济、文化的发展而发展的，思政教育的内容、方法、手段和目标不断发展，不会永远停留在一个水平上，那么与之配套的教学考核体系就也随着教育本身内容的矛盾性变化和发展，滞后于时代的评价体系无法促进教师教学的改进和能力的提升，滞后于时代的鼓励机制无法调动师生教与学的积极性，达成教学目标。第一，实践思政教学考核建设工作应注意体系性发展，即从整体优化的角度正确处理好实践教学与价值嵌入的关系，在对原有的实践环节和理论思政教学进行认真梳理和研究的基础上，统筹考虑、系统设计，确保各环节承上启下、相对独立、逐步提高，关照和对应理论思政育人体系建立契合的科学合理的实践思政育人教学体系；第二，实践思政教学考核建设工作应注意客观性发展，即在评价教学和育人效果时，保证评估的标准、评估的方法、评价主体的态度和评价结果等方面与客观实际相符合，注意避免死板、僵化的以静态客观实际为依据，避免不符合客观实际的主观臆断；第三，实践思政教学考核建设工作应注意科学性发展，即根据教学目标体系确定统一的评价标准，科学设计、谨慎试用、认真修订评价工具，在此基础上，持续更新测量手段和统计方法，以科学的评价程序和方法为依据，对整理和搜集的各种数据进行严格地处理，而不是依靠经验和直觉进行轻率地主观判断。①

三、具体原则

（一）定性评价与定量评价相结合

对一个事务的判断通常会使用定性和定量两种分析方法。人类对社会和自然的认识首先是从属性开始的，定性分析就是借助演绎推理、哲学思辨、历史求证、价值评估等思维方式，从质的角度分析和研究某一事物的属性和特征，采用归纳、演绎、比较进行分析与综合所作出的价值判断。因为事务的差别最主要是质的差别，所以对事物的质进行分析的定性评价就成为一种重要方法，尤其在社会科学研究中具有重要地位。实践思政教学考核实际上就是需要对实践育人通过实践活动引导学生所获得的能力、人格特征、价值观等方面作出鉴定结论，所以定性分析成为必不可少的考察方式。虽然定性分析是建立在描述基础上的逻辑分析和判断，但是也必须要有评价的标准和依据。在实践教学考核中，用于定性分析的资料，通常是对于实践活动具有描述性的文字、图片等，为了使定性更加准确和客观，要求考核者在搜集第

---

① 傅畅梅、曲洪波、赵冰梅、王旭、金梦兰等：《课程思政建设背景下思想政治理论课实践教学研究》，东北大学出版社2020年版，第198~200页。

一手考核资料时掌握尽可能多的信息，越丰富的资料建立起来的理性逻辑分析越能准确揭示各种想象的内在联系。当然，不管教学实践中的定性分析如何进行，都摆脱不了其主观性过强容易受评估者价值观左右的宿命，而且定性分析主要依靠评估者和分析者的直觉、经验，依据分析对象过去和现在的静态信息资料和延续变化状况，对分析对象的性质、特点、发展变化规律作出判断，这对于分析者的整体认知水平、教育能力、资料处理能力都提出了较高的要求。在现实中，并不能轻易取得对相似行为的比较一致性的定性结论。

由于定性评价存在的自身局限性，就需要在实践思政领域引入与之完全不同的另一种评价方式进行补充和辅助。定量分析法是对某种社会现象的数量特征、数量关系与数量变化进行综合分析的方法，在思政教学上，定量分析法是以展开思政教学活动的次数、完成思政作业、获得思政奖项、达成思政目标为主要数据来源，按照某种数理方式进行加工整理，得出思政育人效果的结论。定量分析有助于揭示和描述思政行为和思政教育现象的相互作用和发展趋势。由于教育现象和教育结果千变万化，定量比较困难，在形式化的过程中可能会丧失事物丰富多彩的动态性，所以很多高校都倾向于采用定性分析方法，但实际上排斥数量化方法并不明智，那就会陷入教育评价主观性的泥沼，而想要用数量化方法完全替代具有主观性的定性方法也是存在弊端的。一方面，实践思政中很多教学方法都是无形而具有抽象性和渗透性的，并不能僵化地一味追求数量化、数据化。如果那样将会有很多教学行为和育人效果被排斥在教育考核和评价范围之外，对教育质量的提升和教师、学生教与学积极性的提升都非常不利。另一方面，提倡数量化考评的初衷往往是源于数量化方法的客观性和准确性，但实际上任何教评活动，即使是定性评价，在标准制定、数据产生、数据整理和分析的量化过程中也难免掺杂主观因素和情感。想对一个完全由人参与、由人进行的主观性很强的教育活动进行主观性摘除是行不通的，教育问题也不可能转化为冷冰冰的数学问题。

因此，那种在实践思政教育教学实践中片面提倡定性方法或者定量方法的行为都是不可取的，质与量是辩证的统一关系。一定的质体现为一定的量，一定的量又反映和形成一定的质。定性评价是定量评价的基本前提，没有定性的定量是盲目的、毫无价值的定量，定量评价使定性更加科学、理性，可以帮助定性分析得出更广泛深入的结论。因此最可靠的是把定性分析与定量分析结合起来，采用定性评价—定量评价—定性评价的简单的循环评价机制，才能充分利用定性评价和定量评价的特点和性能，防止认识事物的片面性，扬长避短。在对照指标的情况下分析出教育质量和育人效果的优劣、效率的高低、消耗的大小、发展速度的快慢等，从而作为下一步教育改革发展判断的可参考依据。[①]

（二）静态评价与动态评价相结合

静态评价和动态评价是两种起源于西方心理学领域、取向完全相反的评估方式。其中，静态评价，也叫作标准化测验，是对评价对象和目标到达程度的评价，其评价工具和过程都是统一的、标准化的，用数字来衡量个体已经形成的能力，有很强的量化和结构性特征，它的突出特点是不考虑原有状态，也不考虑发展趋势，在评价的时间轴上忽视过去和未来，而关注现在，也就是只考虑评价对象在特定时空范围内的现实状况，静态评价对于实践思政教学行为和方案可以进行一个简单、粗略的评价，有利于以评价结果作为依据进行育人效果的横向比较。

动态评价又称学习潜能评价，是在评价过程中，通过评估教育者和学生的互动，探索和发现学生在有经验的思政教育者的引导下获得的潜在发展能力的一系列评价方式的统称，作为根据动态原理提出的教育评价活动的行为法则，动态评价强调评价过程中的干预和互动，关注的是受教育者在经教师指导和帮助过后能实现的潜在的认知发展水平。在实践思政教学的评估中，常常有这样几种动态特征：其一，对受教育者的思政能力的既往情况、发展水平和发展趋势进行评价，并持续考察受教育者对特定社会需要和特有职业需要的敏感程度和相应能力；其二，动态评价的目的、内容、标准、方式随时间的变化而逐步改进，评价的结论也根据教育水平、教育手段和教育改革的发展而不断修正。[②]

[①] 王玄武：《在思想政治工作中运用定性与定量方法的断想》，载《学校思想教育》1992年第2期，第36~37页。

[②] 孙秀银：《应用型本科院校英语写作教学的静态评价与动态评价之对比研究》，载《长春理工大学学报（社会科学版）》2012年4月第25卷第4期，第190页。

几乎任何一种教育形式都离不开静态评价，因为它是对教育的某个当下现象、行为和发展状况片段的评估，无数个片段的整合就是一个教育体系发展情况的基本资料，这是对教育质量的最直接的评分和定级，但是不可否认的是，动态评估已经成为教育领域的一大研究和应用热点，尤其是它对受教育者思维、认知、学习和解决问题的能力的未来发展的评价正是思政教育急需的，动态评价的使用有利于指导、激发教师、学生和教育管理单位等被评价对象的进取精神，明确教育改革的前进方向。动态评价与静态评价在实践思政教学中分别发挥着不同的作用。从评价对象的维度看，静态评价结果可以形成被评价者和同类主体间横向教学效果的比较或者思政能力提升的比较，动态评价结果衡量的主要是教师在育人能力、学生在思政的实践探索方面的自我提升，是一种纵向的变化。从评价体系所关心问题的维度来看，静态评价关注教学的成效和育人的结果，学生的行为有没有失范，和其他学生相比水平如何，动态评价关注学生在不断更新的实践教学环境中学习和行为表现是否获得提高、提高多少、达到预期水平需要克服哪些障碍。从评价结果的维度来讲，静态评价把思政能力和思政教育能力作为评价结果，用它反映学生、教师和学校在同类主体中的地位和排名，而且通常只关心上述评价对象独立活动时达到的水平。动态评价更关心的是学生的潜能，在经过正确的思政教育指引后，学生克服和突破负面干预、心理障碍、道德困惑后能力和心理改变的过程。从评价的过程来讲，静态评价通常采用统一的标准化评价方式，完成对学生能力和技能在实践活动中的反映的评估即可。评价者是中立的，对学习者行为并不给予反馈。而动态评价更偏重个性化，不仅关注学生实践思政能力获取的过程，也对行为和道德表现给予反馈，必要情况下甚至会提供积极策略，帮助促进学习。基于以上教学评估两种评价所表现出来的侧重和优势互补，只有将静态评价与动态评价结合起来，才能对实践育人效果有一个全方位、全过程、全员的评价。[1]

（三）外部评价与内部评价相结合

教育部在 2018 年 4 月印发的《新时代高校思想政治理论课教学工作基

---

[1] 韩宝成：《动态评价理论、模式及其在外语教育中的应用》，载《外语教学与研究》（外国语文双月刊）2009 年 11 月第 41 卷第 6 期，第 452 页。

本要求》中指出:"综合评价教学质量。要建立健全多元评价机制,采用教师自评、学生评价、同行评价、督导评价、社会评价等多种方式,对教师教学质量进行综合评价。"① 高校思政教育以高校作为整体对象,其内部主体和客体类型交叉多样,复合主体和受教育者之间针对同一个教育行为的看法和甄别需要互相佐证,大学生是实践活动的主要实施者,教师是思政教育行为的引导者,但他们同时也是思政教育活动规则、文化氛围、体制机制的体验者,不同人群对于同一项事物的感知和赋权赋值可能存在差异,获取信息的渠道和评价的主观动机都不同,只有多方意见综合基础上的加权考量才能客观、全面地鉴定一项思政教育工作是否成功,从而充分激发教育事业的生机活力,提升教育服务经济社会发展的能力。

　　实践思政需要进行充分的外部评价,外部评价是评价对象自身以外的客体所实施的评价的总和。对教师主体而言,包括社会评价、领导评价、同行评价、行政评价、学生评价等;对学生主体而言,包括社会评价、小组互评、教师评价等,外部评价是几乎所有教育评价体系都会采纳的评价方法。因为它具有很强的客观性,是跳出了行为本身用独立他人的角度审视事物的过程,所以可以避免主观性和片面性;外部评价也具有很强的真实性,可以防止自我评价中可能出现的妄自菲薄或者自视过高等情况,更接近于事情的本来面貌;外部评价的标准也往往很严格,因为通常具有科学严谨的顶层制度设计,所以外部评价一般都是有细化的评价标准可以遵循和参照的。

　　当然,思想政治教育也具有很强的个性色彩,非认知领域的意识形态的完善和发展无法完全依靠外部力量,或者说要很大部分依赖个人内部力量,所以个人评价显得尤为重要,它能促进社会对大学生思想品行的要求与大学生内化的情感和行为一致,将思想上升为行动。内部评价也叫自我评价,是指评价主体按照评价方法,对照评价标准主动评价自身的评价活动,在实践思政中,比如开展广泛的教师思政教育活动研讨,开展教师对育人工作的自查、自评和自纠,形成工作总结,再比如学生根据自己一个阶段的乡村社会实践或者志愿者服务工作对某项实践活动的完成情况,包括取得的成绩、存

---

① 《教育部关于印发〈新时代高校思想政治理论课教学工作基本要求〉的通知》,教育部网站,http://www.moe.gov.cn/srcsite/A13/moe_772/201804/t20180424_334099.html。

在的问题及得到的经验和教训加以回顾和分析,为今后的工作提供帮助和借鉴的汇报座谈等。内部评价虽然没有外部评价那样完整的规范和体系,但是不受时间和场合的限制,可以长时间连续操作,但也因为受制于主观性太强的局限,建议不要单独使用,而是穿插在外部评价中进行,用作外部评价的参考和佐证。或者先组织内部评价,在此基础上再组织相应的外部评价,综合发挥两类评价各自的优势,以达到最佳评价效果。

第四节 构建合理的高校实践思政教学考核体系

一、实践思政教学考核顶层制度设计

(一)高校实践思政评价指标体系

为进一步贯彻落实习近平新时代中国特色社会主义思想,将全国高校思想政治工作的精神引向深入,各高校应充分发挥中国特色社会主义思政教育的育人优势,以立德树人为根本任务,以理想信念教育为核心内容,以社会主义核心价值观为统领,以社会实践为切入点,建立厚基础、有重点、讲规范、重实效的具有完善内容、健全标准、有力保障和显著成效的高校实践思政教学考核评估体系。该考核体系应有助于整合实践资源,拓展实践平台,对于依托高新技术开发区、科技园、城市社区、乡镇、企业、爱国主义教育基地等建立的多种多样的社会实践基地和创新创业基地给予不同赋分;对于展开的生产劳动、社会调查、社会公益和服务等丰富实践内容,以及创新的实践精品项目给予不同赋分;对深入推进实践教学改革,结合专业和学科要求分类制定的实践教学标准和实践教学比重制度给予不同赋分;对实践思政教师数量、教师思政教育能力和业绩、教师的持续学习能力,以及是否具有完善的奖惩机制给予赋分;对高校拨付的实践思政专项经费数量以及相应的建设和管理制度的完善情况给予赋分;对实践思政质量监控体系的完善,质量监测评价的科学规范情况进行赋分。扎实推动实践育人,具体指标体系如表6-1所示。

表 6-1　　　　　　　　　　实践思政评价指标体系

一级指标	二级指标	内容
1. 人才培养方案（5分）	1.1 培养方案（5分）	将实践思政纳入人才培养方案（有学分要求）
2. 指导教师队伍（10分）	2.1 教师数量（2分）	校内教师参与比例不少于教师总数的1/3
	2.2 教师素质（5分）	师德师风优良（2分）
		教学业绩突出（2分）
		教师定期参加培训（1分）
	2.3 教师队伍管理（3分）	实践思政教师队伍的聘用、培训、奖惩等制度完备，执行有力
3. 实施条件（10分）	3.1 经费投入（4分）	实践思政有专项经费，且保障有力
	3.2 实践基地（平台）（6分）	实践基地（平台）建设和管理制度完善，数量充足，条件优良，利用充分，协同育人效果显著
4. 实施过程（20分）	4.1 实施方案（5分）	学校、学院、团队实施方案完善，项目立项申报、中期检查、结项规范
	4.2 实践方式（5分）	综合运用科学有效的实践方式，鼓励创新探索，注重针对性和实效性，体现时代性、导向性
	4.3 考核（5分）	考核标准科学规范，考核方式灵活多样，适合实践思政特点，注重学生成长性评价、发展性评价，着重考查学生思想政治方面的收获和成长进步情况
	4.4 管理与指导（5分）	注重"三观"引导，教师指导学生不少于6学时
5. 育人成效（30分）	5.1 政治思想表现（4分）	着重考查学生四个意识、四个自信、两个维护、遵纪守法、道德品行等方面的进步发展情况
	5.2 行为表现（4分）	着重考查学生的使命担当、爱国奉献、拼搏奋斗、改革创新、社会服务等方面的行为表现
	5.3 学生实践成果（15分）	省部级及以上竞赛获奖情况
		发表相关论文、作品，获批示或被采纳的调研报告等成果
		技术创新、发明专利、文化艺术展演等其他实践成果
	5.4 课程建设成效（3分）	建成与实践思政相关的省级及以上一流课程，网络课程资源丰富
	5.5 社会评价及影响（4分）	经验做法被省级及以上部门（媒体）宣传报道和经验推广情况

续表

一级指标	二级指标	内容
6. 质量保障（10分）	6.1 管理制度（3分）	实践思政管理制度完善，各环节质量要求明确
	6.2 评价、反馈与改进（5分）	实践思政质量监控体系完善，质量监测评价科学规范，评价结果用于持续质量改进
	6.3 档案管理（2分）	档案资料完整、规范、易查询
7. 特色做法及典型案例（15分）	7.1 特色做法（5分）	围绕实践思政开展的特色工作以及取得的标志性成果得到社会广泛认可，社会影响大
	7.2 典型案例（10分）	提供实践思政代表性典型案例5个

（二）高校实践思政教学考核体系的"333"工作机制

1. 实现实践思政教学考核全员育人的三级联动机制

学校、院系和教师"三位一体"、三方联动的体系性的顶层设计和层层落实机制是实践育人模式有效施行的关键，在三级联动体系中学校是"主心骨"，院系是"主导者"，教师队伍是"主力军"，实践平台是"主战场"，实践教学是"主渠道"。第一，加强统一领导，发挥校党委、院系二级党组织、教师党支部的领导力、凝聚力、组织力、号召力，建立"党委统一领导、党政双管齐下、教学统筹规划、部门协同配合、院系落实推进"的实践考核制度合力，实现顶层设计和分层落实的有机结合；第二，注意上下联动，实现学校、院系、教研室的纵轴延伸，环环相扣、分级联络，关注、做好具体考核工作，将实践思政考核建设作为学科评估、专业建设以及课程建设的有效保障，加速实践育人模式的专业化推进和实效性融入，真正落实好立德树人根本任务；第三，实现左右贯通，实现校际、院系之间、教研室之间的横向贯通，在相互学习、相互借鉴、相互交叉中推动各部门共建实践思政育人模式，在共建、共享、共惠中完善考核评估制度；第四，追求整体协同，三级联动方案的实现基础是层层落实，但高效推进靠的主要是方案协同、落实协同和效果协同，只有全校一盘棋，优化资源配置，举措系统集成，才能真正将实践育人提质增效。

2. 建立实践思政教学考核体系的三维互动机制

科学的实践思政育人质量评估体系，应该包含社会、学校和师生的三维主体。在社会层面，三全育人的思政育人初衷原本就是服务社会，这一点也是现代大学的重要职能和自觉确立开放观的必然要求。实践活动对现有的校外自然资源、红色资源、文化资源、体育资源、科技资源、国防资源和企事业单位资源的开发和利用程度体现了实践育人教育的质量和水平，相关指数也能反映出当前社会群体对思政育人的参与和支持，反映出本地区对于打造三全育人共同体的政策倾斜程度。同时，实践育人成果对于地方治理、文化繁荣、百姓民生、物质文明等一系列问题的反哺，也直接决定了社会对思政教育的认可度。在学校层面，是否系统梳理了各个层面、各个群体、各个岗位的实践育人元素，并作为职责要求和考核内容合理融入整体制度设计和具体执行环节，推动全体教职员工把工作重点落到育人实效上，真正贯通"三全育人"的最后一公里，形成可借鉴、可推广的一体化育人机制和模式，学校应是联系实践育人校内需求和校外资源的媒介力量。在师生层面，实践思政教学考核体系不仅考核教师实践教学中的表现，也考查学生实践活动的成果和思政能力的提高。教师和学生相互依存，教师的业绩必须有学生的直接或间接参与，好的考核机制应是鼓励师生共同进步和成长的，并将出色的实践活动表现作为学生学分获取、荣誉评选、保研和推荐工作的奖励依据，作为教师评奖评优、选拔晋级、绩效工资的评价依据。

综上所述，科学的实践思政教学考核体系的设计应是满足社会需要和学校育人导向的衔接、师生互动成长的良性机制。

3. 形成"三大体系聚力"的大思政考核体系协动格局

正如前面所述，实践思政育人模式的核心要义是将传统意义上思想政治教育中的思想政治理论课、课程思政的"两轮驱动"，转变为新时代高校育人体系的"三驾马车"，整合实践思政元素，推动思政课程、课程思政和实践思政同频共振、同向同行、创新协同。在大思政格局布局的过程中无论是理论体系、教学内容、方法体系，还是实施路径和评价体系都应该形成一体化设计，实现一体化实施方案，构建全面覆盖、类型丰富、层次递进、相互支撑的思政体系的整体性工程。也就是说实践思政教学考核体系不应该是独立设计的，不仅要和思政理论课的评价考核机制协同，也要和课程思政教学的评价考核机制和方案对接。在更新评价理念、明晰评价标准、明确评价要素、完善方法技术的过程中既要着重体现思政教育评价的实践性和时代性特征，也要遵循改进结果评价、强化过程评价、探索增值评价、健全综合评价等教育考核评价机制的基本要求和普遍规律，基本形成富有时代特征、彰显中国思政特色的系统性、整体性、协同性的教育评价体系。

二、实践思政教学考核评价内容

（一）实践思政教学对学校的考核

学校是实践思政教学的全面管理者，担负着让所有教师、所有课程承担好育人责任，守好一段渠、种好责任田的重任，实践思政教学推进工作要参照落实《新时代高校思政政治理论课教学工作基本要求》《高等学校课程思政建设指导纲要》，基于"理论联系实际""课内联系课外""校内联系校外"的三联系原则，采用"定性考核结合定量考核""过程考核结合结果考核""即时考核结合延时考核"的三结合思路，着眼于实践教学思政的教学目标、活动记录、活动效果的三个关键点，建立"有依据""有真相""有标准"的三有实践思政测评体系。

1. 对实践思政教学的组织领导和示范引领

在组织领导方面，高校应该参照课程思政建设工作思路成立实践思政建设工作协调小组，统筹制定重大政策，院系和教师开展思政实践活动，抽调单位内实践思政或者思政理论方面的专家组成专家咨询委员会，提供专家咨询和辅导意见。学校应加强对实践思政建设工作的整体督导，结合各地、各校相关方案，健全机制，强化督查，建立由党委统一领导、党政齐抓共管、教务部门和教师工作部带头执行、各部门联动、院系落实的实践思政建设工作格局。在实践思政课程建设方面形成规模、形成范式、形成体系，形成一批实践思政教学名师和团队，推出一批实践思政示范课程，设立一批实践思政建设研究项目，形成全校性的实践思政建设的良好氛围。

2. 对实践思政教学环境的保障

首先是实践思政教学场地和相关资源的保障情况。实践思政课虽然以校外活动为主，但是实践活动的策划、设计、汇报等程序仍需要有校内场馆、活动室，甚至是多媒体教室和空旷场地的配备。为保障能充分激发价值观引导、知识传授以及能力培养的互促作用，要提前对学生进行知识储备、安全常识等培训，这些都需要学校进行一定的建设和投资。对于校外的创新创业基地、历史遗迹、红色教育场馆、城镇和乡村调研基地、企业实习基地、公益服务场所，也需要学校与各地各级单位进行妥善协商，保证学生的人身安全、学习便利。

其次是加强实践育人基地建设工作的推进情况。作为实践育人工作的重要载体，每个高校要加强实习实训基地、实践教学共享平台建设，教学与科研相互促进、学校与社会密切合作，以校所合作、校企联合、学校引进为方式，以当地高新技术产业开发区、大学科技园或其他园区为依托，走进爱国主义教育基地和国防教育基地，深入城市社区、农村乡镇、工矿企业、驻军部队、社会服务机构等，力争每个院系、每个专业都有相对固定的多样化的实践思政教育基地。

再次是对实践思政教学经费的合理使用和分配情况。经费支持是对一项教学活动最直接和有力的支持，高校要加强政策协调配套，统筹地方财政高等教育资金和中央支持地方高校改革发展资金，确保实践思政、课程思政建设推进过程中所必要的经费比例分配，对于各项资金和资源要专款专用、专物专用，结合本校教学实际，尽量加大对实践思政的投入力度。

最后是对实践思政教学的时间和学分配置情况。各高校要坚持把社会主义核心价值体系融入实践育人工作的全员、全程和全方位，系统设计实践思政教学体系，对不同类型实践思政形式设计具体实施方案，规定相应学时学分，增设实践思政课时，将实践育人纳入各学科教学计划，将该项工作摆在思政教育和人才培养的重要位置上。①

3. 对教师实践思政教学奖惩制度的设计

深入革新高校思政教育，尤其是实践思政教师的评价机制，制定与不同专业不同形式实践活动特点相匹配的评价标准，以实践教学质量和育人实效为导向，严把思想政治和师德师风考核关，延展教学和教研成果认定范畴，尽量克服唯分数论、唯论文论、唯学历论、唯资历论、唯"帽子"论、唯

---

① 饶旭鹏、刘海霞：《理工科大学思政课实践教学的理论与实践研究》，人民日报出版社2019年版，第179~180页。

项目论等不良倾向。切实保证实践思政计入工作量，育人效果计入相关思政课教师职称评聘、绩效分配、评奖评优、培养培训。可逐步尝试在高等学校实行思政课教师职称的单列评审，并向一线教师倾斜。高校可以根据新时代实践思政教师队伍发展的需要，设置新的岗位类别，结合高校教师职称设置的初级、中级和高级的层级设置探索实现实践思政教师职务聘任改革。注重工作实绩，建立重点思政人才绿色通道。鼓励各地高校定期开展实践思政主题活动，选树和表彰有代表性的实践思政课教师先进典范，在各级模范教师、教学名师、教学成果奖等评选推选活动中作出合理倾斜，各地也可以结合实际设立实践思政教师岗位津贴，同时纳入绩效工资管理。

与此同时，要完善实践思政教师的信用和惩处机制。思政教师应是贯彻习近平新时代中国特色社会主义思想，具有坚定的社会主义核心价值信仰的以身作则、率先垂范、立言立行的教育工作者。应特别把好思想政治关和师德师风关，建立相关教师诚信承诺和诚信信息共享机制，对于在科研和教研中弄虚作假、学术不端的，对于发表不当政治言论等一系列违反师德师风的，除依法依规作出处理之外，还要实行实践思政教师的一票否决和退出机制。

（二）实践思政教学对教师的考核

教师考核评价机制是一个学校教师选聘、任用和奖惩的依据，同时良性的考评机制对于激励教师的实践育人积极性、激发教师潜能，提升教师队伍整体水平以及提高思政育人质量都有重要而积极的推动作用。

第一，是否建立了统一的集体备课制度，制订实践活动的思政方案。建立集体备课制度有以下两方面的考虑：一方面，思政育人工作和别的专业课程教育不同，它是依据马克思主义理论和习近平新时代中国特色社会主义思想作为基本精神和教学内容的。这是一个深刻而复杂的理论问题、哲学问题、历史问题、社会问题和政治问题，只有集体备课和集中研判才能更好地把握现实活动和思政问题的最佳衔接点，促进价值元素和知识元素的相融相通，体现实践思政教育的思想性和时效性。另一方面，实践思政教学具有实践属性，它是综合的，对任何主题和项目的探究往往涉及个人、社会、自然的复杂整合；它是实践的，通常以各种活动为载体；它是需要操作的，"知与行""动手与动脑"的结合与统一经常需要使用工具和设备;它是开放的,其内容与学生个人的生活或现实社会紧密相连,学生不可能在书本上找到现成的答案,只能在广阔的天地里去探索、去发现。故而,实践思政活动往往需要多人手、多部门、多领域的相互配合,只有创新集体备课形式,丰富集体备课载体,推动思想政治理论课教师、专业课教师、辅导员等互学互鉴,才能加强广大教师对实践思想课教学规律的把握。

第二,是否注意加强实践思政教学活动的科学化和规范化。严格对教学活动组织方面的考核,包括教师是否按照已经设计和批准的教学方案执行,教师对方案的指导是否是恰当的、全程的,对于学生的实际问题是否会及时处理和辅导。在教学中是否使用了科学的教学方法、采用了规范的操作,将思政理论和教学实际结合起来,将学生思想以及认知特点和专业结合起来,以学生为主体,教师为主导,加强生师互动。制定完整的实践思政教学大纲、整合实践思政教学资源、拓展实践思政教学形式,改进和完善考核方式,同时应深入研究网络教学的内容设计,发挥在线实践思政教育功能,推动实践育人和现代信息技术有机融合。①

第三,是否以各级教师为单位健全了听课制度。建立校、院、师三级听课制度,高校党委书记、校长,分管思想政治教学建设工作,分管教学工作的校领导,对实践思政课程应每人每学期至少全程参与和督导一次,各学院二级机构领导班子成员,要在领导任期内对所有实践思政教师指导活动全覆盖听课或督导,并形成一院和一校的实践思政课教学状况报告。实践思政教师和辅导员应按照职称每学年完成 2~4 次听课,尤其注意借鉴学习实践思政教学名师的示范课或者观摩课。

(三)实践思政教学对学生的考核

实践思政教学的效果主要应从以下两个方面考察:

其一,学生参与实践思政活动的深度和广度。社会调查、生产劳动、志愿服务、公益服务、科技创新、勤工助学、红色教育等实践育人形式都是学习的载体,每个本科生在校期间参加上述活动的时间应该在总体社会实践学

---

① 郭凤志:《高校思想政治理论课程建设研究》,北京师范大学出版社 2019 年版,第 300 页。

分中占有一定比例,比如不少于 2 周,每个学生应该至少在校期间参与一次深入的社会调查活动、一次红色基地主题教育活动,撰写一篇调查报告或者心得体会,积极参与生产劳动、志愿服务、公益活动和科技创新活动,班级干部和学校社团成员应组织其他学生自主开展社会实践活动,发挥学生主体在实践育人中的自我管理、自我教育、自我服务作用。上述活动中的学生表现应该作为加分项,成为入党、保研和评优的重要依据。

其二,对学生在实践活动思政能力提高方面的考察。学生是否获得了德、智、体、美、劳的全面发展,在形成理想信念、爱国主义、品德修养、奋斗精神,在树立正确的民族观、国家观、文化观、历史观和强化社会责任感,在增强对中国特色社会主义的道路自信、理论自信、制度自信和文化自信,在激发爱国之情、强国之志和报国之行,在塑造劳动品格、增强审美意识、提升审美情趣,在树立健康理念和法治精神等诸多方面,是否获得了可定性和量化的进步。

三、实践思政教学考核评价过程

实践思政教学考核应是一种过程考核,过程考核是在实践思政活动中对学生学习的各类信息进行及时、动态的解释,从而揭示、判断和生成具有思政价值的活动,过程性评价重视过程控制、过程评价,也注重目标评价,对实践思政开展过程评价不仅有助于推动思政教师改变和革新传统、刻板的思政教育形式,同时也可以促使学生对自身的实践活动进行反思,鼓励形成更正面、积极的学习态度,获取更科学、高效的学习方法。实践思政的过程考核目标应包括实践思政活动开展之前的事前考核和督导、进行之中的过程考核,以及结束之后的事后考核和反馈。

(一)事前考核和督导

科学的考核制度除了考核功能还应该同时具备控制功能,即通过对实践活动开展前的社会实践任务或者项目的方案设计情况,社会实践所需要的基地、场馆、教室等环境要素的协调和准备情况,社会实践活动的育人目标和国家、地方以及学校的实践育人目标的对照情况,以及对每一次的实践活动所制定的教师业绩和学生成绩的量化标准情况等一系列教学准备工作进行考核和督导，对于不符合教学质量要求、达不到育人目标的进行及时纠正和补救，以考核达到控制教学质量的目的。

（二）过程考核

对于教学过程的考核应该包括对实践思政教学计划执行情况和实践育人活动开展情况形成过程评价，也包括对实践育人效果考察的终结性评价。[①] 形成性评价考察的内容主要是各类社会实践活动的执行和落实情况，是师生双向的，包括教师是否按照教学计划进行辅导和授课，对教学目标、教学大纲、教学方法、教学内容、教学考核等是否认真贯彻，教师是否按期参加思政教学能力的培训从而提高自己的执教能力。如果社会实践活动是一个比较长期的过程，教师是否持续、有效地通过社会实践网或者专用网络通道与学生进行及时交流和沟通，并且及时解决实践难题和实践困惑。评价体系对教师指导过程评价的同时，还应将教师考核记录资料作为对学生实践活动效果考察依据的第一手资料，包括实践活动的计划书、活动记录等。同时，形成性评价标准和程序都应有明确文件记载，并保证对全体师生公开，并根据师生的理解和接受的程度随时调整和变更。终结性评价一方面是对实践活动的终结性考察，考察内容包括实践活动团队对项目活动的总结或者心得体会的书面材料，以及照片、音视频、社会影响力证明和获奖证书的证明性材料是否齐备并且规范入档。另一方面就是对实践育人效果的考察，评估实践活动是否引导学生在坚定理想信念、厚植爱国主义情怀、加强品德修养、增长知识见闻、培养奋斗精神等综合素质的提高上发挥了实效。同时，应创新德智体美劳过程性评价办法：德育方面，发挥信息化评价优势，开发学生自评、家长、教师以及社区等评价方式，客观记录学生学习行为和社会化品行中的表现，尤其是对社会主义核心价值观的践行情况，以此作为学生综合素质评价的重要依据；体育方面，以体育性实践活动的参与度、体质监测和专项运动技能测试三项结合的思路作为学生体育精神、坚强意志和合作品质的评价

[①] 传统的考核评价体系仅涉及过程考核和结果考核，往往将终结性评价作为结果考核的内容，但是如果仅仅是将考核分为过程评价和结果评价，实际上只关注了实践活动本身的内容分割，忽略了思政教学工作还包括事前控制和事后反馈，所以说本书的阶段式考核方法比传统的过程加结果的考核方法更加全面。

依据；美育方面，推动艺术类实践纳入人才培养方案，实行学分制管理，全面提升学生感知美、展现美、欣赏美、创造美的能力；劳育方面，建立劳动清单制度，明确劳动内容和劳动要求，引导学生崇尚和热爱劳动，学会劳动和勤俭。①

（三）事后反馈

实践思政考核评价机制在考核评估和控制管理以外还应附加一个职能，就是反馈控制，实践思政的考核结果如果不能及时反馈给学生，只作为考核机制的一部分就失去了考核的意义和价值。将社会实践结果及时反馈给学生和教师，可以起到激励、奖惩和教育的作用，明确实践思政教育教学的发展方向，在评价反馈的双向沟通中做到问题诊断，将国家、地方和学校的思政育人期望、理念、目标和价值观传递给学生，充分体现实践思政育人考核体系的辅导和控制作用。建立考核申诉制度，如果教师或者学生对考核标准有质疑、对考核结果有疑问，考核机构应该充分听取申诉者的建议和意见，针对问题认真查找原因，并及时作出书面答复，将考核申诉制度作为实践思政教学考核机制不断完善的一个重要渠道。②

---

① 孟祥林、常新悦：《讨论型思政课堂的教学设计、过程控制与收益评价》，载《内蒙古师范大学学报（教育科学版）》2021年第34卷第1期，第15~16页。

② 孙君芳：《大学生社会实践考核机制实效性研究》，载《济南职业学院学报》2010年2月第1期（总第78期），第55页。

第七章

高校实践思政建设的保障机制

在高校实践思政改革创新的过程中,建立与完善行之有效的管理与保障体制,对于确保实践思政顺利开展,提高实践育人的成效性具有重要意义。当前,围绕实践思政建设的管理与保障已经取得了部分理论与实践成果,课程教学评价与质量保障体系初步成型。

第一节 高校实践思政建设的管理保障

健全的高校管理保障体系是保证实践思政得以顺利实施的必要条件。要从学校管理层面发力,开展顶层设计与统筹规划,促使学校各部门形成合力,理顺组织管理,健全工作体系,保障教学运行。

一、优化实践思政的组织管理

实践思政是一项庞大的包含多种要素的系统工程,其组织运行需要依靠这些要素彼此之间相互作用推动。实践思政涉及范围广,涵盖人群多,评价指标多,单纯依靠思想政治理论课教师进行建设是远远不够的,还需要学校的高度重视和各相关职能部门在大思政工作体系基础之上,各司其职,凝聚共建合力。因此,在实践思政建设中,有必要从顶层设计入手,提高各级领导对实践思政的认识,形成自上而下的实践思政格局,设立专门组织机构,完善组织领导机制，确定相应制度规范。

（一）更新实践思政教育理念

实践思政是一种综合教育理念，它强调立德树人为根本任务，将马克思主义实践观作为指导思想，三全育人为主线。以思想政治理论课和课程思政为基础，重点突出学生的主体地位，注重学生思想政治教育从学懂弄通到做实之间的过程性培养。传统思想政治理论课教育运转过程中，学校自上而下通常存在着重课堂理论灌输轻实践育人的观念。因此，要加强实践思政组织管理，首先要转变教学观念，观念转变的背后则是对实践思政教育理念的贯彻。没有教育理念的转变，实施实践思政的决心就小、步伐就缓慢，实践思政的措施就难以实施。

学校领导者在把控学校整体方向上发挥着"指南针""定盘星"作用。推动高校实践思政发展，需要高校领导站在全局高度上看待实践思政，切实认清实践思政在学生发展和能力提高中的重要作用。学校党委要像对待思政课程与课程思政那样对待实践思政。学校领导干部要以更高标准、更严要求进行实践思政理论知识培训，自上而下，形成"头雁效应"。要在学校的政策和文件上明确实践思政的地位和意义，以强力措施确保实践思政落到实处，防止流于口头形式的情况出现。

分管校领导每年应参与实践思政理论教学3次及以上，考察实践思政实践基地2次及以上，促进形成自上而下重视实践思政建设的局面。各学院中层干部每学期至少带领学生开展1次实践思政调研活动，鼓励理论素养高、社会调研阅历丰富的干部参与实践思政现场教学。

要使实践思政落到实处，除了要求学校党委层面的统筹规划，学校分管领导的分工协作外，还需要与实践思政相关的教务处、校团委、教师工作部、学工部、财务处等各职能部门统一思想认识，做好管理保障工作。实践思政面临着如何拟定实践思政教学大纲，如何保证实践思政教学课时，如何设置专项经费等问题。

解决上述难题的答案便是学校层面各部门之间的协力奋斗，集体攻关，更新并且确立实践思政教学理念。要对从事管理实践思政的中层领导开展专业培训，确保身处第一线的教育管理者以内行人身份参与课程建设，保证管理质量，促使实践思政一步一个脚印地规范开展。

（二）设置实践思政组织机构

传统的思政理论课教学，思想政治教师是教学的直接负责人，但在实践思政教育教学中，不仅要考虑思想政治教师队伍建设质量，还需考虑实践思政现场教学过程中可能涉及一系列可行性、有效性与参与性等因素。要解决上述问题，需要学校层面管理机构、实践基地、教师群体以及学生紧密配合，而相应组织机构的设立与运转起着起承转合的作用。

学校党委应在组织实践思政运行中发挥领导核心作用。学校党委应成立实践思政建设领导小组，建立"实践思政教研中心"，使之成为整个实践思政统一的组织管理机构，负责抓住重点，厘清任务，细化责任。与教务处等相关职能部门协商后拟定并推行实践思政教学大纲，明确教学目的、内容、实施路径、方法手段、意义等。针对实践思政建设过程中的部门组织协调、经费来源、教师队伍建设、工作量核算等，一一作出详细规定。

学校党委要拟定关于实践思政的章程规范，加强对实践思政教学的规范化、立体化管理。搭建教务处、教师工作部、科研处、学生工作部和思政课的教学部门等分工负责的管理与组织体系。要明确各部门职责，以清醒的头脑支持实践思政建设，以科学的方法统筹实践思政建设，以清晰的思路推进实践思政建设，以得当的措施维护实践思政建设，攻关重点部分，解决突出问题，合理规划教学活动，定期组织实践教学研讨会，交流实践教学经验，把实践思政教学落到实处。

同时，为确保实践思政教学顺利实施，在实践思政教研中心指导下，校领导、校团委、教务处、教师工作部、思政课教师和辅导员因地制宜组成数个实践思政教学小组，重心下移，由上而下策划实践思政课教学。由党委牵头成立的"实践思政教研中心"（以下简称"实践中心"）负责将实践思政教学各环节的详细计划发给实践教学的具体组织者，由组织者传达其组员，使组员能够充分了解和把握实践思政教学的各个环节，形成良好的教学效果。

（三）完善高校实践思政制度体系

制度的效用在于规范活动行为，制度建设兼具全局性、根本性、长期性与稳定性等特征。邓小平指出："制度好可以使坏人无法任意横行，制度不好可以使好人无法充分的做好事,甚至会走向反面。"① 建设一套量体裁衣的制度是实践思政管理保障的重要一步。

与思政课程和课程思政相比,实践思政兼具理论教学与实践教学,凸显出空间与时间上的非连续性、不确定性的特征。就实践思政的学校层面的管理组织而言,倘若一味沿用思政课程或课程思政的教学思路、教学方式方法,势必会导致实践思政开展时出现效率低下状态,乃至出现遮蔽实践思政独有优势而同化为其他普通课程的极端情况。因此,按照实践思政独有特征制定并健全规章制度极有必要。

学校层面可出台管理文件提供方法遵循和制度依据。具体文件可命名为《实践思政总体性规划设计》《实践思政教学大纲》《实践思政教学成绩评定标准》《实践思政教学考核评价准则》《实践思政教学指导手册》《实践思政教师工作量计算办法》等。通过规范性规章制度的设置,可确保实践思政走上稳定有序、科学高效的制度化轨道。

具体而言,为完善高校实践思政制度体系还需要一系列细致入微的工作。首先,学校要围绕实践思政教学改革相关内容,立项一批实践思政教育教学研究招标课题,不断增强实践思政的吸引力和渗透力,推进实践思政教学改革,提升实践思政教育教学的能力和水平。其次,鼓励并支持实践思政教师参加国内外学术交流,围绕实践思政开展专题研讨,实地调研实践基地建设,为教学提供思路参考与课程资源。培育一批实践思政教学骨干,推出一批有影响力的教学名师。再次,学校要健全完善学生评教机制,在学生评价体系中加入实践思政评价内容,涵盖教学准备、理论知识学习体会、实践基地使用体验等,打造具有约束力的学生评教机制,形成良性反馈。最后,建立健全多维度的实践思政建设成效评价体系,发布《实践思政评价指标体系》,适时开展实践思政建设专项督查。把实践思政建设成效作为今后开展学科评估、专业综合评价、二级教学单位教学绩效考核、职称评审、一流课程建设、工作量认定的重要衡量标准。

---

① 《邓小平文选》(第2卷),人民出版社1993年版,第333页。

二、健全实践思政的工作体系

建设实践思政根本上体现了党和政府创办社会主义大学的意志，意志的贯彻需要规范、系统、周密的部署，包括确保教师队伍的数量与质量，资源配置要优先投入实践思政教学以及完善实践思政教育教学的工作体系等。

（一）确保合理的师生比

根据教育部2020年1月颁布的《新时期高校思想政治理论课教师队伍建设规定》，高等学校应当根据全日制在校生总数，严格按照师生比不低于1∶350的比例核定专职思政课教师岗位。① 配备足够数量的教师通常是有效提升思政课实效性、缓解课时量负担过重的重要手段。

实践思政要遵循中央文件精神合理配置师资力量。学校应根据全日制学生总数，确定实践思政专兼职教师数量。原则上实践思政专任教师、兼任教师按师生比1∶300～350核定。在学校党委指导下，成立实践思政专任教师队伍。专任教师由各二级教学单位从与实践教学内容相关的专业中公开选拔。原则上校内教师参与比例不少于教师总数的1/3；选拔具备实践思政教学能力的党政管理干部，将其转为实践思政课专职教师；积极推动政治素质过硬的合格相关学科辅导员、管理人员参与实践思政教学；组建实践思政讲师团，打造校外导师队伍。

（二）深入挖掘实践思政教学资源

如何整合实践思政教学资源，促进教学向同一方向发展，是破解实践思政成效落地关键难题的核心解决方案之一。一线教师或二级学院受教学任务所限，很难将实践思政教学资源系统整合，这种状况之下，切实有效地开展资源挖掘与整合工作对落实实践思政意义重大。实践思政教学资源建设涉及人力资源、课程资源和教学基地资源供给，更深层次涉及校内外不同部门之间的往来合作。

挖掘实践思政教学资源要立足于中国特色社会主义的伟大实践，要从幅员辽阔的中国大地上寻觅，从历史悠久的中华优秀传统文化中提炼，把疫情

---

① 《新时代高等学校思想政治理论课教师队伍建设规定》，载《中华人民共和国国务院公报》2020年第13期，第9页。

防控、灾难防控、民族精神等要当作教材，把握教育契机，采取制度化促进校内校外合作，系统性整合各类资源。

高校主管部门可以研究制定新时期高校实践思政资源建设相关文件，诸如《实践思政教学资源总体性规划》《实践思政教学资源多元化整合标准》《实践思政教学资源分类标准》等，促进实践教学的资源整合和顶层设计。

按照不同的划分标准和研究视角，实践思政教育教育资源可以多种多样。按照形态可分为社会资源与自然资源。前者指的是人的活动所创造的为思政服务的因素的总和，包括政策文件、教材资料、教学案例数据库、热点专题、教师队伍、思政要闻等。后者涉及可以为实践思政提供社会活动的山川河湖、矿产资源、秀美风光、动植物资源等。

按照时间维度划分，可分为历史教学资源和现实教学资源。这类型教学资源划分可谓十分明朗。需要注意的是，并非一切历史性的、现实性的资源均归属此类。就实践思政而言，历史资源主要以中华传统优秀文化和中华民族传统美德为主，强调对国家、民族、社会、家庭的责任与担当，突出勤劳朴素、尊老爱幼、和谐有序、自强不息、见义勇为等精神品质。现实资源要突出以党史教育为重点的"四史"教育，围绕中国共产党领导中国人民革命、建设、改革的伟大历史实践先后形成的一系列伟大精神、丰硕成果，新时代以来不断涌现的先锋模范人物，卫国戍边英雄，共和国勋章、七一勋章获得者，人民英雄等，均可视为实践思政的现实资源，也是实践思政教学资源进一步开发利用的重点。

此外，按照实践思政教学资源表现形式又可划分为隐性教育资源和显性教育资源，按照资源属性又区分为物质资源与精神资源，按照教育资源的地理分布分为校内资源和校外资源等。

归根结底，教学资源在实践思政建设运行过程中发挥着"原材料""运载体"的作用，其利用程度的高低直接关系到思政育人成效。因此，无论采取何种方式进行划分以发挥所属资源的效用，其归宿都是要服务于实践思政教育教学的需要。

（三）建设实践思政教学案例库

学校及各二级教学单位应分别制定校级、院级实践基地名录，遵循每两年评估并更新10%的标准，按照教学目标与基地现实条件，围绕社会主义先进文化、红色文化、中国传统优秀文化，严格筛选并组织实施一系列依托劳动教育基地、红色文化基地、创新创业基地、高新技术产业、兴村振兴的实践活动，深化实践思政教育教学效果。

完善实践思政教学资源库归根结底要依靠学校落实。学校及各二级教学单位应充分总结思政实践优秀成果，选拔典型调研资料，编入实践思政课程教学体系，建成实践思政优质教学资源库；选拔优秀实践思政团队、个人，凝练培育竞赛作品，完善实践思政案例库。以自然年为单位，更新实践思政教育教学过程中周期性短暂、实效性强的影像资料、信息资源、网上案例、典范个案、舆论热点。

三、加强实践思政的教学实施

要将实践思政教学计划彻底纳入学校整体教学计划而非浮于表面，深化课堂教学改革是实现实践思政立体化建设的重要一步，也是实现实践思政"走心入脑"的保障性环节，深化课堂教学改革必须创新实践思政的教学模式。

（一）探索依托各专业的实践思政建设工作

探索依托各专业开展全学校范围内的实践思政建设工作本质上属于全员、全过程、全方位构建全校"大思政"格局范畴。

学校所有二级教学单位、所有学科专业均应在学校党委统一运筹下开展实践思政建设，坚持党政齐抓共管。"实践中心"明确责任分工，细化思政主题。要将实践思政理念融入专业教育中，在专业知识讲授中传递价值理念，在能力培养中彰显价值追求。围绕专业建设需求，结合思政理论课，提炼专业课程中的思想政治元素，明确实践思政实施路径，使各二级教学单位明确自己定位，专业课教师找到本专业特色。学校要在部分学院积极推动实践思政建设试点工作。

为适应新时代大学生的多样化需求，实践思政建设中的各要素要在"大思政"格局下与课程思政展开密切联动，包括但不限于全校师生围绕同一主题同上一堂课，共同学习中共中央纲领性文件等，实现实践思政由"单一课程"向"全过程"课程的转变，从入学教育伊始便着力打通专业课程与实践思政课程之间关系，梳理专业课程中的思政元素，将价值观、情感、态度与知识、技能有机结合。

（二）创新实践思政课堂教学形式

实践思政不应单纯局限于课程本身实践部分，还应充分利用大学生学科竞赛活动、大学生志愿服务活动、创新创业人才活动、暑假实践活动，引导学生根据实际情况自由组队，进行个案分析、大数据整理、实地调研、口述访谈等，突出针对性和实效性，体现时代导向，不断拓展实践思政教学新方式。

建立健全实践思政课堂形式要尤为注重调研环境的多样性与丰富性。要有准备地安排学生深入农村，开展支农支教、走访农户、困难帮扶、田间劳动、生态环保等；有目标地带领学生深入企业，开展实地考察，调研营商环境，了解政策落实；有组织地组织学生深入社区，开展政策解读、民生热点调研、文化普及、文明创建等。改变实践教学局限于校内的状况，促进校内外课堂有效结合。要使教学方法匹配实践内容，适应教学内容，既在逻辑上保证教学内容连贯性，促进教学形式的一体化建设，又防止出现分割断裂现象，确保教学内容与教学形式互相匹配和层层递进。

（三）把关实践思政教育内容

当今社会存在呈指数发展模式，伴随着社会主义市场经济的蓬勃发展，新媒体大环境下各种社会思潮相互激荡，各种新事物层出不穷，消费主义、享乐主义、利己主义、虚无主义的流行不断侵蚀人的理性与心性，大学生的三观势必受到冲击与挑战，要不断更新实践思政的教育内容，使其具有批判性和针对性，及时回应时代需求与现实焦虑。

构建实践思政教育内容应围绕育人根本任务开展。实践思政是在马克思主义指导下的思政教育，其科学内容涵盖了三观教育，以及道德观、政治观、法制观等。三观教育在于培养学生树立共产主义思想，培养学生的社会责任感和历史使命感，让学生科学认识我国的基本国情以及目前所处的百年未有之大变局，分析问题、解决问题从具体国情出发，培养实事求是的精神；道德观的教育是从提高学生的修为、树立积极的人生态度的角度来发展良好个性的。法制观是使个体掌握自由的底线，了解自由是在纪律约束下的自由，良好个性只能在法治社会中才能获得发展。

教务处、教师工作部与实践思政教研中心紧密联系，结合当合政府最新方针政策，围绕马克思主义理论研究和建设工程教材确定理论教学内容与实践教学主题，明确实践调研方向，拟定调研对象、范围，使理论教学内容与实践调研紧密贴合而非貌合神离。实践思政的教育内容务必要以形成高度一致的价值共识、发展共识为旨趣，围绕构建社会主义信仰做文章。实践思政思政教育的重要组成部分，其内容打造的关键在于强化核心价值观教育。具体而言，以新时代伟大中国精神为统领，开展爱国主义教育、传统优秀文化教育、以党史教育为核心的四史教育，发扬中国人民伟大创造精神、抗疫精神，从灾难中挖掘思政素材。

实践思政的主体是大学生，因此构建教育内容还应讲究实效性和时代性。在实践思政具体内容设计中，应注重国际格局变化与当代文明转型需求，培养大学生国际视野，把握人类文明发展趋向，从而使大学生的理论素养、知识结构，问题意识以及面对困难的胆略胆识足以适应新时代"文明困境"的冲击。要认同、支持中国现代文明为建设和谐共存世界文明所作出的努力，以世界人民乐意听、听得进的方式讲好"中国故事"，重视人类命运共同价值方面的讲授，使中国表述展示出世界意义。

四、探索实践思政的教育方法

实践思政教育要彰显时代性、前瞻性和针对性，行之有效的教育方法必不可少。构建促进人的全面发展的实践教育方法也是实践思政管理保障的重要一环。

首先，实施双主体互动教育法。突出强调教育者与受教育者的双主体的平等地位。改变以往单项被动输出的教育模式，在设计教育内容上，注重发挥受教育者的能动性和积极性。在具体实践的过程中，受教育者为主，教育者为辅，教育者引导受教育者运用理论知识分析解决现实问题，增强大学生的实践能力，完善大学生的个性，促进大学生的全面发展。

其次，构建代入式情感教育方法。人是感性思维和理性思维的综合体。大学生在受教育中更多的是受到了理性思维的训练和培养。实践思政是以实践形式为主的思政教育，最终是做人的思想工作。因此，在实践思政的教育过程中，重视以人为本，注重情感激励是应有之义。教育者在指导学生进行具体实践的过程中，应尊重受教育者的主体情感，倾注真心，代入真情，让大学生能够带着积极的情感去面对实践中的困难和挫折。教育双主体之间也不再是情感对立，而是共情、共融、共通。

最后，采取渗透性隐性教育方法。在传统教育模式中，比较注重显性教育方法，如理论课、指导课、报告会等。显性教育的优势是教育内容系统化、理论化，教育目的清晰。缺点则是教育效果不显著，受教育者最终无法感知到教育目的，容易产生逆反、懈怠心理。所以，实践思政既然是在一系列具体实践的环节中进行思想政治教育，隐性教育方法则更为高效。教育者可以在现实中注重引导，通过新媒体等手段进行情感共鸣，思政育人在"润物细无声"中实现，让思政课延伸到学生心里。

第二节 高校实践思政建设的政策保障

实践思政作为一门在实践中实现立德树人的重要课程，其发展已经进入了一个蓄势待发的时期，战略地位日益凸显。不过，实践思政不是某个学院或某门课程的独立行为，政府部门的支持、学校的保障、学院的建设、社会的认可等方面缺一不可。

一、统筹安排实践思政课时

实践思政教学课时的保障是实践思政顺利实施的前提与基础，也是科学合理评价实践思政育人成效的重要指标。

（一）确保实践教学课时

实践思政是一项涉及范围广、牵扯专业多、覆盖全体在校生的相当复杂的系统性工程，在保证教学时长的基础上才会有教学效果的呈现。随着学校将实践思政正式列入学校教学计划，学校要对实践思政课时要给予科学安排，将实践思政作为一门重要课程来建设。

实践思政的教学课时分为校内理论课时和校内外实践教学课时，这就决定了并非所有课时都能在课堂时间内完成。学校应根据自身实际情况，在教学计划中安排实践教学的课时总量，规划好实践思政课内课外课时所占比重。每个学院总课时的比例根据学院安排，以及大学生的实际情况，不断在教学过程中加以改进，确保大学生有足够的社会实践课时消化自己学习到的理论知识。同时，学校也要按照与思政课程、课程思政同等的课时量分配与计算方式统计教师工作量。

（二）全时段开展实践思政课实践教学

实践思政课实践教学活动居多，学生参与人数众多。相对而言，指导实践思政课实践教学活动的教师人数有限，实践基地的接待能力也有所不足。安排所有学生在同一时间段内参加社会实践并不现实。

有鉴于此，校团委、学工部要与实践思政教研中心、实践基地密切配合。在时间安排上，建议采取以下措施：第一，合理利用法定假期，充分利用小长假、周末进行实践思政中的实践教学工作，安排部分学生到实践基地先行参观、进行社会调查，既分流了学生总数，又可以为后续调研开展前期准备工作。第二，在每门课程的理论教学结束时或每逢重大节日纪念活动前后，安排全体学生在校园内进行知识竞赛或经典阅读活动，开展校内实践思政，拓展实践思政的空间范围。第三，对时间上允许的学生，可以在九月开学前两周密集安排大量实践思政课校外实践教学活动。第四，充分利用大学生的寒暑假时间，将有关部门组织的具有较强思想政治教育目的的活动纳入实践思政教学选择范围，依托大学生社会实践活动、青年志愿服务、创新创业竞赛、"挑战杯"、党史知识竞赛等，努力打造全社会良好的实践思政氛围。

二、合理配置实践思政经费

实践思政教学能否顺利开展，经费支持保障是基本条件。有必要针对实践思政课教学经费不足的原因，提出建立经费支持机制的具体对策，以保证教育教学达到预期效果。

（一）加大对实践思政课教学投入

更多的经费投入往往是决定课程建设质量的重要保障。然而，各地各校情况多有不同。比照教育部所规定"思想政治理论课实践教学经费为每生20元"① 可知，许多高校或受财力所限，或将专项经费挪为他用，思政经费落实情况不尽如人意，遑论划拨额外的经费支持实践思政建设。

作为与思政理论课同向同行的课程，地方政府和学校、各二级教学单位应该根据课时和实际上课的大学生数量，尽量多安排专项资金用于实践思政。实践思政教研中心要在校党委统一部署下与财务处、教务处、各院系密切配合，健全经费分配机制，在学校教学经费中纳入实践思政专项经费对实践思政给予经费支持，列出专项经费开支预算，各高校应从教育经费中划拨实践思政专项经费。

（二）拓宽实践思政教经费筹措渠道

要解决实践思政教学经费短缺这一问题，根本办法是打开思路，拓宽经费筹措渠道，建立常态化经费支持保障体系。筹措经费的多种渠道中，尤其是要注重与地方政府开展合作，请有关单位积极配合，解决筹集资金困难的问题。华南理工大学与地方政府部门进行合作便是典范个案。双方针对地方经济社会发展的项目开展普遍性的研究合作，由高校提供智力支持，地方提供经费保障。高校教师带队深入地方企业、农村、社区，既实现了实践落地，又解决了地方急需破解的难题。上述系列项目的落地实施不仅带动了地方经济发展，而且为思政实践教学和科学研究的开展提供了有益借鉴。

（三）配置实践思政相关开支费用

在开展实践思政教学的过程中，一些必要的交通费、差旅费、住宿费等实践教学所必需的费用应当给予补助。这方面需要国家教育部门、财政部门、交通运输部门统筹安排，通力协作，为实践思政校外实践教学活动中的相关费用提供优惠，以改善实践思政课实践教学中经费短缺的现象。同理，各高校在推动实践思政课程过程中，学校有关部门理应划拨专项经费，财务处等部门也应搭建报销经费绿色通道。

---

① 教育部社会科学研究与思想政治工作司编：《高校思想政治理论课社会实践教学的探索与思考》，高等教育出版社2005年版，第30页。

三、扎实建设实践思政基地

早在革命战争年代,建立、巩固以及发展以"根据地"为代表的基地是支撑中国革命胜利法宝之一。毛泽东曾一针见血地指出建立稳固且长效的根据地的必要性与重要性:"没有这种战略基地,一切战略任务的执行和战争目的的实现就失掉了依托。"① 同理,在高校思想政治教育领域内,受教育者要实现"走出去"的既定目标必然需要依托长久化、固定化的教学基地。

建立稳定、持久的实践思政课教学基地,是实践思政长远发展的关键所在。实践思政基地主要指学校灵活利用当地优质教育资源,鼓励受教育者目的性明确地参与形式多种多样的社会实践活动,引导参与者在参观学习过程中加强对课堂理论知识的理解,开阔视野,在亲身体验中完成对思想、政治、道德行为的认识,进而升华价值信念,提升改造主观世界的主体能力。

实践教学基地的建设和选择应考虑以下因素:第一,实践思政教学基地要突出育人需求,具备相当的承载能力,除了要考虑实践思政的开放性特征外,还要满足实践思政的多样性需求。努力将实践思政的课程内容与教学资源结合在一起。第二,按照共同发展的理念,避免给基地所在地、当地政府增加财政负担,警惕劳民伤财式实践调研行为。实践思政的社会课堂要实现保持长久化、连续化运行,基地本身的建设就要按照长期、稳定、固定的标准开展。"实践中心"要发挥协调学校和地方的纽带作用,协调校地双方制定科学化、规范化的基地建设规划、规章制度和管理条例。第三,依照互补互促和就近原则,应当结合省情、市情,在制定当地特色资源名单基础上,遵循本校办学理念、育人目标,对照本校优势学科专业,分门别类地开展实践思政调研。可以从近现代以来中国人民不屈不挠争取民族解放、国家独立过程中挖掘素材,以历史照应现实。可以从中国人民可歌可泣的抗战史、革命史、改革开放史中搜寻典范人物,依托当地名人纪念场馆、博物馆、文化

---

① 《毛泽东选集》(第2卷),人民出版社1991年版,第418页。

馆探寻中国传统优秀文化。参观革命烈士陵园、纪念广场、革命纪念馆,赓续红色精神血脉。总之,选择实践思政基地务必满足本校不同年级、不同专业学生的多种诉求为目标,力求种类多样,功能互补。

实践思政教学基地建设还应考虑建成后的资源共享,进一步推进基地建设深度和广度。首先,本着互利互惠的原则,学校与有关单位共同投资建设实践教学基地,可在最大限度上确保实践基地教学与课堂教学的契合度。其次,打造实践教学基地资源信息共享系统。地理位置相近或在同一城市的高校,应尽可能优势互补,建立横向联系,依托互联网建立比较完整的资源信息系统,实现基地资源的信息共享。最后,建设实践基地校际共享联盟,同城乃至同省院校之间互通有无,建立长期合作关系,可以提高实践思政基地的使用率,分摊基地建设运行使用成本。实现由点及面的突破,利用相同教育资源容易激发情感共鸣,为今后施行实践思政一体化建设探索新路,打造实践思政地方特色品牌。

四、积极营造实践思政氛围

马克思指出:"人创造环境,同样,环境也创造人。"[①] 塑造大学生的思想品德,离不开一个健康向上、和谐有序的教育环境。实践思政要营造以人为本的实践思政教育环境。教育环境对大学生有潜移默化的教育功能,围绕着以人为本营造实践思政的教育环境会让教育效果事半功倍。一方面,学校各个层面应以大学生为主体创造为师生共同欣赏的校园文化。以人为本校园文化的创造能够传承社会责任、社会美德以及时代价值观,同时创造成果也能够彰显大学生的进取精神与创新精神。另一方面,在积极的实践思政教育环境的熏陶中,能够引导大学生自我教育,自我参与及自我完善,发展有利于自身全面发展的兴趣爱好,并锤炼相应的技能。

思政环境与舆论环境密切相关,良好的舆论环境无疑能够促进实践思政的实效性。增强社会主义核心价值观教育,强化校园文化的导向作用,充分理解大学生的思想现状及精神需求,用身边先进人物及事迹进行引导和教

---

① 《马克思恩格斯选集》(第1卷),人民出版社1995年版,第92页。

育。在实践思政具体环节的设计上可以从以下两个方面着手：一方面，有意识弘扬用社会主义核心价值观阐释现实问题，强调问题意识，对现实问题及与核心价值观原则不符的现象进行理性批判，发挥思政育人的社会批判能力，以大学生对社会的切身感悟与思考推动自身三观建设。另一方面，善于利用先进的技术手段为实践思政服务，注重新媒体在实现大学生全面发展中的作用。实践思政要充分利用新媒体技术，提高受教育主体接受思政教育过程中的技术含量，拓展思想政治教育的时空距离。结合校园网络文化建设开展实践活动，让大学生成为校园文化建设的主体，结合自身需求，积极自觉营造良好的舆论环境。

实践思政要营造服务育人的管理环境。实践思政的实施，离不开决策者和管理者的计划组织、管理评价及决策控制等。在教育管理过程中，贯彻马克思人的全面发展理论，落实服务育人理念，才能保障实践思政的规范性和科学性。一方面，强化管理者和教育者要强化平等尊重意识。为达成育人成效，实践思政要想让受教育者产生强烈的认同感和归属感。设计者和管理者就应强化对受教育者的尊重，及时关注大学生的思想诉求和服务需要，激发受教育者的参与性和主动性。鼓励学生组建团队创造实践项目，最大限度地尊重学生的创造积极性。学生既要做管理对象，又要成为管理者。催生学生自我约束、自我监督意识，彰显教育中的权力平衡理念。另一方面，管理者和教育者要提高服务意识。实践思政的每一项管理都应立足于实现大学生的全面发展，管理政策的实施都是为了更好地促进大学生成长、成才提供服务的。

因此，实践思政通过以人为本的管理，使每项教育服务措施真正落实到位，让受教育者切实感受到实践思政管理者的人性化服务以及人文主义情怀。实践思政的管理最终要实现受教育者的自我管理。因此，在引导大学生自觉积极地参与实践思政的同时，探索加强大学生自我教育，增强自主选择能力，尊重学生有创意的新奇想法，鼓励学生接受新的学习方法，通过有效的实践进行互通有无，实现全方面的发展。

第三节 高校实践思政建设的师资保障

教师是所有影响思政教育教学的因素中最具有主导意义的因素。列宁曾经指出教师之于教育工作的特殊性:"在任何学校里,最重要的是讲课的思想政治方向。这个方向由什么来决定呢?完全只能由讲课人员来决定……任何监督、任何教学大纲等等,绝对不能改变由讲课人员所决定的讲课的方向。"① 习近平总书记进一步强调:"办好思想政治理论课关键在教师"②。毫无疑问,师资队伍建设也是办好实践思政的关键所在,能否充分发挥教师的主观能动性关系到实践思政的成败。

实践思政教师必须深刻意识到新时代思政课的重要地位和战略意义,按照习近平总书记提出的关于思想政治教育的"政治要强、情怀要深、思维要新、视野要广、自律要严、人格要正"③六项要求,全面提升个人综合素养与业务能力。

一、明确实践思政教师的能力素质要求

政治性和学理性相统一是马克思主义的本质特征。思政课是培养青年学生正确"三观"的特殊课程,其中政治性是第一原则,因为思政课不只是传播知识,最终目的是帮助学生筑牢人生理想,明确奋斗目标。历史经验表明,《共产党宣言》《反杜林论》等具有鲜明政治观点的马克思主义经典著作在不同时期都起到了调动学生的政治热情、树立正确政治立场的重要作用。以思政课为代表的所有课程必须将"讲政治"贯穿始终,此为社会主义大学的最根本原则。思政教师的首要任务是便是讲授意识形态,守好政治"责任田",用清醒头脑讲解中国特色理论,循循善诱中传播真理,潜移默化中塑造灵魂。因此,思政教师个人的政治立场和理想信念是上好思政课的前提。

---

① 华东师范大学教育系编:《列宁论教育》,人民教育出版社1990年版,第344~345页。
②③ 习近平:《用新时代中国特色社会主义思想铸魂育人贯彻党的教育方针落实立德树人根本任务》,载《人民日报》2019年3月19日。

实践思政对教师的业务能力和组织能力提出了新的要求。正如习近平总书记所强调的"要让有信仰的人讲信仰"①。实践思政教师首要任务是夯实自身理论根基，坚定政治立场，牢固树立共产主义信仰。通过党课及各种实践活动锻炼自己的觉悟性，紧跟党的时代步伐，以便在面临各种难题时不会随波逐流而随时保持清醒的头脑。强化实践思政教师队伍政治素质还需要从至少两方面着手：统筹兼顾学校组织层面和教师自身层面。

从学校层面看，一是为了确保每位实践思政教师的政治立场和政治站位，高校相关部门要在实践思政教师队伍把关小组统一调度下，综合评价教师，首当其冲是政治素养。教师是高校意识形态教育这块"责任田"的守望者，只有教师自己心中对社会主义笃定信仰，才能理直气壮讲政治，才能扣好学生的人生第一颗扣子。二是制定严格选拔标准。实践思政教师的原则上应是党员。以党性原则要求实践思政专任教师，以党支部生活培养实践思政教师。除此之外，为解决教师资源短缺问题，必要时高校也需要引进非党员的专业人才来扩充教师队伍，学校及学院也要对这部分专业的教师做更加深入细致的思想政治培训工作。三是未雨绸缪，积极主动为高校思政教师储备人才。马克思主义学院的研究生和博士生都是未来的高校思政教师的后备人才，在高校面临大批思政教师退休的情况下，这批后备人才在未来的高校思政课堂和政治思想宣传方面会起到重要作用。学校应重点培养马克思主义学院的研究生和博士生，严抓严管，为实践思政教师队伍储备人才。

思想是根本，教师是核心。从教师层面来说，要根据新时代"六个要"的标准，紧跟政治发展动向，要有政治觉悟、政治担当，更新自己的政治观念，逐步提高自身职业的政治敏感性和判断力，对自己提出更为严格的要求。

实践思政教师要具备扎实的理论基础以及相当水准的科研水平，才能适应新时代要求。"打铁还需自身硬"，高校教师自身要做到"真学、真懂、真信"才能为学生答疑解惑、传业授道。教师要对实践思政课程自身内容有深刻理解和全方位的把握。追溯到政治根源和基本原则等方面的问题，阅

---

① 《习近平谈治国理政》（第3卷），外文出版社2019年版，第20页。

读并理解马克思主义经典作家的原始文本是必不可少的,教师应以广泛涉猎的形式增加自己知识储备量。实践思政教师要用马克思理论作为指导思想,对各种政治思想理论做深刻、精确的分析,消除学生的误解和疑虑。同时也要用正确的思想政治理论深入回应社会关心的重点问题,深刻阐述马克思主义理论的真理,做马克思主义思想的积极传播者。

马克思曾经说过:"理论一经掌握群众,就会变成物质的力量。理论只要能说服人,就能掌握群众;而理论只要彻底,就能说服人。所谓彻底,就是抓住事物的本质。"[1] 高校思政具有"理论"的基本属性。高校思想政治的教学内容和方式不是简单的政治宣传,想要做到有高度、有广度、有热度,就需要以学术支撑政治、以知识承载价值。有鉴于此,在实践思政实施过程中,要求教师必须做到坚信、笃信、政治立场明确,以渊博的学识解答学生的理论疑惑,以笃定的思想体系引领学生,用真情实感感怀学生,进而引领学生的思想,帮助青年学生树立坚定的马克思主义信仰,自觉地做到与国同呼吸共命运,实现认知境界与观察视的跃升。面对某些难以回避的外部问题,要以巧妙的方法给学生答疑并分析背后的成因,指导学生正确认识各类社会思潮和社会问题,明确政治立场,做好学生思想引领工作。只有这样,学生才能加深信心、坚定信念。

马克思主义是在实践中形成并不断发展演变的,客观环境要求高校教师秉承与时俱进、持之以恒、教学相长的态度,时常给自己补给"营养"和"充电"。通过及时关注、研习时事,了解学生所思所想,宏观掌握学生所关注的热点、难点问题,确保实践思政教学有的放矢。通过对学生学习、发展规律的掌握,了解班级学生的学习态度和情感倾向,用科学的教学方式、方法把马克思主义基本原理讲得清楚明白。教师要主动拥抱并适应新媒体时代,利用手机、电脑等移动网络平台,感知网络带来的生活、生产以及教学的变化。要有更新意识与危机意识,主动求新求变,尝试新的教学方法。

高校思政教育除了具有"理论"的基本属性之外,还具备"实践"属性。实践思政旨在解决青年大学生如何将理论应用于实践的问题。只有当理

---

[1] 《马克思恩格斯选集》(第1卷),人民出版社1995年版,第9页。

论能够有效地帮助学生理解和解决现实问题,才能表现出无穷的魅力。因此,实践思政教师除了要具备扎实的理论功底、渊博的专业知识、新颖的教学方法外,同时还要具备组织学生开展实践活动的协调能力、运营能力。具体来说,教师要有高度责任心投入实践思政中的实践课堂,把关整个实践课堂的主题、地点、时间、任务要求、安全,周密安排参与人员、参与方式,对实践课堂结项成果进行分析、总结、评估以及反馈。

进一步而言,高校实践思政教师要具备将理论与实践的关系讲深讲透与传达清晰的能力。教师要在教学过程中将讲授的知识与现实问题深度结合,将思政理论勾连起社会课堂,达到将二者融为一体的效果,把社会带进课堂,将理论融入实践,使学生具备理论知识底气,在面对现实问题时能够指导实践,在现实生活中体会理论妙用,帮助学生领悟理论的真谛,启发学生理性思考,培养学生能够运用理论知识分析和研判社会热点问题的能力。实现思政教育由"大水漫灌"到"有的放矢"的转变,实现理论知识由"生搬硬套"到"量体裁衣",达到学思贯通、知行结合的效果。

二、强化实践思政教师的教学科研能力

现阶段,高校思想政治教育对教师的要求越来越高,讲好、上好思政课挑战重重。特别是伴随着中国特色社会主义迈入新时代,国内经济社会深刻改革,世界面临百年未有之大变局,国内外矛盾发生全局性重大历史转变背景下,上好实践思政谈何容易。

从实践思政的教学内容来看,基本理论包括马克思主义哲学、科学社会主义、马克思主义政治经济学,以及中国化马克思主义理论等,具体内容涉及马克思主义与中国实际相结合过程中产生的最新理论成果,近代中国人民反抗外来侵略以及革命、改革、建设的历史等。

从实践思政教学运行来看,实践思政需要照顾校内小课堂与社会大课堂,各个不同学院不同学科专业及各个年级高校学生,要置身于构建大思政格局与思政课程、课程思政形成协同效应。

从实践思政的授课形式来看,以往高校思政教学侧重的是思政理论学习,存在"灌输性"教育多,"启发性"教育少的教学现状。大学生在"学

懂"思政教育过程中明显缺乏社会实践环节,由此导致学生不仅会对所学思政理论产生迷惑和不解,还会对高校思政课产生距离感,导致思政课难以落实立德树人根本任务,达不到通过思政课改造学生主观世界和铸魂育人的目的,遑论指导学生将所学知识和理论运用到解决现实问题中去。上述情况的出现均对实践思政教师提出了更高的要求。

高校实践思政区别于传统的单一课堂讲授模式,它要求教师能够做到创新性地将理论知识应用于实际操作中,在教学过程中促使学生对课堂所学内容有更深刻的理解,使学生在实践教学中充分锻炼自身能力,实现理论在实践中的内化。这不仅考验教师对课程内容的整体把控能力,还考察教师的实践教学操作技能与理论性知识储备。归根结底,实践思政对教师的教学科研能力提出了新的要求。

实践思政的教学方法直接关系到该课程的吸引力,影响着教学内容的落实以及教学成效。优质的教学资源配合有吸引力的教学内容、有趣的教学方式,才能让高校思政呈现不一样的美。思政的教育目的、课程、教材和教育管理等都有统一的要求,但是在具体实施过程中会有所不同。鉴于教科书给予的多是基本结论和教育的简单讨论,要想不同类型的学生都喜欢听思政课、学思政理论、懂思政内涵,实践思政的教师在遵循统一性和多样性的前提下,围绕教学内容和教学方法上需要做很多创造性的工作。

实践思政教师应在不断摸索中,寻找适合具有自己鲜明色彩的教学方案,形成个人教育教学专有风格,使受教育者闻之耳目一新,达到提升实践思政育人成效的目的。毋庸置疑,开展实践思政建设必定不是顺风顺水的,需要教师们勇闯新路,参与实践思政从理论到现场的全过程。教师要从自身出发,提高参与实践思政课实践教学的积极性,主动迎接教学挑战。要转变在实践思政课实践教学中的地位,实现从发布者、安排者到组织者和实践者、创新者的转变,从实践教学的旁观者到整个实践教学活动的亲历者和参与者,从实践教学的陪伴者到实践教学过程的引导者和指导者,从实践教学的评价者到实践问题的提出者和反馈者。

无论是课堂授课还是现场授课,教师与学生之间交流频繁,双方的关系最为紧密。教师的行为举止、处事方式直接映射在学生眼中,那些深受学生喜爱的教师们是学生的表率，他们的言传身教对学生起着特殊的作用和效果。与相对紧张有序的课堂讲授相比，在实践思政的现场教学中，教师与学生之间缩短了物理距离，教师的身份变得相对淡化。因此，在实践思政中，教师无论在课堂上教授思政理论知识还是在实践中现场授课，都要以培养学生的价值观念、道德感、责任感为主要目标，努力建立一种亦师亦友的关系。

"要给学生心灵埋下真善美的种子"① 是新时代思政教师的使命与担当。但实践思政教师要站稳讲台，赢得学生尊重与拥护还要有过硬的理论，充裕的知识储备做支撑。实践思政不是闭门造车，搞好科研工作是教师基本能力素养的体现，也是开展教学活动的支撑。

教师要跟上时代的步伐，就必须具备宽阔视野、宏达格局和广阔胸怀，背后则是知识视野、历史视野和国际视野做支撑。只有打好牢固的科研基础，理直气壮开好实践思政课才能水到渠成。

实践思政的要求是"强调政治"，实践思政教师的基本素质要求也是"政治性强"。但"强调政治"并不是盲目地强调纲领性文件解读书面文件，用对策反复研究解释政策，用理论来解释结论。这样的思想政治是很枯燥的，对学生来说没有吸引力。"强调政治"是政治立场不错误、理想信念坚定实践思政教师必须学会运用学术谈论政治，将政治理论与学术理论相结合，将政治内容与学术内容相结合。应该用牢固的信仰感召学生，用扎实的理论回答学生，用强大的真理引导学生。想要提高教育内容的深度，就必须遵循客观规律，用理性真正说服。这都需要作为宣讲人的教师通过个人科研做基础。

强化实践思政教师科研能力，不光包括理论能力，还涉及对理论的理解能力和讲解能力。面对教学难点、社会热点，教师要具备超强的理论阐释能力，不断增强实践思政的理论性、亲和力和思想性。

三、完善实践思政教师的考核评估机制

高校思想政治教育评价体系在落实立德树人根本任务中具有举足轻重的作用。加强和改进高校实践思政评价工作，事关办什么样的实践思政、谁来

---

① 习近平：《用新时代中国特色社会主义思想铸魂育人贯彻党的教育方针落实立德树人根本任务》，载《人民日报》2019年3月19日。

评价实践思政、怎样评价实践思政等一系列基本问题，事关党对高校思想政治教育工作的领导。构建科学合理的思想政治教育评价体系，要基于时代要求，做到因事而化、因时而进、因势而新。在实践思政教学活动中，构建围绕实践思政教师队伍的考核评估机制是加强对老师教学和学生实践督导的有力举措，也是实现实践思政规范化、科学化建设的重要组成部分。

构建实践思政教师的考核评估机制要彰显多元视角。科学全面的评价对于教师的自我定位以及合理分配教学和科研的比重具有重大意义。学校应该积极探索并制定覆盖不同学科、涉及不同层次的教师评价标准，要注重内外部协同，综合教师自评、学生评价、同行评价、督导评价等多种主客观评价方式，注意采纳社会评价，将客观量化评价与主观效度检验结合起来，生成并完善内督外促、内主外辅、内外联动的评价体系。最大限度发挥高校评价机制作用，促进思政教师队伍的健康可持续发展。

考核评估机制要体现学生在本门课程的表现与收获，为改进课程内容与形式提供思路。对于评价结果，也应重点研究如何反馈回实践思政。继而改善教育教学方法，提升实践思政对学生的吸引力。

构建实践思政教师的考核评估机制还要做到完善激励机制。科学的评价机制需要相应的奖励机制作为辅助，两者结合起来并具体落实才能起到提高思政教师积极性的最大作用。马克思主义理论课与思想政治教育课应分开设置，尤其是在专业性较强的技术职务评价与招聘中，而且要做到具体的指标不得挪作他用。思想政治教师专业技术职务比例应不得低于学校平均水平，把思想政治教师纳入各类高层次人才工程，加大对其支持力度。

各高校要根据实际情况，把实践思政教育教学表现作为教师评定职称、晋升职务、申报学术骨干、各类高层次人才的重要依据。经常性举办优秀教师表彰大会和表彰活动，选拔实践思政先进教师模范代表，给予物质与精神奖励，把握正确舆论导向，加大宣传力度，彰显楷模作用，营造实践思政建设的良好舆论环境和校园文化氛围。

第八章

山东财经大学"1145"实践思政育人的模式构建和实施路径

实践思政作为思政育人体系建设的新思路和新布局,对于践行马克思主义实践观中所蕴含的政治立场、价值追求、辩证思维和精神品格,完成矢志不渝以习近平新时代中国特色社会主义思想铸魂育人的使命担当,以及充分挖掘当代大学生思想政治教育实践属性的新内涵都具有重要意义。近年来,山东财经大学一直牢记为党育人、为国育才的使命,站在时代高度,重视思想政治工作,率先对高校实践思政的理论展开探索,明确提出"实践思政"的概念,将实践作为立德树人工作的突破口和深化德育综合改革的动力,坚持问题导向,深化改革创新,加强顶层设计,形成了一套实践育人的特色理念和经验方法,初步构建了具有本校特色的"1145"思政育人工作模式。

第一节 一个主题:坚持立德树人的育人根本

一、"立德树人"的三重本质内涵

源浚者流长,根深者叶茂。育人的根本在立德,这是人才培养的辩证法,也是高等教育必须遵循的规律。党的教育方针一以贯之地将立德树人的成效作为检验学校一切教育教学工作的基本要求和根本标准。党的十八大以

第八章　山东财经大学"1145"实践思政育人的模式构建和实施路径

来,以习近平同志为核心的党中央,要求全面贯彻党的教育方针:采取教育优先的原则,牢牢抓住立德树人这一教育根本,培养服务于社会主义现代化建设、服务于人民的德智体美劳综合发展的社会主义建设者和接班人,将"立德树人"作为"努力办好人民满意的教育"的最高指导思想。2018年5月,习近平总书记在北京大学师生座谈会上引用《礼记·大学》中的经典名句"大学之道,在明明德,在亲民,在止于至善",强调"大学是立德树人、培养人才的地方,是青年人学习知识、增长才干、放飞梦想的地方。"[1]在党的十九大报告中,习近平总书记对立德树人有过详细阐释:"立德树人"的长远目标、根本任务和发展使命,就是"弘扬民族精神和时代精神"并且"培育和践行社会主义核心价值观",更好地"构筑中国精神、中国价值、中国力量"。[2]

党中央的一系列论述为新时代办好思想政治理论课指明了方向、提供了遵循,高等院校作为思想政治教育的主阵地,应坚持以立德树人为根本任务,把思想政治工作贯穿教育教学全过程,因事而化、因时而进、因势而新。何为"立德树人",其关键是"德",从汉字源流上看,"德"就是道德、品行,属于社会意识形态范畴。在马克思主义看来,它是通过社会的、阶级的舆论对社会生活起约束作用的人民共同生活和行为的准则和规范,是跟随着不同时代和不同阶级而变化着的。早在先秦时期,中国古代思想家老子在《道德经》一书中提到:"道生之,德畜之,物形之,势成之。是以万物莫不尊道而贵德。道之尊,德之贵,夫莫之命而常自然。"这里将"道"和"德"视为尊贵的常法,"道"代表自然运行与人世共通的真理,"德"代表人类的德性、品行,但"德"是根据自然之道法规律演变而来的,和"道"并不相同。战国末期赵国思想家、教育家荀子在《劝学》篇中写道:"故学至乎礼而止矣,夫是之谓道德之极",将"道"和"德"二字连在一起。

---

[1] 《习近平在北京大学师生座谈会上的讲话》,人民网,http://edu.people.com.cn/n/2014/0505/c1053-24973276.html。

[2] 习近平:《决胜全面建成小康社会 夺取新时代中国特色社会主义伟大胜利——在中国共产党第十九次全国代表大会上的报告》,中国政府网,http://www.gov.cn/zhuanti/2017-10/27/content_5234876.htm。

实际上作为思政教育根本中"立德"的"德"应该被赋予新时代的意义。其一,"道",即人关于世界的看法,也就是世界观的范畴,虽然道本存于天地,却要靠人心去感知,所以道在人心;其二,"德",指的是德行或者良心,自觉遵从主流社会规范的心理意识,也就是价值观范畴,这是受到后天的宣传教育及社会舆论的长期影响而逐渐形成的;其三,"魂",指的是灵魂,党员要有"纯粹之魂",国家公职人员应有"政治之魂",青年应有"民族之魂",教师应有"人类工程师之魂",各行各业的人们都要"铸魂补钙""凝魂聚气""净化灵魂",不忘初心使命,筑牢信念信仰之魂,这才是立德树人内在逻辑与建构原则的理论精髓和精神实质。① 因此,"德"之内涵是丰富多维的,"立德"任务是广泛多元的,"魂"是"德"的精华,一个真正"有德"之人必定是"有灵魂"的人,人因德而立,德因魂而高,"魂"才是"德"的统领与根基,"铸魂育人"决定着"立德树人"的性质和方向,"铸好魂"才能"立好德"。那么如何"铸魂"呢?"铸魂"应从三个层面入手:第一层面是以"信仰"为核心的意义世界,意义世界发挥着主导和统摄作用;第二层面是以"价值"为核心的观念世界,观念世界由"原则、人生观"等规范性要素构成,发挥着基础作用;第三层面是以"精神"为核心的由"希望、好恶、赞成或反对、同情和反感"等基础性因素构成的情感世界,发挥着支撑作用。在落实立德树人根本任务的过程中,要遵循铸魂育人的规律和逻辑,遵循社会主义办学规律和教书育人规律,以观念世界和核心价值观为价值基础,以构筑理想信念和意义世界为关键点,以主观世界和国家精神为情感支撑,践行社会主义核心价值观,弘扬中国精神,将理想信念放在首位,完成"铸魂工程"。

"立德树人"作为现阶段我国教育的根本任务与目标,其多维内涵指引了教育实践的未来走向,对我国的教育改革与发展具有深远的意义。

---

① 李忠军、钟启东:《落实立德树人根本任务,必须抓住理想信念铸魂这个关键》,人民网,http://opinion.people.com.cn/n1/2018/0531/c1003 - 30024346.html。

二、"立德树人"的三重融合属性

(一)"立德树人"兼具本土性和世界性

中国作为一个具有悠久历史文化传统的世界大国,不仅要在国际政治、经贸和外交等领域扮演举足轻重的角色,还应发挥在教育领域的价值观引领作用,以落实"立德树人"的教育任务和培育、践行社会主义核心价值观为重要举措,向世界发出属于中国教育的"最强音"。当然,重视教育在价值观念的引领和人才思想品德的塑造方面的功能,这既是中国教育的追求,也是世界各国教育发展的主要方向。《美利坚合众国宪法》在序言中将"树立正义"作为整个民族和国家的价值共识,在2006年的《美国高等教育行动计划》中规划了未来美国高等教育的走向,突出强调了高校教育对社会的责任担当;2015年3月,日本文部科学省正式宣布将1958年以来作为非正式学科的"道德实践"上升到与国语、数学等学科同等重要的地位,掀开了新一轮道德教育改革的序幕,成为日本在国家层面围绕立德树人和教育改革问题制定的教育发展战略;[①]《俄罗斯联邦公民爱国主义教育纲要》从"爱国主义""强国意识"和"国家观念"等方面来引导公民道德体系建设,自2000年进入"普京时代"以来,俄罗斯政府正式将国家意识形态建设纳入国家教育战略,以体系思维统筹推进公民爱国主义教育,并逐渐发展成为一项国家主导、社会协同、全民参与的重要战略工程;[②] 2015年1月,英国前教育大臣妮基·摩根(Niki Morgan)在演讲中提出了"推动英国核心价值"的教育主张,要求英国所有学校像对待学术标准的渴求一般,去加强英国基本价值观培养;2015年,联合国教科文组织发布《反思教育:向"全球共同利益"的理念转变》的报告,提出了要以人文理念为基,主动担当人类共同利益,该组织在后续提出的一系列报告中都提出了以道德伦理为基础的道德人文主义价值观以及全面整体性推进道德教育的建议。可

[①] 那乐:《基于"传统与文化"教育视野的日本新一轮道德教育改革研究》,载《外国中小学教育》2019年第3期,第16页。

[②] 雷蕾:《普京时代俄罗斯公民爱国主义教育二十年回顾》,载《比较教育研究》2020年第11期(总第370期),第53页。

见，各国的说法和做法虽然有别，但是立德树人的育人思维已经成为世界共同认同的普遍做法，并且形成了结合本土需求又有各国特色的教育理念，成为全球高等教育改革的重要方向。① 在"立德树人"这一教育的中心思想和发展趋势上，中国教育体现了高度的本土性和世界性。

（二）"立德树人"兼具历史性和未来性

现实的教育学虽然总是隐去了"客观时间"的前提，但是仍然无法否认客观时间下的教育影响和制约着教育的内容、方法和结果的无奈现实，教育承接过去，昭示未来，知识、文化、意识和理念的承接与发展是由教育完成的。思政教育所注重的传统文化的传承是在强化家国认同、凝聚民族意识、增强文化自信的过程中深刻阐发传统文化的主要内涵，思政教育所注重的中华文化的发展是在构建中华民族伟大复兴和人类命运共同体的过程中精辟地概括中国文化的时代价值。因此，立德树人的教育使命从来都不是片面、孤立和静止的。它宣扬和传承的从来都是从历史走向未来，从延续民族文化血脉中开拓前进的无法割断的中华精神命脉，立德树人就是要持续加强对传统优秀中国文化的阐发和挖掘，努力推动中华传统美德的创造性转化和发展，培养新一代的中国人"不忘本来、吸收外来、面向未来"的精神。

（三）"立德树人"兼具科学性与价值性

科学性是高等教育的基本遵循，在思想政治教育实践中也必须体现科学性的基本属性。立德树人作为思想政治教育的根本任务，也必然以科学性为指引：其一，保证教育的内容是科学的，即要教化和传承的内容是人们在认识世界和改造世界过程中形成的有益的积极意识形态成果，传播的思想、观念、成果必须是经过实践检验或科学证明的真理；其二，保证教育方法是科学的，当立德树人演化成具体的教育行为，必须符合自然科学和社会科学规律，契合高等教育规律和人类认知发展规律，思政教育工作者必须实事求是，尊重和顺应规律，才能取得立德树人的实效。价值性也是立德树人工作的重要属性，受教育者从社会和自身发展的需求出发，在思想观念、政治观念、道德观念的形成中不断获得素质的提高和全面发展，就是价值实现的过

---

① 齐立斌：《立德树人：大学体育的时代使命、价值基础与实践进路》，载《大学教育》2021年第3期，第145页。

程。价值性是"立德树人"的根本目的,也是立德树人工作保持正确方向的"安全阀"。只讲立德树人的科学性,忽略价值性,就可能出现教育的价值缺失,如果只追求价值性,而忽略科学性,思想政治教育工作的积极性、主动性、创造性就会有所淡化,缺乏实效。

三、实践思政对"立德树人"的价值回应

实践思政是贯彻党的教育方针、落实立德树人根本任务的重要支点。近年来,山东财经大学将传统意义上思想政治教育中的思想政治理论课、课程思政的"两轮驱动",转变为新时代高校育人体系的"三驾马车",整合实践思政元素,推动思政课程、课程思政和实践思政同频共振、同向同行、创新协同,以实践思政为新阵地将精神塑造和价值培养贯穿到课堂教学全过程、全方位、全员中,拓宽了立德育人的广度、增加了立德育人的维度、提升了立德育人的精度。

落实立德树人的根本任务不是以教学单位或者教学环境为背景,而应该是以当前和当下的时代为背景,放眼世界百年未有之大变局,展望党和国家发展之大机遇,憧憬实现中华民族伟大复兴之大未来。实践思政根植于实践的沃土,最终回归实践,构建和呈现了一个完整的教育理论体系闭环。立德树人讲究方法和过程,更在意目的和成效,只有心里装着党和国家,在中国人民的伟大实践中关注时代、关注社会、汲取养分、丰富思想,才能培养出为人民服务的人、对党忠诚的人、有志于投身伟大的社会主义现代化建设实践的人。实践思政是扎根中国大地搞教学,同生产劳动和社会生活相结合,培养德智体美劳全方位发展的社会主义建设者和接班人的系统化的教育理念,它富涵的时代特点、地域精神和民族情怀将使思政课更有人情味,更加入脑入心。

实践思政作为目前新形势下加强大学生思想政治教育的有效途径,主要回应"立德育人"过程中的三项价值关切。

第一,教育当代大学生以坚定的马克思主义信仰为指导回归生活实践。实践的观点、生活的观点是马克思主义认识论的基本观点,实践性是马克思主义理论区别于其他理论的显著特征。马克思主义信仰是思政教育鲜明的政治底色,是高校铸魂育人的基点,是坚持办学正确方向的根本政治保证。在

"立德树人"的过程中应不断用马克思主义实践理论补钙壮骨、凝神聚气,全部社会生活在本质上是实践的,实践性应成为实现教育革命的逻辑起点,成为思政教育的理论品格和给予思政教育旺盛生命力的源泉。突出立德树人的实践属性就是在充分理解实践对认知作用的前提下注重通过实践的检验、理性的反思,提升教育的亲和力与针对性,促进学生真正将所受教育内化于认知结构,进而真正改变自身思维方式,形成良好的观念体系,提高思想政治教育的实效。同时,实践思政充分践行教育实践哲学理念,更加强调以实践的思维方式将开放性的思想政治教育的意义进行整合,将实践渗透于教育活动全过程,突出教育者与受教育者的双主体地位,注重学生在实践中获取相关思想政治教育知识,不断提高自身修养,通过在实践中的反思与体验实现自身道德素质的提升。

第二,教育当代大学生在"知行合一"中回归价值理性。习近平总书记提出的"知行合一"理论作为重要的治国战略和政治智慧是对我国优秀传统文化的继承和发展,"知"是基础、是前提,"行"是重点、是关键,必须以"知"促"行"、以"行"促"知",做到知行合一。思政的"知"是蕴藏在思政课程和专业课程中的理论素养、中国精神和价值取向,思政的"行"是对所"知"所思的求证践行,是见真章、发实力、知行合一的真功夫,是核心价值观和内心精神外化于行的自觉行动。"道不可坐论,德不能空谈。"培育和践行社会主义核心价值观,靠的终究是脚踏实地的闯劲和抓铁有痕的真章,要善于把"知"付诸"行",非厚"行"薄"知",而是求"知"为"行",做到学以致用、知行合一,在落细、落小、落实上下功夫,使核心价值观内化于心,外化于行。实践思政的本质是"纸上得来终觉浅,绝知此事要躬行"的笃行,实践就是"行",坚定不移、持之以恒地"行",通过社会实践活动帮助学生将学到的本领运用到实际工作中去,以新的思想认识推动实践,又以新的实践启发思想认识,在"行、知、再行、再知"的螺旋式上升过程中不断增强本领,在实践中逐步明白应当怎样做、不应怎么做,实现价值理性的回归。

第三,教育当代大学生以坚定的理想信念回归社会实践。要重视实践育人,让学生在亲身参与中认识国情、了解社会,受教育、长才干。实践思政就是要坚持从大千世界中挖掘生动鲜活的思政素材，在开放发展的社会大课堂上帮助学生坚定理想信念、厚植爱国情怀、加强品德修养、增长见闻知识、培养奋斗精神、增强综合素养，让教育成为充满生命力的活水。立德树人的实践证明，教育肩负着为党育人、为国育才之重任，只有通过规范和系统的社会实践，锲而不舍地强化受教育者热爱祖国的情感，持之以恒地塑造受教育者读懂中国的能力，才能培养出新时代主动担当作为的建设者和奋斗者，立德树人的过程就是坚持将思政教育打造成认识世界、改造世界、创造价值的现实过程，将接受教育、增长才干、塑造品行融通为丰富而立体的实践育人效果，让学生看懂真世界、进入真情境、解决真问题、创造真业绩，切实把握社会实践的真谛。

第二节 一条主线：打造"三千计划"实践育人特色品牌

建设中国特色社会主义的伟大实践为共青团事业开辟了更为广阔的发展空间，为中国青年提供了更加广阔的时代舞台。在建设中国特色社会主义的文化中，需要共青团不断加强青年思想道德建设，充分发挥青年在群众性精神文明创建活动中的积极作用，青年面向新世纪成长成才，需要共青团提供更为有效的服务。当代青年生逢其时，任重而道远，他们是社会主义现代化事业的建设大军，是科技创新的新生动力，是社会主义民主政治的参与者和监督者，是推进全面依法治国的重要力量，是中华民族伟大复兴的先锋部队。

山东财经大学目前有团员总数近30000人，团支部696个，基层团委18个，共青团山东财经大学委员始终坚持以习近平新时代中国特色社会主义思想为指导，深入学习贯彻党的十九大精神、团的十八大精神，将团学工作放在学校综合改革深化内涵发展的全局中，充分发挥全校团学工作在立德树人和财经特色名校建设中的独特作用，其中一项最丰硕的成果就是依托校实践思政育人工程，以深化德育综合改革为契机，以完善实践育人体系和增强实践育人效果为目标，扎实推进开展了大学生进"千村、千企业、千社区"计划，简称"三千计划"。

一、"三千计划"简介

"三千计划"的前身是始于 2010 年的社会实践活动，2015 年在山东省政府研究室的支持下经过不断完善和发展形成以"三千计划"为载体的财经人才培养社会实践育人体系，以寒暑假、学生劳动周和实习实训为时间载体，以"大视野、小切口、真问题、深调研"为工作切口，紧紧围绕"服务山东、服务济南、服务重点、服务家乡"四个目标导向，引导大学生坚持理论与实践相结合，走出校门、走进企业、走进社区、走进乡村，关注和调研山东省乃至全国全面推进深化改革过程中经济、政治、社会、文化诸多领域的基本问题和热点、难点问题，在经济社会发展、红色教育、乡土人情等人文地理考察和公益志愿服务等领域开展精彩纷呈的实践，鼓励学生和教师的深入参与，打造师生双主体的工作格局，使广大学生和青年教师在实践中成长，与社会同进步，引导学生以脚步丈量祖国山河，用心灵感受世间冷暖，以专业把握社会脉动，并通过深入研究和思考，提出解决思路，为祖国的现代化建设贡献青春力量。

作为在全国高校中比较知名的实践育人品牌，"三千计划"社会实践已达到本科生全覆盖。近 5 年，学校与山东省政府研究室合作，持续深入实施"三千计划"社会实践活动，共资助实践团队 10000 余支，参与学生 8 万余人次，参与指导专任教师 5800 余人次，调研村庄 7115 个、企业 7113 家、社区 7980 个，获国家、省级立项 200 余项，完成调研报告 11876 项，培育提炼创赛项目 4300 余个，获国家和省级奖励 400 余人次。该活动每年 4 月启动至次年 3 月结束，形成以定题组团、立项培训、宣传筹划、组织实施、成果完善、展示评价、成果验收、总结表彰、后期资助与成果转化等若干阶段的事前筹备、事中管理、事后成果转化的工作闭环，凝练了"三全育人、三同发展、三维选题、三向转化"的实践特色。

通过参与"三千计划"，学生体察了当代农村、企业、社区的现状，增强了服务国家、服务人民的社会责任感。学校"三千计划"的实施，得到中央政策研究室、人社部、省委教育工委、团省委等单位的广泛关注和高度评价,该做法已经入选团中央全国高校社会实践案例。"三千计划"被列入全省政府系统调研课题,成果多次获得省领导重要批示,其中36项被省直部门应用采纳,学校连年获评全国社会实践活动优秀单位。在历年的主题活动中涌现出大量优质团队,项目成果得到了社会各界的广泛好评。人民网、未来网、《大众日报》、团中央微信公众号、微博等对"三千计划"多次进行了全方位多角度的报道,多个团队和调研成果获团中央、团省委表彰。其中,2016年在"创青春"全国大学生创业大赛中获全国金奖3项,全国财经类高校创新创业大赛中获得特等奖1项、一等奖1项。在第十二届"挑战杯"中国大学生创业计划竞赛中山东财经大学荣膺金奖1项、银奖2项、铜奖3项,以山东省高校和全国财经类院校第1名的优异成绩捧得大赛"优胜杯"。《石榴籽计划——助力农特产出疆"开新方"》团队在推广普通话实践中,直播带货助农兴农的正能量做法取得了强烈的社会反响,学校和团队收到了教育部语言文字应用管理司和共青团中央青年发展部发来的贺电和表扬信。

二、加强顶层制度体系的构建

(一)坚持问题导向,以"12345"设计方案全面推进计划实施

按照《山东财经大学大学生社会实践"三千计划"总体实施方案》的要求,"三千计划"针对财经类高校人才输出的社会适应性不强、理论和实践脱节、思政教育在专业教育中嵌入不足等突出问题,量身打造了"12345"实施方案:"1",以在实践活动中完成立德树人的根本教育任务为宗旨,服务于学生成长成才;"2",激活学校和学生的双驱动主体,推动实践育人高效运转;"3",系统发挥教师精心指导、学生热情参与、教学相长的三重作用;"4",完成"经济社会发展""公益志愿服务""红色教育""人文历史地理考察"四大调研项目的拓展与延伸;"5",优化整合组织、制度、机制、技术和文化五项要素,确保实践育人的有序开展和实效落实。

(二)坚持目标引领,以"3+5"工作思路保证计划的运行质效

为保证"三千计划"相关活动切实落实实践育人目标,相关团队人员在工作具体开展的过程中提出了"3+5"工作思路。"3",即制定"凝聚师生共识""打造特色品牌""搭建实践平台"三项任务。"5",即构建起由五项内容组成的一整套保障和提升实践质量的制度体系：第一，形成实践团队组建机制，鼓励跨学科专业、跨学院、跨年级共建实践团队；第二，形成指导教师制度，为每个实践思政团队配备专业指导教师和思政指导教师，教师按照分工做好知识教授和价值引领的工作；第三，完善激励机制，在修改教学培养方案和大纲，提高实践学分比例的基础上，对学生达到相应指标要求的实践活动给予实践学分认定，将教师指导学生实践纳入教学工作量考核体系，对成绩突出的优秀团队、个人以及优秀的实践成果给予表彰奖励，对少数民族学生和特困生给予经费资助或补贴；第四，建立健全安全保障制度，按照学校出台的《学生校外实践活动安全工作意见》，与实践团队签订安全责任书，明确团队负责人是安全第一责任人；第五，建立健全经费保障制度，设立"三千计划"专项经费，专款专用，鼓励各学院加强经费投入，积极争取社会支持和资助。

三、立足实践，打造特色育人品牌

经过不断地探索和经验总结，学校以"三千计划"为载体构建了全面覆盖、类型丰富、层次递进、相互支撑的实践思政体系，形成了可复制共享的经验、成果和模式，形成了"三全育人、三同发展、三维选题、三向转化"的实践育人特色品牌。

"三全育人"：其一，是实行全员育人，鼓励和引导专业教师和思政教师全面有效指导，实现学生实践的全员覆盖；其二，是注重全程育人，组建专业教师、思政教师、学团工作干部、专家兼职导师的共建团队，对学生从选题、立项，再到调研，最后完成报告撰写和成果转化的实践过程进行无缝连接的全程指导；其三，是坚持全方位育人，整合校内外优势实践教育资源，开发网络育人平台，搭建多样化实践基地，形成学校、家庭、社会的全方位育人机制。

"三同发展"：一是师生共创，师生共同开放孵化项目，通过项目的完成实现学生增强社会认知感和责任感的教与学的过程；二是师生共践，打破

第八章 山东财经大学"1145"实践思政育人的模式构建和实施路径

传统教育尤其是思政教育破解重理论轻实践的桎梏，引领学生走进企业、走向田间地头，进入广阔天地，彻底解决学用脱节、学用"两张皮"等问题；三是师生共进，目标上实现师生在实践教学中的共同进步，在科研素养、社会服务和思政教育等方面的相学相长、共赢共享。

"三维选题"：重点围绕经济社会发展、学生专业兴趣、教师学术研究三个维度进行选题，聚焦实践活动的针对性、有效性，并且着重挖掘三个维度的思政元素。例如，2018 年山东财经大学社会实践"三千计划"的主题是"青春大学习，奋斗新时代"，该主题主要对标习近平新时代中国特色社会主义思想和党的十九大精神，对标山东省第十一次党代会及山东省第十四次团代会精神的要求，激励鼓舞大学生勇做担当使命的时代新人，引导学生在实际行动中助力扶贫，服务乡村振兴，重点关注"新旧动能转换"，切实感受改革开放 40 多年伟大祖国取得的新成就、新面貌，在受教育、长才干、做贡献中奉献青春力量；2019 年山东财经大学社会实践"三千计划"的主题是"青春心向党，建功新时代"，该活动注重引导学生通过主题实践活动感受新中国成立 70 周年来的历史性成就和中国共产党人守初心担使命结出的丰硕成果；2020 年山东财经大学社会实践"三千计划"的主题是"凝聚青春力量，助力全面小康"，紧密结合学校办学特点、结合学科专业特色、结合共青团工作实际，透视国家战略和财经学科专业发展，策划创新创业项目、开展创新创业竞赛；2021 年山东财经大学社会实践"三千计划"的主题是"践行青春使命，投身强国伟业"，充分发挥社会实践加强大学生思想政治教育的优势，组织青年按照"线上线下结合、就近就便、灵活多样"的原则，通过学习宣讲、社会调查、基层走访、岗位实习、志愿服务等方式，感受党的奋斗历程和伟大成就，自觉传承红色基因，厚植爱党、爱国、爱社会主义的情怀，选题包括"产业实践""服务济南""乡村振兴"等实践专项选题，"建党百年""弘扬优秀传统文化""返家乡看家乡""国情观察""'青岛计划'岗位实习"等引领性选题，还包括为青年学生运用所学知识与经济社会发展紧密结合而提出的参考性的引导性选题。

"三向转化"：一是实现实践成果转化为科研项目、学术论文或者毕业设计，不断提升师生科研素养；二是从实践经验中提炼参加创新竞赛、学科竞赛所需的调研素材,促进创新人才培育;三是依托实践思路打造智囊集团或思想库、智囊机构、顾问班子,发挥智库作用,服务政府决策。

第三节 四个平台:扎实推进实践思政平台建设

一、依托社会实践基地打造"国情认知平台"

社会实践是大学生国情认知的重要载体。自 1983 年共青团中央在《纪念一二·九运动四十七周年开展社会实践周的通知》中发出倡导大学生开展社会实践活动的号召以来,向社会实践学习、在生活中感知、在实践中领悟就成了青年锻炼成长的有效途径,成为大学生了解客观世界的源泉,成为检验经验和真理的试金石。[①]

山东财经大学除了开创了以"三千计划"为载体的财经类专业学生的社会实践育人综合平台以外,同时依托财政税务学院、管理科学与工程学院、会计学院、文学传播学院、金融学院、艺术学院、保险学院、经济学院、工商管理学院、法学院等 20 多个学院,集合文、法、理、工、教育、艺术等八大学科的优势资源,建立了近 280 个社会实践基地。

按照行业和领域划分,包括工商业联合会实践教育基地、科技企业实践教育基地、物流与交通运输协会实践教育基地、文化传媒企业实践教育基地、银行业实践教育基地、保险业实践教育基地、证券投资企业实践教育基地、房地产行业实践教育基地、贸易公司实践教育基地、物业管理企业实践教育基地、医疗管理类实践教育基地、学校实践教育基地、律师事务所实践教育基地、会计师事务所实践教育基地、审计师事务所实践教育基地、教育咨询企业实践教育基地、信息技术企业实践教育基地、拍卖公司实践教育基地、出版行业实践教育基地、餐饮管理公司实践教育基地、中国孔子基金会实践教育基地、酒店管理实践教育基地、国家机关和事业单位实践教育基

---

① 徐永平:《论"三个没有变"与国情认知的维度》,载《青岛行政学院学报》2016 年第 5 期,第 58 页。

第八章　山东财经大学"1145"实践思政育人的模式构建和实施路径

地、乡村（镇）实践教育基地、经济开发区实践教育基地、人民法院实践教育基地、人民检察院实践教育基地。

按照主题和功能划分，包括党员教育体验基地、艺术写生基地、财税问题实践教育基地、移动社会实践基地、开创云实践教育基地、标准化研究社会实践基地、农业发展实践基地、大数据人才培养实习实践基地、专业教育实践基地、社情民意调查中心共建社会实践基地、山东沂源桃花岛"艺术活化乡村"实践教育基地、山东博物馆实践教育基地、中国当代书画作品价格鉴定实践教育基地、华尔街中美文化艺术交流中心实践基地、美术馆教学实践基地、临沭柳编工艺品实践基地、微山县"湖人书屋"文化大院实践基地、社会福利院实践教育基地、社会福利事业实践教育基地、老年康养实践教育基地、残疾人服务实践教育基地、精神卫生实践教育基地等。

通过上述社会实践基地的教学育人实践，学生们深入祖国的各行各业中，深入基层中去，走到人民中间，真正实现书本知识与投身社会实践的统一。了解地理资源、生态环境、人口等自然国情，了解历史传统、文化背景、政治制度、经济制度等人文国情，在感知经济文化发展现状的教育、经济资源和人口问题的教育和中华民族优秀传统的教育时，自然而然地产生浓烈的爱国情感。在实践基地的体验中，学生们可以客观全面地了解中国国情的优势和劣势，经历残酷现实所带来的挫折和打击，这种大胆"暴露"出来的国情问题有利于激发学生的报国之志。当学生们切身体会和聆听那些为维护祖国的主权和领土完整的英雄志士们为国捐躯、血染疆场的事迹时，会获得悲愤所激发的无穷的奋斗的力量；当学生们和坚守在祖国的每个岗位上的普通建设者和建功立业的楷模们一道工作时，会产生无限的仰慕之情，产生振兴中华的强大自豪感和自信心。

社会实践基地致力于达成三个实践育人的目标：第一，要带领学生重温中国历史，再现中华民族百年来争取民族独立、自由解放的斗争史，再现社会主义现代化建设的伟大征程，让学生在社会主义道路上汲取经验和智慧；第二，要引导学生感悟家乡实际，客观分析地域优势和制约城乡建设的诸多因素，将小我融入大我，决战脱贫攻坚，投身家乡建设，充满情感地成为"家乡窗口"的建设者、维护者、展示者；第三，通过引导学生在了解当下国情的基础上展望发展中的中国,不断巩固马克思主义在意识形态领域的指导地位,坚定不移地走中国特色社会主义道路,不负时代赋予中国青年的崇高使命,毫不动摇地沿着已经开辟出来的道路继续奋勇前进。①

二、依托乡村振兴学院打造"社会服务平台"

高校创新教育应对接国家战略。2017年习近平总书记在党的十九大报告中第一次提出实施乡村振兴战略,将"农业""农村""农民"的"三农"问题作为国计民生的根本性问题和全党工作的重中之重,全面开启乡村振兴战略。② 随后,2018年的《乡村振兴战略规划(2018-2022年)》,2021年的《中共中央国务院关于全面推进乡村振兴加快农业农村现代化的意见》和《中共中央国务院关于实现巩固拓展脱贫攻坚成果同乡村振兴有效衔接的意见》等一系列文件出台,对全面推进乡村振兴工作作出了总体部署,也为下一阶段"三农"工作指明了方向。

在此重要时间节点,山东财经大学为服务山东、打造乡村振兴齐鲁样板,与知名企业联合创办成立了山东财经大学乡村振兴学院,旨在打造乡村振兴理论教育基地、科技成果转化基地、创新人才培养基地、产业教育实践基地、对外交流宣传基地。山东财经大学乡村振兴学院实现了扎根中国大地,把大学办在田间地头,把论文写在祖国大地上,将思政小课堂开到社会大课堂中去的思政教育理想,被社会各界热议为校地校企合作的"实验室",乡村振兴学院展现了高校和企业家的使命担当和社会责任,是校友情系家乡、反哺家乡的具体体现。③

搭建以"用"为主的"产学研用"一体化社会服务平台。"产学研"和"产学研用",虽然只有一字之差,但是却体现了教育理念的大跨步。从教育的层面讲,"产学研用"合作教育必须充分利用学校与企业、科研单位

---

① 汤立群:《社会实践活动:大学生国情教育的重要载体》,载《教育教学论坛》2010年第36期,第21页。
② 《习近平对实施乡村振兴战略作出重要指示》,中国政府网,http://www.gov.cn/xinwen/2018-07/05/content_5303799.htm。
③ 《山东财经大学乡村振兴学院揭牌成立》,山东教育新闻网,https://baijiahao.baidu.com/s?id=1685406907798106985&wfr=spider&for=pc。

第八章 山东财经大学"1145"实践思政育人的模式构建和实施路径

等多种不同教学环境和教学资源以及在人才培养方面的各自优势。学校的主要优势就是以课堂传授知识为主的学校教育,侧重理论传授和科学研究,企业的优势在于可以通过实践教学帮助受教育者直接获取实际经验、技术能力。同时,"产学研用"的"用"强调应用和用户,以政府政策需求和市场需求为导向,"学"是理论基础,"产"是技能提升,"用"是技术创新的出发点和落脚点。乡村振兴学院大力开展乡村振兴基础问题、重点问题、热点难点问题的政策研究、理论探索和实践指导,强化教学研究案例建设,力争产生一批高质量、接地气、有影响的研究成果,打造乡村振兴齐鲁样板的智库重镇,服务山东,助力美丽中国、美丽乡村建设。

突出"实践"+"振兴"双线人才培养模式。所谓"实践",即在创新人才培养模式上,注重采用探索启发式、探究式教学方法,创新合作式、任务式、项目式、企业实操教学等培养模式,形成贯通本科生、研究生实践教学、实习实训和社会实践"三千计划"的一体化实践教学模式;所谓"振兴",即教育者要时刻在教育中体悟"培养什么人、怎样培养人、为谁培养人"这一教育的根本性问题,不忘用爱国意识和社会责任意识帮助受教育者凝神聚气、补钙壮骨、固根铸魂,培养旨在投身产业振兴、家乡振兴、生态振兴、文化振兴、中华振兴的中坚力量。

三、依托原山艰苦奋斗基地打造"劳动教育平台"

"功崇惟志,业广惟勤。"马克思主义劳动理论的核心是高度重视劳动者的主体作用和充分彰显劳动者的价值创造能力,没有高效的价值创造和劳动生产力,物质基础得不到保障,人类社会历史的发展无法持续,这是唯物的,也是辩证的。[①] 全面建成小康社会,建设富强民主文明和谐的社会主义现代化国家,根本上靠劳动、靠劳动者创造。中国的伟大历史是人民创造的,中国的无限未来还是要靠劳动人民开创,不劳动梦想就不会成真,不劳动奋斗目标就无从实现,必须依靠辛勤劳动、诚实劳动、创造性劳动、踏踏实实地劳动去换取幸福生活。劳动价值的创造不仅是自然物质和生产工具的

---

① 秦婧:《核心素养视角下大学生学校劳动教育现状及对策分析》,载《现代商贸工业》2021年第21期,第64页。

简单组合和作用，更是人的奋斗精神和理性光辉的灵魂支撑，只有拥有高尚劳动情怀和坚定劳动精神的人才能更好地进行劳动实践，那么培养具有高超劳动价值创造能力和高尚劳动情怀的优秀劳动者的责任就落到了教育者的肩上，应该将劳动教育作为培养德智体美劳全面发展的社会主义接班人的重要一环，在思想政治教育中，在实践思政教育中贯彻落实。①

山东财经大学持续关注劳动教育，2020年3月中共中央国务院印发的《关于全面加强新时代大中小学劳动教育的意见》鲜明确立了劳动教育的课程地位，提出对劳动素养的新要求，将劳动教育落到实处的新目标，提出了加强劳动教育实践平台建设的新课题。依托山东原山艰苦创业教育基地建立"三全育人"社会实践教育基地，组织广大师生到原山参加党性主题教育培训，开展红色文化研究，建设大学生实践研修基地，丰富师生思想政治教育载体，实现劳动教育的科学化、规范化、精准化建设。在"艰辛探索，石缝扎根"的主题活动中，通过现场讲解、场景还原、音像播放等方式再现原山林场数十年几代人的奋斗历程，一组组实物和照片让师生深受教育；在"困境重生，迎风成林"主题中，学生们深切感受到原山人践行"两山论"、奔向"绿富强"的卓绝历程和自强不息、艰苦创业的伟大精神；在"创业不息，春风更劲"主题中，学生们感受原山60多年来改革创新、艰苦创业的奋斗历程，钦佩于原山人用心用情用义践行"绿水青山就是金山银山"新发展理念的开拓精神；在"精神高地，山林长青"的主题中，学生们以劳动亲身体悟和践行"特别能吃苦、特别能战斗、特别能忍耐、特别能奉献"的原山精神；"亲切关怀，情暖原山"的主题中，林业英雄筚路蓝缕、艰苦创业的故事深深触动着师生的心灵，每一位有志青年都会将这红色基因和奋斗精神暖心传承下去。

原山基地主题教育活动是一场艰苦奋斗精神的火种传递，是对有志青年艰苦奋斗意志的唤醒和磨砺，这在落实思政教育"三全育人"工作的同时，也是在实践育人的道路上的有益尝试和拓展，围绕劳动教育基地平台建设，学校也将与原山林场共建焦裕禄精神研究院、孙建博艰苦奋斗精神研究院、

---

① 崔琳娜、罗建文：《能力与情怀并重：劳动教育造就新时代高素质劳动者》，载《云梦学刊》2021年第42卷第4期，第66页。

"传承红色基因走好新时代长征路"研究会,以上述劳动教育平台为学生漫漫求学路提供精神源泉。

四、依托创业园区打造"创新创业平台"

为响应国家提出的"大众创业,万众创新"的口号,建造中国经济新的发动机和新引擎,以创新为手段、创业为目标,学校展开了一系列的教学改革和创新,获评"全国实践育人创新创业示范基地""山东省创新创业典型经验高校",吸引了50余所国内高校前来学习交流。

一是依托山东财经大学和济南市历下区政府共建的大学生创业园,形成创新引领创业,创业带动就业,就业促进更好创业的良好局面。创业园采用"学校—政府"合作的新模式,重点培育、孵化、引入和山东财经大学优势学科相匹配的财务会计、金融、信息服务、管理咨询、文化产业等轻资产企业。一方面,创业园区将社会服务和社会责任作为主导思想,充分挖掘创业企业的优势,吸引社会优势资源,通过加快推进创业园信息化、智能化建设,引入专业团队运营,整合校友、企业、政府创新创业资源实现创业园运营的一站式服务,提升创业园增值服务功能。截至2021年3月,累计入驻创业项目144个,每年可提供实习岗位1000余个,就业岗位500余个,整个园区累计解决社会就业1600余人。另一方面,创业园注重实践育人功能的开发和挖掘,作为大学生教学实践、见习、实训、就业和创业的平台,为大学生提供创业教育、创业指导、创业培训、项目推介、融资支持、网络信息等创业就业服务。尤其开展定制化、系统性的大学生创新创业培训是第一个亮点,紧跟时代步伐,紧密结合国家重大战略不断在新旧动能等最新热点问题的基础上开拓创新思路是另一个亮点。园区涌现出中央电视台"双创之星"1人,山东省省级优秀创业者2人,山东省大学生"双创之星"2人,全国"创青春"创业大赛项目3项,全国"互联网+"大赛银奖项目1项,山东省"互联网+"大赛金奖3项,总体孵化成功率已超过了60%。

二是为打造"强基计划山财大版"组建龙山荣誉学院。龙山荣誉学院是以优质社会创投机构和优秀校外企业家资源为基础,以优势企业实践平台为载体,以校外创新创业实践师资与校内专业教育师资联合培养为模式的一种创新教育探索，是学校财经学科拔尖人才培养的"特区"，是实践教育教学改革的"创新区"和育人管理服务机制改革的"试验区"。学院旨在培养一批具有扎实专业知识、良好职业素养、过硬实践能力的创新创业人才，但更注重将其打造成具有家国情怀、民族自尊和国际视野的财经领袖、管理者和科研工作者和全面发展的富有中国心、饱含中国情、充满中国味的创新拔尖人才。

第四节 五个抓手：加快构筑高校实践思政有效载体

一、"百脉杯"强化学科技能

为贯彻落实《山东财经大学关于深化创新创业教育改革的实施方案》《山东财经大学2020年党政工作要点》和2020年学校本科教育教学工作会议精神，进一步深化创新创业教育改革，推动学科竞赛活动深入发展，强化学生创新创业能力、学科技术能力、实践动手能力的培养，结合创新创业教育工作实际，发挥学院学科专业与工作优势，学校启动了"百脉杯"一院一赛学科技能大赛。该赛事本着尊重各学院相关专业竞赛的基本原则，参照重点竞赛指标体系，发挥学院学科优势，重点培育和发展有助于提升大学生综合素质能力和实践能力的竞赛活动，打造"一院一赛、全员参与、全程贯穿、思政指引、综合立体"的学科竞赛格局。目前各学院已经组织开展的学科竞赛涉及机器人设计、智能制造、化工设计、成图技术与产品信息建模创新、计算机设计、市场调查与分析、服务外包创新创业、大数据、团体程序设计、移动应用创新、网络技术、信息安全、力学、机械工程装备实践与创新、光电设计、数字艺术设计、青年创客、地质技能、集成电路创新创业、化学实验、广告艺术设计、交通科技、电子商务"创新、创意及创业"、节能减排社会实践与科技、工程训练综合能力、物流设计、英语系列赛等近30个门类。

在一院一赛活动中，学校除了注重专业实践能力和创新创业能力的融合，即"专创融合"，也非常注重提升"双创"过程中的思政育人工作的开展。一是选拔推荐本学院有经验、有能力从事相关工作的优秀教师参加"创业培训师"和思政教育培训,取得资质,协同推进在校生创新创业系统培训,整体强化学生的创新精神、创业意识和创新创业能力;二是协同实施和管理"劳动教育",以专业性劳动和创新性劳动为抓手,带动和辐射其他形式的劳动;三是挖掘梳理各门课程的德育元素,在竞赛的筹划、组织、实施的各个环节让学生潜移默化地体悟和感受钻研精神、工匠精神、劳动精神、爱国精神、使命担当、责任操守、理想情怀等社会主义核心价值观的应有之义。

二、"蓝精灵"引领爱心传递

山东财经大学的学生志愿服务活动是一部"在平凡中凝聚温暖,在奉献中绽放青春"的感人纪实,学校第22届研究生支教团成员在接受采访时,深情地说道:"如果能够因为我的存在可以让这里的孩子的生活有那么一点点的不一样,能够勇敢地谈论自己的梦想,并且最终为之而奋斗,就是我来这的意义和最简单的愿望。"

自2018年以来,山东财经大学共青团坚持志愿服务项目化,践行"奉献、友爱、互助、进步"的志愿精神,充分发挥"三千计划"实践育人"总抓手"作用,以280余个社会实践基地延伸志愿服务外围,常态化开展支农、支教、心理援助、亲情陪伴等志愿服务活动,凝练打造"蓝精灵"志愿服务工作品牌,高度重视研究生支教团和西部计划志愿者选拔,扎实做好希望小屋认领和资金募捐工作,积极承办全国和省级大型赛会志愿服务活动,共计发动2万余名志愿者,开展乡村振兴、环境保护、关爱特殊群体等各类常规志愿服务活动,服务时长超8000小时。学校各类志愿服务组织多次获得"山东省学雷锋志愿服务'四个100'最佳志愿服务组织奖""山东省优秀志愿团队""济南市青年志愿服务先进集体",以及中国青年志愿服务公益创业赛国家级、省级的多个奖项。

第一,小服务凝结大品牌,我们对接社会,打造有山东财经大学特色的工作品牌。2018年,学校组织800余人次志愿者承担儒商大会、青年企业家创新发展国际峰会、"创青春"山东省大学生创业大赛等大型国际性会议及省级重大活动的志愿服务工作,并组织4000余人开展日常支农支教等活动 300 余次。合计服务人次超 12000 人，山东财经大学志愿者"蓝精灵"得到社会各界高度认可。

第二，小项目转化大成果，我们打磨精品，探索服务项目向创赛硕果转型升级。学校创新大学生志愿服务形式，培育和扶持优秀志愿服务项目，充分发挥"三千计划"的"孵化器"效应，调动青年专业教师奔赴第一线指导项目开展，持续探索优秀成果向创赛项目转化的转型路径，推进志愿服务工作规范化运行、项目化运作和品牌化提升。"第一书记"项目团队先后获得第六、七届"调研山东"社会调查活动省级二等奖，第三届山东省青年志愿服务项目大赛金奖，山东省"脱贫攻坚类"志愿服务示范项目提名，第十四、十五届山东省"挑战杯"大学生课外学术竞赛一等奖和特等奖，第十五届"挑战杯"全国三等奖。暑期黄河"阻泳＋扶贫＋关爱留守儿童"项目荣获第三届山东省志愿服务项目大赛铜奖。"同声传爱"项目荣获 2018 年"创青春"海尔山东省大学生创业大赛公益创业赛金奖。"语众不同"方言数据化保护和活态传承志愿服务项目在第五届中国青年志愿者服务项目大赛中斩获铜奖。

第三，小角色抒写大情怀，我们选树典型，传播担当奉献、年少有为的青春正能量。山东财经大学共青团引导青年学生在志愿服务中深入生活、感知家乡、服务社会，为自己的家乡代言，为祖国的发展奉献。"高原斩不断深情，冰雪隔不住薪传。桃李满天下，绿野追唐裴。我们甘愿化作春风、春蚕，更化作护花的春泥，传播爱与希望，热爱祖国，将自己燃烧。"这是第 21 届研究生支教团的成员们在出征仪式上发出的铮铮誓言。2019 年，山东财经大学遴选 4 名优秀学生组成研究生支教团，在三尺讲台，用一年不长的时间做一件终生难忘的事。截至 2020 年底，我校已选派 3 批，共计 20 名优秀学生参加研支团志愿支教活动。自 2019 年以来，选派 17 名优秀学生前往青海、新疆、西藏、重庆等省份，在当地兵团、团委、统计局等基层单位参与"西部计划"志愿服务，奉行"学习雷锋、奉献他人、提升自己"的志愿服务理念，在当地兵团、团委、统计局等基层单位开展志愿服务工作，让青春之花在西部绽放。

第四，小团队大作为，我们弘扬志愿精神，践行服务理念，在反哺家国的征途上浇灌最美的花朵。近年来，以陶行知、齐鲁情等为代表的公益类学生社团,通过"三千计划"社会实践组成181支志愿服务团队,走进8个省份的数十个农村,十余年如一日地开展调研扶贫、文艺支教、关爱留守儿童、红色文化传承等实践活动,把社会实践报告书写在祖国大地上。2021年寒假,我校八位同学通过"青鸟计划"平台,报名"希望小屋"志愿服务团队,在团宁津县委工作人员的指导带领下,与当地"希望小屋"留守儿童形成结对,送去冬日的暖心帮扶。一年来,山东财经大学共青团认真做好"希望小屋"认领和资金募捐工作,组织全校师生、社会力量捐款6.4万元,带动挂职人员募集资金9.6万元,建成希望小屋14处,并专门组建心理援助、学业指导等大学生志愿服务团队对受助贫困儿童进行精准帮扶。

志愿者就像一滴水、一颗星。涓涓细流终将汇成大海,点点星光终将照亮苍穹。

三、"未来合伙人"孵化创新创业

为切实推动高等教育高质量发展,主动满足社会经济发展对高校创新创业人才培养需要,将思想政治教育、创新创业教育与专业教育相融合,学校创设了创新创业实践型人才培养项目——山东财经大学"未来合伙人"创新实验班。实验班人才培养主要包括学业领航、能力提升、创新实战三个环节,夯实学生专业知识基础,强化创新创业意识,提升创新实践能力。

坚持立德树人,积极探索人才培养模式。学校坚持立德树人的根本任务,在实践中探索出三万多本科生和研究生全覆盖参加的社会实践"三千计划",遴选三百名"三千计划"优秀实践者凝练创新创业项目参加省赛和国赛,从中精选三十名骨干组建创新实验班的系统性创新创业人才培养思路。发挥校内校外双导师制度,提前规划设计项目,注重与国家的大政方针相结合,突出时代性、育人性、可行性和创新性,做好项目的翻土育苗工作,教学辅以素质拓展、社会实践、志愿服务等,培养学生将理论与实践更好地结合,敏锐地捕捉社会热点、痛点问题并提出合理化解决方案的专业实践能力。

强化实践育人,深度融合第一、第二课堂。第一,强化思想政治工作:实行校团委书记领导、团委教师具体带班的思想政治工作体制,积极组织班级成员开展"青年大学习""青马工程"等活动;第二,深入开展学业领航:邀请社会知名专家和成功企业代表担任成长导师,开展创新创业论坛和讲座,成长导师结合自身教学、就业创业、投资等经历,对学生进行指导,引导学生掌握合理的财经类学科知识结构,熟悉国家有关财经法规和政策,掌握现代商业经营管理理论和实务技能;第三,积极开展社会实践:扎实促进创新创业与社会实践融合,引导学生近距离接触优秀企业家,走进优秀校友企业,"未来合伙人"创新实验班学生与成长导师双向选择,组成数支团队,以师傅带徒弟的"师徒制"方式开展实践学习活动和研学活动。

四、"乡村课堂"赋能乡村振兴

山东省淄博市沂源县层林摇曳、绿水清波、红瓦白墙,一派魅力鲁中风光,该县积极响应国家乡村振兴战略,打造乡村振兴齐鲁样板,打造"山东屋脊生态高地",打造具有特色的现代版"富春山居图",是山东持续推进农业更强、农村更美、农民更富,描绘广阔的发展蓝图过程中涌现的先进典型,沂源县作为山东省乡村振兴"十百千"工程示范创建县,其高质量发展为山东乡村振兴带来新的突破与期待。沂源县"日新月异"的发展历程成为当代大学生实践思政的现实版教材,原本困囿于大山脚下的贫瘠山域,从闭塞落后变为今天的勃勃生机,沂源腾飞启航的振兴能让学生切身感受到祖国乡村振兴战略的全面起势,更能帮助其获得对山东乡村振兴美好未来的满满自信。

山东财经大学精心围绕沂源县振兴模式和沂源县奋斗精神设计了一门以大学生思政实践能力培养为主的课程,即"思想政治理论课实践与社会实践",课程旨在通过走进沂源县等乡村振兴社会大课堂,以讨论式学习、调研式学习、探究式学习、体验式学习等方式引导学生对乡村振兴中的第一、第二、第三产业融合等核心问题进行思考、拓展和应用,加深学生对习近平新时代中国特色社会主义思想的理解,并在实践中提升其实践能力。课程设置了多层次、多元化的教学目标:认知上,要求学生了解农业现代化的要素,掌握循环经济模式,理解"艺术活化乡村"的路径;能力目标上,培养学生策划、设计能力,培养学生观察、沟通和表达能力,提升学生理论联系实际的能力;情感目标上,增强学生对国家乡村振兴的政策信心,感受循环经济和农业现代化对乡村振兴的意义,从而增强学生专业自信。

五、"青春正好"弘扬中国文化

我国传统文化承载着中华民族的民族精神、民族情感和思想精华,也是实践思政的重要教育内容。自2019年以来,学校共青团以品牌活动为载体,以学生组织为抓手,以服务青年学生成长成才为导向,创新活动形式,打造"青春正好"主题校园文化品牌,构建、完善"一院一品"基层校园文化局面。校团委紧密结合建国70周年、五四运动100周年等重大时间节点,开展迎新生合唱汇演、高雅艺术进校园、"红丝带"青春校园行、"12·9"接力长跑等校园文化活动1250余场,覆盖17.8万余人次。

2020年,校团委积极开拓线上活动"新阵地",推出"山河已振,梦想花开"抗击疫情主题视频推送系列展播和啦啦操大赛,线上直播观看人数突破6000人。第29届"金鸡杯"校园歌手大赛决赛直播点击量达2.9万余人次,形成了"你好山财大""财大青年说""防范金融诈骗"等一批立得住、叫得响、传得开的校级活动品牌,以及一大批学科特点明显、品牌特色鲜明的院级活动品牌,紧密围绕学生关心的事、身边的事、需要的事,有针对性输出文化活动供给,累计开展150余项活动、560余场,活动参与度超12.2万余人次。

2021年,校团委将党史学习教育贯穿校园文化活动全过程。结合学科、专业特点,牵头各学院精心规划、打造"致敬第一百个春天——献礼建党百年"文艺汇演、"传承红色基因,牢记初心使命"红色家书经典诵读、"青春心向党"演讲比赛、建党百年校园文化作品大赛、红色舞台剧大赛等形式多样、内涵丰富的校园文化活动40余场,覆盖学生12000余人次。选送第五届大学生网络文化节的9件作品入围教育部评审环节,选送的演讲作品获省级二等奖1项、三等奖1项,承办"学党史·强信念·跟党走"山东省大学生融媒体时代下思政育人创新作品大赛。今后应进一步"凝练新特色""突出高亮点""打好组合拳",用心用情推出更多有底蕴、接地气的校园文化精品。

参考文献

［1］［古希腊］柏拉图：《理想国》，郭斌和、张竹明译，商务印书馆1997年版。

［2］［英］伯特兰·罗素，《罗素自传（第一卷）》，胡作玄、赵慧琪译，商务印书馆2002年版。

［3］〔宋〕朱熹：《朱子性理语类》（卷九），上海古籍出版社1992年版。

［4］〔清〕王聘珍：《大戴礼记解诂》，中华书局1983年版。

［5］习近平：《"大思政课"我们要善用之》，载《人民日报》2021年03月7日。

［6］习近平：《在纪念马克思诞辰200周年大会上的讲话》，载《人民日报》2018年5月4日。

［7］《习近平在中央党校建校80周年庆祝大会暨2013年春季学期开学典礼上的讲话》，中国共产党新闻网，http：//cpc.people.com.cn/n/2013/0303/c64094-20656845.html。

［8］《习近平：把思想政治工作贯穿教育教学全过程》，人民网，http：//edu.people.com.cn/n1/2016/1208/c1053-28935842.html。

［9］《习近平在北京大学师生座谈会上的讲话》，人民网，http：//edu.people.com.cn/n/2014/0505/c1053-24973276.html。

［10］《习近平在会见第一届全国文明家庭代表时的讲话》，载《人民日报》2016年12月16日。

［11］《习近平在全国高校思想政治工作会议上强调：把思想政治工作贯穿教育教学全过程 开创我国高等教育事业发展新局面》，载《人民日报》2016年12月9日。

[12]《习近平谈治国理政》(第3卷),外文出版社2019年版。

[13]《习近平强调:在全党大兴学习之风依靠学习和实践走向未来》,载《人民日报》2013年3月2日。

[14]《马克思恩格斯文集》(第1卷),人民出版社2009年版。

[15]《马克思恩格斯全集》(第47卷),人民出版社1979年版。

[16]《马克思恩格斯选集》(第1卷),人民出版社1972年版。

[17]《马克思恩格斯选集》(第1卷),人民出版社1995年版。

[18]《马克思恩格斯选集》(第2卷),人民出版社1995年版。

[19]《马克思恩格斯选集》(第3卷),人民出版社1995年版。

[20]《马克思恩格斯选集》(第4卷),人民出版社1995年版。

[21]《马克思恩格斯选集》(第4卷),人民出版社2012年版。

[22]《中央宣传部教育部关于印发〈新时代学校思想政治理论课改革创新实施方案〉的通知》,载《中华人民共和国国务院公报》2021年第9期。

[23]《中共中央办公厅国务院办公厅印发〈关于深化新时代学校思想政治理论课改革创新的若干意见〉》,载《中华人民共和国教育部公报》2019年第9期。

[24]《中共中央召开党外人士座谈会习近平主持并发表重要讲话》,人民网,http://cpc.people.com.cn/n/2013/1114/c64094-23534196.html。

[25]《中共中央 国务院印发〈关于加强和改进新形势下高校思想政治工作的意见〉》,中国政府网,http://www.gov.cn/zhengce/2017-02/27/content_5182502.htm。

[26]《毛泽东文集》(第2卷),人民出版社2004年版。

[27]《毛泽东选集》(第1卷),人民出版社1991年版。

[28]《毛泽东选集》(第2卷),人民出版社1991年版。

[29]《毛泽东选集》(第3卷),人民出版社1991年版。

[30]《邓小平文选》(第1卷),人民出版社1994年版。

[31]《邓小平文选》(第2卷),人民出版社1993年版。

[32]《邓小平文选》(第3卷),人民出版社1993年版。

[33]《亚里士多德全集》(第Ⅶ卷),中国人民大学出版社1993年版。

[34]《在庆祝中国共产党成立 100 周年大会上的讲话》，载《人民日报》2021 年 7 月 2 日。

[35]《列宁专题文集》，人民出版社 2009 年版。

[36]《列宁文集》（第 38 卷），人民出版社 2014 年版。

[37]《列宁全集》（第 10 卷），人民出版社 1987 年版。

[38]《列宁全集》（第 55 卷），人民出版社 1990 年版。

[39]《列宁选集》（第 18 卷），人民出版社 1988 年版。

[40]《列宁选集》（第 2 卷），人民出版社 1995 年版。

[41]《苏霍姆林斯基选集》（第 2 卷），教育科学出版社 2001 年版。

[42]《青年要自觉践行社会主义核心价值观——在北京大学师生座谈会上的讲话》，载《人民日报》2014 年 5 月 5 日。

[43]《学习贯彻习近平总书记在纪念马克思诞辰 200 周年大会上的重要讲话精神》，共产党新闻网，http：//dangjian.people.com.cn/n1/2018/0511/c415590-29980030.html。

[44]《思政课是落实立德树人根本任务的关键课程》，载《求是》2020 年第 17 期。

[45]《费尔巴哈哲学著作选集》（上卷），生活·读书·新知三联书店 1959 年版。

[46]《路德维希·费尔巴哈和德国古典哲学的终结》，人民出版社 1997 年版。

[47]《新时代高等学校思想政治理论课教师队伍建设规定》，载《中华人民共和国国务院公报》2020 年第 13 期。

[48] Abdrashitova, Ospanova：Best Practice of Patriotic Education Methodical Handbook. Astana：Agroizdat LLP Publishing House, 2009.

[49] Kolb：Experiential Learning：Experience as theSource of Learning and Development. NJ.：Prentice-Hall, 1984.

[50] Zhengisbek, Tolen, Slusha et al：Formation of Civil and Patriotic Education of Youth in Kazakhstan, Procedia-Social and Behavioral Sciences, 2014.

[51]〔明〕王阳明撰,于自立、孔薇、杨骅骁注译:《传习录》,中州古籍出版社2008年版。

[52]于海:《上海大学生发展报告2002—2003》,载《复旦教育论坛》2003年第2期。

[53]万光侠:《马克思"现实的个人"的唯物史观审思》,载《中国高校社会科学》2021年第1期。

[54]《山东财经大学乡村振兴学院揭牌成立》,山东教育新闻网,https://baijiahao.baidu.com/s?id=1685406907798106985&wfr=spider&for=pc。

[55]习近平:《用新时代中国特色社会主义思想铸魂育人贯彻党的教育方针落实立德树人根本任务》,载《人民日报》2019年3月19日。

[56]习近平:《动员社会各界广泛参与家庭文明建设推动形成社会主义家庭文明新风尚》,载《人民日报》2016年12月13日。

[57]习近平:《在纪念五四运动100周年大会上的讲话》,载《人民日报》2019年5月1日。

[58]习近平:《决胜全面建成小康社会夺取新时代中国特色社会主义伟大胜利——在中国共产党第十九次全国代表大会上的报告》,人民出版社2017年版。

[59]习近平:《把人民健康放在优先发展战略地位》,新华网,http://www.xinhuanet.com/politics/2016-08/20/c_1119425802.htm。

[60]习近平:《把思想政治工作贯穿教育教学全过程开创我国高等教育事业发展新局面》,载《人民日报》2016年12月9日。

[61]习近平:《把培育和弘扬社会主义核心价值观作为凝魂聚气强基固本的基础工程》,载《人民日报》2014年2月26日。

[62]习近平:《思政课是落实立德树人根本任务的关键课程》,载《人民日报》2020年9月1日。

[63]马克思:《1844年经济学哲学手稿》,人民出版社1985年版。

[64]王飞:《课程思政教学改革及其实施策略》,载《教育现代化》2018年第5期。

[65]王学典编译:《墨子》,中国纺织出版社2007年版。

［66］王习胜：《当前思想政治教育的主要矛盾与发展趋向》，载《马克思主义研究》2019年第9期。

［67］王玄武：《在思想政治工作中运用定性与定量方法的断想》，载《学校思想教育》1992年第2期。

［68］王邵军：《马克思主义实践观及实践思政研究》，载《山东社会科学》2020年第11期。

［69］王邵军：《告别坐而论道，发力实践思政》，载《半月谈》2021年4月27日。

［70］王邵军：《探索实践思政有效建立"大思政课"》，载《中国高等教育》2021年第11期。

［71］王易、宋健林：《试论思想政治教育的基本规律》，载《教学与研究》2019年第12期。

［72］王咏春：《当代大学生政治社会化与高校思政教育方法的创新》，载《教育管理》2015年03月（上）。

［73］王建敏：《新时代思想政治教育的特征及实现路径》，载《马克思主义与现实》2018年第5期。

［74］王蒙蒙：《大学生社会实践的育人功能研究》，中国石油大学2013年硕士学位论文。

［75］中共中央文献研究室编：《毛泽东思想年编》（一九二一——一九七五），中央文献出版社2011年版。

［76］中共中央宣传部：《习近平新时代中国特色社会主义思想三十讲》，学习出版社2018年版。

［77］《习近平主持召开学校思想政治理论课教师座谈会》，中国政府网，http：//www.gov.cn/xinwen/2019-03/18/content_5374831.htm？cid=303。

［78］《中共教育部党组关于印发〈高等学校学生心理健康教育指导纲要〉的通知》，教育部网，http：//www.moe.gov.cn/srcsite/A12/moe_1407/s3020/201807/t20180713_342992.html。

［79］冯国超主编：《礼记》，吉林人民出版社2005年版。

［80］石曼、武迪：《高校大学生心理健康教育问题及创新路径研究——

基于"三全育人"》,载《现代商贸工业》2021 年第 19 期。

[81] 皮亚杰:《发生认识论原理》,商务印书馆 1997 年版。

[82] 华东师范大学教育系编:《列宁论教育》,人民教育出版社 1990 年版。

[83] 刘志财、方洲:《思想政治教育专业考核与评价体系改革探析》,载《大学教育》2018 年 12 月。

[84] 刘建军:《思想政治教育主客体难题的哲学求解》,载《教学与研究》2016 年第 2 期。

[85] 齐立斌:《立德树人:大学体育的时代使命、价值基础与实践进路》,载《大学教育》2021 年第 3 期。

[86] 汤立群:《社会实践活动:大学生国情教育的重要载体》,载《教育教学论坛》2010 年第 36 期。

[87] 那乐:《基于"传统与文化"教育视野的日本新一轮道德教育改革研究》,载《外国中小学教育》2019 年第 3 期。

[88] 孙秀银:《应用型本科院校英语写作教学的静态评价与动态评价之对比研究》,载《长春理工大学学报(社会科学版)》2012 年 4 月第 25 卷第 4 期。

[89] 孙伯鍨、刘怀玉:《"存在论转向"与方法论革命——关于马克思主义哲学本体论研究中的几个问题》,载《中国社会科学》2002 年第 5 期。

[90] 孙君芳:《大学生社会实践考核机制实效性研究》,载《济南职业学院学报》2010 年 2 月第 1 期(总第 78 期)。

[91] 孙敬全、孙柳燕:《创新意识》,上海科学技术出版社 2010 年版。

[92] 杜威:《学校与社会·明日之学校》,赵祥麟等译,人民出版社 2005 年版。

[93] 李志平:《高等教育基本规律初探》,载《辽宁高等教育研究》1999 年第 4 期(总字第 108 期)。

[94] 李忠军、钟启东:《落实立德树人根本任务,必须抓住理想信念铸魂这个关键》,人民网,http://opinion.people.com.cn/n1/2018/0531/c1003-30024346.html。

[95] 李璞玉：《创新高校人才培养模式——以"概论"课实践教学形式创新研究为例》，载《经济研究导刊》2014年第6期。

[96] 李鑫：《新时代高校思政教育质量评价考核体系建设研究》，载《教育教学研究》2021年第5期总第222期。

[97] 杨思基：《论社会实践的本质、形式、特点和规律》，载《齐鲁学刊》2000年第2期总第155期。

[98] 杨涵：《从"思政课程"到"课程思政"——论上海高校思想政治理论课改革的切入点》，载《扬州大学学报》（高教研究版）2018年第22期。

[99] 何云坤：《高等教育的两对基本矛盾和两条基本规律——高等教育的本质存在与变革发展的本质规定问题研究系列论文之三》，载《湘潭大学社会科学学报》1999年第23卷第4期。

[100] 何中华：《重读马克思》，人民出版社2009年版。

[101] 余育文、李楚贞、陈前、蔡卓杰：《如何在社会实践中培养大学生的创新思维》，载《西部素质教育》2019年第14期。

[102] 应宇芳：《试论人类社会的实践本质》，载《江苏商业管理干部学院学报》1999年第4期。

[103] 冷天玖：《高校思想政治教育考核评估机制研究》，载《高校思政》2017年第9期。

[104] 沈永福：《唯物史观视野下道德意志本质探寻》，江苏社科规划网，http：//jspopss.jschina.com.cn/shekedongtai/xueshudongtai/201808/t20180831_5657469.shtml。

[105] 张海英：《体验式教学在"消费者行为学"课程中的运用》，载《仲恺农业技术学院学报》，2007年增刊。

[106] 张琪、赖景文：《思政教育社会化对大学生失范行为的矫正》，载《法制与社会》2013年第11期总第542期。

[107] 陈万柏、张耀灿：《思想政治教育学原理》，高等教育出版社2001年版。

[108] 陈功力：《新时代飞行大学生思想政治教育创新路径研究》，载

《经贸实践》2018年第22期。

[109] 陈华栋、苏镤镤：《课程思政教育内容设计要在六个方面下功夫》，党建网，http://www.wenming.cn/djw/shouye/dangjiangongzuo/shidaimayuan/202103/t20210301_5961773.shtml。

[110] 陈宇家：《试析主体性教育思想对体育教学的启示》，载《体育科技文献通报》2009年第3期。

[111] 陈红兵、杨龙：《道家的"无为而治"及其可持续发展意义》，载《江苏行政学院学报》2017年第2期。

[112] 陈瑛：《追求美好崇高的道德境界——学习领会习近平总书记在山东考察时重要讲话精神》，载《光明日报》2013年12月11日。

[113] 陈新汉：《哲学视域中社会价值观念的共识机制》，载《哲学动态》2014年第4期。

[114] 陈鼓应注译：《庄子今注今译》，中华书局1994年版。

[115] 苑春妮：《新时代大学生政治社会化研究》，中共黑龙江省委党校2020年硕士学位论文。

[116] 范小凤：《论新时期高校"三全育人"德育模式及其运作机制》，华东师范大学2011年博士学位论文。

[117] 罗尔斯：《政治自由主义》，万俊人译，译林出版社2000年版。

[118] 罗加冰：《影响中国大学生身心健康若干因素的调查分析》，载《北京体育大学学报》2004年第10期。

[119] 周金声、彭书雄：《人文学科与人文素质》，光明网，https://www.gmw.cn/01gmrb/2004-08/03/content_69767.htm。

[120] 孟祥林、常新悦：《讨论型思政课堂的教学设计、过程控制与收益评价》，载《内蒙古师范大学学报（教育科学版）》2021年第34卷第1期。

[121] 侯继迎：《实践思维方式视域下马克思哲学的实践本体论》，载《中国石油大学学报》（社会科学版）2016年第2期。

[122] 饶旭鹏、刘海霞：《理工科大学思政课实践教学的理论与实践研究》，人民日报出版社2019年版。

[123] 贺麟：《新儒学著作辑要——儒家思想的新进展》，中国广播电

视出版社1995年版。

[124] 骆郁廷：《精神动力论》，武汉大学出版社2003年版。

[125] 秦婧：《核心素养视角下大学生学校劳动教育现状及对策分析》，载《现代商贸工业》2021年第21期。

[126] 晏雨翰：《论〈关于费尔巴哈的提纲〉对高等艺术院校大学生德育教育工作的启示》，载《教育现代化》2016年第29期。

[127] 徐永平：《论"三个没有变"与国情认知的维度》，载《青岛行政学院学报》2016年第5期。

[128] 爱弥尔·涂尔干：《教育思想的演进》李康译，上海人民出版社2003年版。

[129] 高德毅、宗爱东：《课程思政：有效发挥课堂育人主渠道作用的必然选择》，载《思想理论教育导刊》2017年第1期。

[130] 郭元祥：《论实践教育》，载《综合实践活动研究》2011年第12期。

[131] 郭凤志：《高校思想政治理论课程建设研究》，北京师范大学出版社2019年版。

[132] 郭彤梅、杨婕筠、甄珠、刘彦华、丁善芹、侯绍江：《社会实践在大学生角色社会化中的功能分析》，载《教育理论与实践》2019年第39卷第27期。

[133] 郭聪聪：《浅析马克思主义人生观的现实意义》，载《文化集萃》2021年第9期。

[134] 唐献玲：《大学生法治观教育的创新探索》，载《创新创业理论研究与实践》2019年8月第16期。

[135] 教育部：《教育部关于印发〈新时代高校思想政治理论课教学工作基本要求〉的通知》，教育部网，http：//www.moe.gov.cn/srcsite/A13/moe_772/201804/t20180424_334099.html。

[136] 教育部社会科学研究与思想政治工作司编：《高校思想政治理论课社会实践教学的探索与思考》，高等教育出版社2005年版。

[137] 教育部高等学校教学指导委员会：《普通高等学校本科专业类教

学质量国家标准》（上），高等教育出版社2018年版。

［138］黄济：《教育哲学通论》，山西教育出版社1998年版。

［139］黄涛：《社会化理论视角下当代大学生思政工作创新机制模式研究》，载《四川民族学院学报》2019年第28卷第6期。

［140］黄崴：《主体性教育论》，贵州人民出版社1997年版。

［141］崔琳娜、罗建文：《能力与情怀并重：劳动教育造就新时代高素质劳动者》，载《云梦学刊》2021年第42卷第4期。

［142］董宝良主编：《陶行知教育论著选》，人民教育出版社1991年版。

［143］韩宝成：《动态评价理论、模式及其在外语教育中的应用》，载《外语教学与研究》（外国语文双月刊）2009年11月第41卷第6期。

［144］韩震：《新时代加强公民道德建设的重要意义》，http：//theory.people.com.cn/GB/n1/2020/0106/c40531－31535558.html。

［145］傅畅梅、曲洪波、赵冰梅、王旭、金梦兰等：《课程思政建设背景下思想政治理论课实践教学研究》，东北大学出版社2020年版。

［146］雷蕾：《普京时代俄罗斯公民爱国主义教育二十年回顾》，载《比较教育研究》2020年第11期（总第370期）。

［147］简福平：《论矛盾论思想政治教育思想及其启示全文》，载《马克思主义理论学科研究》2019年第2期。

［148］裴植、鲁德平：《大同·〈礼运〉大同·大同主义》，载《孔子研究》2015年第4期。

［149］熊晓轶、姚洋：《基于课程思政的应用型财经高校金融学专业考核评价体系的构建研究》，载《高教学刊》2021年第2期。

［150］戴胜利：《大学思想政治教育的比较研究》，上海教育出版社2006年版。

后　记

新时代赋予思政教育新使命，新时代开启高等教育新征程。习近平总书记强调，要重视实践育人，让学生在亲身参与中认识国情、了解社会，受教育、长才干。实践思政建设就是以立德树人为根本任务，坚持关心厚爱和严格要求相统一、尊重规律和积极引领相统一，实现从"轰轰烈烈"的理念倡导和顶层设计到"扎扎实实"的系统推进与整体性方案，以回归实践教育为初衷，以培养具有社会责任、使命担当、家国情怀和世界视野的志存高远、脚踏实地的社会主义建设者和接班人为最终目标。

作为润物无声的心灵守卫者和踽踽独行的精神布道者，所有思政教育者都在苦苦思索如何更好地实现这项神圣的教育使命。我们一直在反思，我们到底做了什么，我们应该怎么做，真正的思政精神是什么？我们是否用最鲜活的方式向青年们传达了这种精神呢？

孔子说："有教无类"，孟子说："人人皆可以为尧舜"。曾几何时，觉得教育的意义就在于成熟的和不成熟的都一同收割，但其实真正的教育各因其材，有以政事入者，有以言语入者，有以德行入者，最高的教育标准是让每个人在"耳闻""目见""足践"中收获不一样的自己，最好的教育结局是让每个独一无二的人纵使平凡如小草、高洁若兰花，都努力地扎根于泥土，不轻言放弃地攀援于峡谷和峭壁之间，勇敢地为大地贡献芳香和翠绿。

倘若真如爱因斯坦说："所谓教育，就是一个人把在学校所学全部忘光之后剩下的东西"，那真心希望我们的学生还能剩下努力生活的勇气、劳动的乐趣、珍贵的好奇心、独立思考的能力，还有最最关键的，就是坚定而无畏的信仰！一己之力能否搏击逆流？人人都是被世俗裹挟着的孤舟，但是壮志不酬誓不休，何惧大浪覆我身；一滴水怎能辨清浊流的方向？勿忘"为

后　记

天地立心，为生民立命，为往圣继绝学，为万世开太平"，那么纵使在乱花渐欲迷人眼的危难之际，青年人也会清醒地选择站在祖国一边，站在人民一边！

如果说存在一个主题既能延续传统文化又能凝聚时代力量，既青春洋溢又深入灵魂，那么也只能是实践思政。高等教育培养出大批的学士，"士"是什么？"通古今，辩然不，谓之士""以才智用者谓之士""学以居位谓之士"。"学士"就是以学问和品格获得尊重的大写的人。但此学问和品格绝不应该是象牙塔里与世隔绝的知识，而应该是在"放眼世界百年未有之大变局""展望党和国家发展之大机遇""憧憬实现中华民族伟大复兴之大未来"之后体悟到的"大道"，应该是根植于实践的沃土，在"修身、齐家、治国、平天下"中锤炼的"大德"。这种育人要求其实并非始于现世，而是蕴含在中华文明的精神内核之中，从未断绝。

就像习近平总书记引用过的，"乘风好去，长空万里，直下看山河"。说到底，实践思政就是伟大而平凡的生活本身。它无处不在，是理想实现靠奋斗的信念，是英雄从来敢担当的气概，是青年助力民族复兴的伟大情怀，当然还有我们教育者对教育最朴实最深沉的热爱。

经师易求，人师难得。本书要特别感谢数年来牢记为党育人、为国育才之使命，站在时代高度，投身思想政治工作，率先展开高校实践思政理论研究和探索的教师团队，他们是不曾放弃前行的教育工作者，是不断探索教育创新和改革的实践者。

他们历时三年，查阅文献，走访调研，凝练思想，创新理论，总结经验，数易其稿，终成此书。王邵军与刘闵航负责全书的统筹设计和具体规划，并撰写了第二章（高校实践思政教育理念的探究）、第三章（高校实践思政教育模式的理论基础）和第五章（高校实践思政教育的内容和功能）；王莉莉撰写了第六章（高校实践思政教学的考核评价体系）和第八章（山东财经大学"1145"实践思政育人的模式构建和实施路径）；范子谦撰写了第四章（高校实践思政教育的基本向度）和第七章（高校实践思政建设的保障机制）；张瑞瑶撰写了绪论和第一章（高校思政教育的实践性趋向）。

到本书完稿，思忖良久终不得其解的一些问题终于渐渐拨开云雾，坐在盛夏的炙热里，突然感到一阵清凉，清风徐徐而来。

谨以此书，献礼中国共产党建党 100 周年，致敬中国共产党百年来带领中国人民进行的一切伟大的奋斗、伟大的牺牲和伟大的创造。

谨以此书，献礼最不平凡的时代，致敬坚忍不拔书写抗疫史诗的勇敢中国人的每一次守望相助，祝愿我泱泱华夏，自此山河锦绣、国泰民安。

作者

2021 年 8 月于山东财经大学